尽善尽美　弗求弗迪

万万没想到

万维钢

中国好书、
文津图书奖得主
科学作家

著

UNCONVENTIONAL WISDOM

Understanding the World with Scientific Thinking

用理工科思维理解世界

（精装增补版）

电子工业出版社
Publishing House of Electronics Industry
北京·BEIJING

内 容 简 介

本书的第一版获得了"2014中国好书"和"第十届文津图书奖"等多个奖项。

作者万维钢擅长以"理工科思维"为导向，以前沿的科学视角解读生活，涉及行为经济学、认知心理学、社会学、统计学、物理学等众多学科，为人们提供了认识世界的新方法，破除了认知上的重重迷思。根据作者近年来的研究成果，本书在第一版的基础上做了必要的延伸、修订和增补，以全新的面貌呈现给读者。

本书不仅有趣，还十分有营养。

未经许可，不得以任何方式复制或抄袭本书之部分或全部内容。
版权所有，侵权必究。

图书在版编目（CIP）数据

万万没想到：用理工科思维理解世界：精装增补版 / 万维钢著. —北京：电子工业出版社，2020.6
ISBN 978-7-121-35634-6

Ⅰ.①万… Ⅱ.①万… Ⅲ.①科学知识—普及读物 Ⅳ.①Z228

中国版本图书馆CIP数据核字（2019）第011024号

责任编辑：张　毅
印　　刷：天津画中画印刷有限公司
装　　订：天津画中画印刷有限公司
出版发行：电子工业出版社
　　　　　北京市海淀区万寿路173信箱　邮编 100036
开　　本：720×1000　1/16　印张：18.75　字数：291千字
版　　次：2020年6月第1版
印　　次：2025年4月第8次印刷
定　　价：68.00元

凡所购买电子工业出版社图书有缺损问题，请向购买书店调换。若书店售缺，请与本社发行部联系，联系及邮购电话：(010) 88254888，88258888。
质量投诉请发邮件至 zlts@phei.com.cn，盗版侵权举报请发邮件至 dbqq@phei.com.cn。
本书咨询联系方式：(010) 57565890，meidipub@phei.com.cn。

科学作家的理想

作为一本讲解科学思想的非虚构类书籍，《万万没想到——用理工科思维理解世界》受到了读者超乎寻常的欢迎，我受到了很多热情鼓励，感到受宠若惊。

从 2014 年出版至 2019 年，《万万没想到》在中国大陆的销量已经超过 40 万册，还在韩国被翻译出版，而且在台湾地区出了繁体中文版。这本书一出版就得了好多奖，包括"文津图书奖""中国好书"等，在豆瓣上被读者打了高分。

但是这些成绩跟我的理想相比，是非常微小的。

我的理想是让更多的中国人接受科学精神、科学思维和科学方法。我希望中国能来一场现代科学的启蒙运动，因为相当一部分中国的主流见识，还处在蒙昧状态。

我在《万万没想到》中使用了一个概念叫"理工科思维"，这不是一个学界通用的词汇。"理工科思维"是个有中国特色的概念，它是相对于"文科思维"而言的。

"文科"是个现代中国才有的概念。一般提到"科学"，我们想到的是宇宙起源、克隆生命、深海探测之类跟日常生活没什么关系的东西，有些人会把建造火箭的工程技术当作科学，而像小孩应该怎么教育、社会财富如何分配、企业家的成功经验这些知识，我们则通常认为是"文科"的内容。

这种观念非常落伍，可以说落后了将近100年。我们中国在很长的一段时间里把学生分成文科生和理科生，以至于让那些畏惧数学的人去研究经济学和社会心理学，结果一个个都把学习当作死记硬背，把研究当作以某种思想为指导的文字游戏。

事实上，科学无处不在。教育学也好、经济学也好、社会学也好，这些学科要想做严肃研究，就必须使用和物理学、生物学一样的科学方法，包括使用并不简单的数学。

我在这本书中详细解释了什么是科学方法。科学方法并不神秘，它们不是"有西方特色"的方法，不是某些学科所特有的，更不是什么权威人士的特殊规定。科学方法，是我们探索未知世界、取得可靠答案的唯一符合逻辑的方法。自然科学家使用这些方法，社会科学的学者使用这些方法，包括现代发达国家的政府和企业的报告、媒体的分析报道，乃至中学生的论文，都得使用这些方法。

只要你想讲"理"，你就得尊重科学方法。

但是中国传统的"文科"套路，虽然号称就是专门讲理用的，却未从根本上讲求科学方法。我们的语文教科书讲写议论文的所谓"四大论证方法"，有举例论证、道理论证、对比论证和比喻论证，这些不但不是科学方法，而且几乎是科学方法的反面。

一个传统文人完全可以通过举几个身边亲友的例子、引用几句先贤的名言、把现代白领和古代名士的生活做一番对比、再来几个生动的比喻，去论证"金钱并不能使人快乐"——可是这样的议论在今天这个时代，已经一文不值了。

如果你仔细考察一下发达国家科学、严谨的文章或论文，你会发现根本就不是这么写的。想要说明金钱跟快乐的关系，你必须引用科学研究结果才行。通常这样的研究必须针对不同经济条件、不同文化背景的人群进行大规模统计。更高水平的研究，还可能要搞主动的随机分组实验。

想说一句有关真实世界的判断，你就得有这么硬的支持。

这不是写作水平的差距，而是思维方式的差异。

而你一旦使用科学方法去探索，就很可能会发现真实世界的情况跟你原来设想的非常不一样。我们日常的观察、固有的观念常常都是错的。

这就是为什么这本书叫"万万没想到"。

你手里这本新版书分为四个部分。第一部分"反常识思维"说明我们当作常识一样的很多传统智慧其实是错的。我们提出了"理工科思维"这个概念，我们列举了人脑的几个思维误区，我们反对阴谋论，而我重点想给你讲讲概率论的思想，这才是现代人必备的常识。

第二部分"成功学的解药"可能会对你非常有用。我们反对那些不靠谱的成功学，我们要说的是经过科学研究验证的、提升自我的方法。我们会讲到意志力、专注力、记忆力、竞争和"人脉"的学问。这一部分的重点内容则是创造力、发散思维和现在已经广为人知的"一万小时刻意练习"——请注意，"刻意练习"这个名词，好像就是我第一个告诉中国读者的。

第三部分"在现代生存"关注的是社会问题。如何理解贫富差距呢？穷人跟富人相差的不仅仅是财富，更是观念和思维方式——甚至还可能是基因。这不是什么好消息，但是只有正视这一点，我们才能真正推动社会进步，让世界变得更公平一点。我还希望你能从这部分内容里获得拼搏的勇气和平等的气度。

第四部分"霍金的答案"有点烧脑，但是并不枯燥。这部分讲的是科学方法，以及科学研究本身的一些有意思的事情。如果你能把这部分内容啃下来，你会掌握一套特别硬的功夫，你将来再听说什么观点的时候会有一个审视的眼光。如果你把科学当作一套方法，这里是演练这些方法的好地方；但如果你把科学当成一面旗帜甚至一个门派，这部分的某些内容可能会让你火冒三丈。

《万万没想到》第一版已经出版5年多了。这几年中我从一个以等离子体物理学科研为生的物理学家变成了一个全职的科学作家。我在罗辑思维的"得到"App上开设了《精英日课》专栏，写了很多新文章，又出版了《智识分子》（2016 年）、《高手》（2017 年）、《你有你的计划，世界另有计划》（2019 年）三本新书。

　　时代思想进步的速度往往比书籍更新快得多。电子工业出版社和我认为《万万没想到》应该做得更好，所以我们推出了现在的精装增补版。在这一版中，我删除了 10 篇旧文章，增加了 16 篇新文章。这一版的内容绝对比第一版更好。

　　"万万没想到"是个特别有意思、有情趣的感叹。我希望我的读者能对寻常的东西提出质疑，遇到不寻常的东西能保持冷静，面对权威不必仰望，发现规律又能主动寻求科学验证。

　　有句话说："伟大的头脑谈论想法，中等的头脑谈论事件，弱小的头脑谈论人。"我希望我的读者的头脑里充满各种有意思的，而且最好是科学的想法。我们总是先有想法才能改变世界。

　　"德先生"和"赛先生"在中国喊了 100 年，现在完全有理由喊出更高的水平。最后让我们用一句鲁迅先生 41 岁时写下的话共勉：

　　"有一分热，发一分光，就令萤火一般，也可以在黑暗里发一点光，不必等候炬火。"

万维钢

目录 CONTENTS

Part One 反常识思维

"反常识"思维	002
别想说服我！	009
真理追求者	017
最简单概率论的五个智慧	021
一颗阴谋论的心	033
健康的经济学	042

Part Two 成功学的解药

科学的励志和励志的科学	048
练习一万小时成天才？	054
最高级的想象力是不自由的	098
思维密集度与牛人的反击	103
上网能避免浅薄吗？	106
用强力研读书	111
创新是落后者的特权：三个竞争故事	124
过度自信是创业者的通行证	131
夺魁者本色	136
打游戏的三个境界	144
穷人和富人的人脉结构	147
超强记忆力是邪道功夫	156
忘记是为了更好地记住	165
"创造性思维"的三个迷信	170
到底什么是发散思维	178

IX

Part Three 在现代生存

想要提高效率，就得不公平	188
今朝有酒今朝醉，也是一种理性	196
贫困病	200
低收入者重视集体，高收入者强调个人	205
优等生、奇人和猛人：斯坦福商学院都招什么人？	210
哈佛商学院是门特殊生意	215
权力带来的脑损伤	220

Part Four 霍金的答案

物理学的逻辑和霍金的答案	226
摆脱童稚状态	231
怎样才算主流科学？	239
科研的格调	247
喝一口的心理学与喝一瓶的心理学	251
医学研究能当真吗？	254
真空农场中的球形鸡	260
怎么理解特别大和特别小的数？	269
安慰剂效应与对世界的认识	275
反安慰剂效应和养生之道	280
$P < 0.05$：科学家的隐藏动机	285

Part One
反常识思维

　　他们有时候把自己的价值判断称为"常识"，因为这些判断本来就是从人的原始思维而来的，然而现代社会产生了另一种思维，却是"反常识"的。

"反常识"思维

芦山地震时，有人批评媒体的报道过于煽情。记者们有意刻画了太多哭泣和死者的画面，他们竟试图采访一个还在被废墟压着的人，甚至还想直播帐篷里正在进行的手术。你这是报道灾情呢，还是拍电视剧呢？

但煽情是文人的膝跳反应。人们普遍觉得日本 NHK 的灾难报道非常的理性和专业，然而对绝大多数中国观众来说，煽情是他们最能听懂的语言。不煽情就没有高收视率。也许更重要的是，煽情可以获得更多的捐款。

在 2007 年发表的一项研究中[1]，几个美国研究者以做调查为名招募了若干受试者，并在调查结束的时候发给每个受试者 5 美元作为报酬。不过研究者的真正目的是搞一个决策实验。这个实验的"机关"在于，随着 5 美元一同发到受试者手里的还有一封呼吁给非洲儿童捐款的募捐信。而这封信有两个版本：

第一个版本列举了一些翔实的统计数字：马拉维有 300 万名儿童面临食物短缺；安哥拉 2/3 的人口，也就是 400 万人，被迫远离家园，等等。

第二个版本说你的全部捐款会给一个叫诺奇亚（Rokia）的 7 岁女孩。她生活在马里，家里很穷，时常挨饿，你的钱会让她生活得更好一点，也许

---

[1] 参见 Deborah A. Smalla, George Loewensteinb, and Paul Slovicc, Sympathy and callousness: The impact of deliberative thought on donations to identifiable and statistical victims, *Organizational Behavior and Human Decision Processes*, Volume 102, Issue 2, March 2007, Pages 143-153。

你的捐款能帮助她获得更好的教育和卫生条件。

研究者问受试者愿不愿意把一部分报酬捐给非洲。结果收到第一个版本募捐信的人平均捐了1.14美元，而收到第二个版本募捐信的人平均捐了2.38美元。

据说是斯大林说的，"杀死一个人是悲剧，杀死一万个人是统计数字"。这个捐款实验证明，统计数字的力量远远比不上一个人，一个具体的人。受试者对远在天边的国家的抽象数字没有多大兴趣，而他们对一个具体人物——哪怕仅仅听说了她的名字和最简单的背景——则更乐于出手相助。

在石器时代里，甚至对大多数中国人来说，一直到进入现代社会之前，我们都生活在一个"具体的"世界中。我们的活动范围仅限于自己所属的小部落或者小村庄，很多人一生去过的地方也不会超过一天的路程。我们熟悉每一个有可能与之打交道的人，而这些人的总数加起来也不是很多。这种生活模式对大脑的演化有巨大的影响。据英国人类学家邓巴估计，我们至今能够维持紧密人际关系的人数上限，也只有150个而已[1]。当我们需要做决定的时候，我们考虑的是具体的事、具体的人和他们具体的表情。在这些具体例子的训练下，我们的潜意识早就学会了快速判断人的真诚程度和事件的紧急程度：我们不会把钱借给一个嬉皮笑脸且名声不好的坏人，但我们愿意把钱借给一个窘迫不安且众所周知的好人。进化的本能使我们可以毫不费力地通过观察人脸和对方的情绪对一个人做出判断。婴儿刚出生几天就能分辨不同的面部表情[2]，6个月就能识别不同的人脸[3]，我们只需要1/4秒的时间就能以相当高的准确度从两个政客的照片中找出更有能力的那个[4]。

这种"具体思维"做各种选择的首要标准，是道德。费孝通在《乡土中国》一书中提出，世代定居的传统中国社区的本质是熟人社会。在熟人

---

[1] 这个数字被称为"邓巴数"。

[2] 参见 T. Farroni et al. The perception of facial expressions in newborns, *Eur J Dev Psychol*. Mar 2007; 4（1）: 2-13。

[3] CNN 报道：Baby face: Infants know who you are, May 16, 2002。

[4] 《纽约时报》：A Facial Theory of Politics，By Leonard Mlodinow, April 21, 2012。

社会中，人们做事不是靠商业和法治，而是靠道德和礼治。在这个体系中出了案子，首先关乎的是名声和面子，而不是利益。乡绅会"先照例认为这是件全村的丑事"："这简直是丢我们村子里脸的事！你们还不认了错，回家去。"费孝通说乡土中国的最高理想是"无讼"，就好像足球比赛中每个人都能自觉遵守双方的规则，而犯规的代价不单是被罚，更是整个球队和教练的耻辱。

生活在这样的社会里，我们的首要技能不是数学计算能力，而是分辨善恶美丑。也许这就是文人思维的起源：针对每个特定动作的美学评价。有时候他们管这种评价叫"价值观"，但所谓价值观无非就是给人和事贴或好或坏的标签。文人把弘扬真善美和鞭挞假恶丑当成自己义不容辞的责任。

低端文人研究道德，高端文人研究美感。他们的原始本能使他们热爱大自然，他们赞美花、赞美蓝天、赞美山水、赞美健康的动物和异性，这些赞美会演化成艺术。可是只有刚接触艺术的人才喜欢令人愉快的东西，审美观成熟到一定程度以后我们就觉得快乐是一种肤浅的感觉，改为欣赏愁苦了。人类历史上大多数人很难接触到什么艺术，而现代社会却能让艺术普及。统计表明,过去几十年里流行歌曲的趋势是感情越来越忧伤和含糊[①]。美学不可能是客观的，每个人都在鄙视别人的审美观和被别人鄙视，我们在审美观的鄙视链上不断移动。文人有时候研究病态美、悲壮美、失败美等，也许更高境界则追求各种变态美。但本质上，他们研究美。

文人对事物的议论是感叹式的。有时候他们赞美，有时候他们唾弃；有时候他们悲愤，有时候他们呼吁。他们说来说去都是这个XXX怎么这么YYY啊！

他们有时候把自己的价值判断称为"常识"，因为这些判断本来就是从人的原始思维而来的，然而现代社会产生了另一种思维，却是"反常识"的。

现代社会与古代社会最大的不同，是人们的生活变得越来越复杂。除了

---

① 参见 BPS Research Digest：Pop music is getting sadder and more emotionally ambiguous, http://bps-research-digest.blogspot.com/2012/08/pop-music-is-getting-sadder-and-more.html。

工作和休息，我们还要娱乐、参加社交活动、学习和发展以及随时对遥远的公众事务发表意见。我们的每一个决定都可能以一种不直截了当的方式影响他人，然后再影响自己。面对这种复杂的局面，最基本的一个结果是好东西虽然多，你却不能都要。

你想用下班后的时间读书，就不能看电影。你不能又读书又看电影又加班又去饭局，还有时间辅导孩子学习。距离工作地点近的房子通常更贵，你不能要求这个房子又大又便宜又方便。长得帅的未必挣钱多，挣钱多的很可能没那么多时间陪你。我们不得不在生活中做出各种取舍，而很多烦恼恰恰来自不愿意或者不知道取舍。古人很少有这样的烦恼，他们能有一个选择就已经高兴得不得了了。

取舍思维，英文有一个形神兼备的词可作为解释："tradeoff"。两个好东西我不可能都要，那么我愿意牺牲（off）这个，来换取（trade）那个。"tradeoff"是"理工科思维"的起源。讨价还价一番后达成交易，这对文人来说是一个非常无语的情境！既不美也不丑，既不值得歌颂也不值得唾弃。斤斤计较地得到一个既谈不上实现了梦想也谈不上是悲剧的结果，完全不文艺。所以文人不研究这个。

"tradeoff"要求我们知道每一个事物的利弊。世界上并没有多少事情是"在没有使任何人境况变坏的前提下使得至少一个人变得更好"的所谓"帕累托改进"，绝大多数情况下兴一利必生一弊，而利弊都不是无限大的。可是文人思维仍然停留在有点好东西就高兴得不得了的时代，习惯于无限夸大自己的情感：一边说金钱如粪土，一边说朋友值千金；一边说生命无价，一边说爱情价更高。做过利弊分析，理工科思维要求妥协，而文人总爱不管不顾，喜欢说不惜一切代价，喜欢看动不动就把全部筹码都押上去的剧情。理工科思维要求随时根据新情况调整策略，而撒切尔夫人说她"从不转弯"——可能是因为选民爱听这个，不过她的确不爱转弯。

不懂得取舍，生活仍然可以对付着过下去。但现代社会要求我们必须在整个社会的尺度上进行"tradeoff"。从美学角度看计划生育制度不但不美简直还灭绝人性，但是从社会角度看，人口的暴涨的确有可能成为灾难。历史上，很多国家因为人口太多而发生生产和社会退化，18世纪的日本甚至连牛马都不用了，什么都必须用人，甚至连打仗都不用枪炮，直接回到原始状态。我们不能光考虑计划生育这个动作的美学，我们得计算这个动作的后果。而且这个计算必须随时修正，比如现在就很有必要考虑是否应该继续保留这个制度。但文人却喜欢用一个动作的"美感"来说服别人。万历皇帝想收商业税，东林党反对，而他们给出的反对理由不是收税这个动作的输出后果，而是"天子不与小民争利"！当然有人认为东林党其实代表利益集团，是故意拿道德作为借口，但这种不重知识重姿势的谈话氛围仍然令现代人震惊。

诺贝尔奖得主丹尼尔·卡尼曼的《思考，快与慢》一书，把人脑的两套思维系统称为"系统1"和"系统2"。前者自动起作用，能迅速对事物给出一个很难被改变的第一印象；而后者费力而缓慢，需要我们集中注意力进行复杂的计算，甚至我们在系统2工作的时候连瞳孔都放大了。系统2根本不是计算机的对手，没人能在百万分之一秒内计算111.61872的平方根。然而系统1却比计算机强大得多，直到2012年谷歌用了1.6万块处理器，才让计算机学会识别猫的脸[1]——而且它肯定还不会像刚出生的婴儿那样分辨表情。系统1这么快，显然是它在漫长的进化史中非常有用的缘故。我们可以想见一个不会算数，甚至不会清晰地逻辑推理的人只要知道谁对他好、谁对他坏，靠本能也能在草原上生活得不错。只有到了现代社会，他才会有大麻烦。文人思维显然是系统1的集大成者，而理工科思维则是系统2的产物。

"tradeoff"要求量化输入和预计输出，这也是理工科思维的最根本方法。但人脑天生不适应抽象数字。伦敦奥运会组织者给运动员准备了15万只避孕套，竟在开幕仅仅五天之内被用完[2]。腾讯请来梁文道、蒋方舟和阎连科三位文人对此事发表了意见[3]。这三位都是高端文人，根本不计较道德，专门谈审美，甚至还要做一番技术分析。梁文道说他从来都是公开支持性产业和

---

[1] 金融时报中文网：《谷歌神经网络识别猫脸》，克莱夫·库克森，2012年07月04日。
[2] 21CN新闻：《奥运村被曝15万只避孕套仅5天就用光 出现供不应求》，http://news.21cn.com/hot/social/2012/08/02/12551077.shtml。
[3] 腾讯专题《杯中话风云》第八期，http://2012.qq.com/cnteahouse/bzhfy/sllb/8.htm。

性工作者的。蒋方舟说拥有优秀基因就会花心。阎连科说中医认为以毒攻毒，性可能也是一个疏通渠道。三人说的都挺有意思，可他们怎么就不算算一万名运动员五天用掉 15 万只，这是每天三次的水平！真正合理的解释是大部分避孕套被运动员拿走当纪念品了[①]。据运动员[②]说，奥运村还真没到性晚会的程度。

文人思维天生喜爱耸人听闻的消息，如果再加上不爱算数，就会对世界乱担心和瞎指挥。请问在以下死亡方式中，哪种是最值得担心的？在海滩游泳被鲨鱼攻击、恐怖袭击、还是被闪电击中？直到"9·11"事件让恐怖袭击的戏份突然变大，美国媒体上曾经充斥着鲨鱼攻击的报道。而事实上，美国平均每年死于鲨鱼之口的还不到一人——从这个角度说鹿比鲨鱼危险得多，死于开车撞上鹿的人数是前者的三百倍！一个美国人在过去五年内死于恐怖袭击的概率只有两千万分之一[③]，而根据《经济学人》最近提供的一个各种死法危险排名[④]，其在一年内死于闪电击中的概率则是一千万分之一——闪电比恐怖分子厉害十倍！

这种担心会左右公共政策。文人可能从"是不是纯天然的"这个角度认为有机农业很美而核电很可怕，这不是一个好标准。可是他们总希望自己的声音大到能够调动很多人感情乃至于按照他们说的"常识"采取行动的地步。他们号称是"民意"的代表，但他们代表的只是未经过"tradeoff"的原始民意。在大多数公共问题上，常识是不好使的。资源调配即使做不到完全依赖市场，也不应该谁声音大就听谁的。

听作文的不如听论文的。以下这四件事是许多人想要的：(1) 用纯天然方法种植的有机农业；(2) 保护环境；(3) 取消人口控制；(4) 让每一个人

---

① 新浪体育，《曝选手偷避孕套回国卖 冰球队做水球砸人取乐》，http: //2012.sina.com.cn/hx/other/2012-08-05/030940757.shtml?bsh_bid=115382954。

② 参见 CBS NEWS：Olympic village：Business or pleasure? http: //www.cbsnews.com/news/olympic-village-business-or-pleasure/。

③ 《华盛顿邮报》：Eight facts about terrorism in the United States，by Brad Plumer，April 16, 2013。

④ 参见 The Economist 网站 Daily chart，Danger of death! Feb 14th 2013。

都吃饱穿暖。可是这四件事不可能同时做到，你必须放弃一个。有机农产品上的农药残余的确更少，但是如果你考虑到有机农业的低产量，其生产一单位食物所消耗的水和地都比化肥农业高很多①，综合起来的结果是有机农业更破坏环境。产量低是个致命缺点。事实上，在没有化肥的时代，人类养活不了很多人口。在这种情况下，人们再怎么大声疾呼有机农业也没用。

"好吧，"这时候有人说，"我有钱我自己吃有机食物，这总可以吧？"可以，但根据2012年斯坦福大学的研究者发表在《内医学年鉴》的一份针对过去几十年两百多项研究的总结报告指出②，有机食物甚至并不比普通食物更健康。

现在到了用理工科思维取代文人思维的时候了。传统的文人腔已经越来越少出现在主流媒体上，一篇正经讨论现实问题的文章总要做点计算才说得过去。

本文引用了几个最新的研究结果，但这其实是一篇一百年以前就能写出来的文章。从1915年陈独秀创办《青年杂志》至今，我们喊了近百年"赛先生"却仍然没搞清楚"赛先生"是干什么的。"赛先生"远不止是"鬼火是磷火"之类的少儿科普。它是常常违反常识，甚至可能变来变去，可是你却不得不依靠它来做出决策的硬知识。它更是有时候简单到"tradeoff"的一种并不"自然"的思维方式。（编者按：作者的另一本新书《智识分子：做个复杂的现代人》对"tradeoff"有更多精彩的论述。）

---

① 《纽约时报》博客：Organic Food vs. Conventional Food By KENNETH CHANG，September 4, 2012。
② Yahoo新闻对这个报告的报道：Organic Foods No More Nutritious, Safe than Conventional, Study Says LiveScience.com By Lindsey Konkel, MyHealthNewsDaily Contributor September 3, 2012。另见 Solidot 消息：http://science.solidot.org/article.pl?sid=12/09/04/0319221。

别想说服我！

霍金的《时间简史》和《大设计》这两本书，都有一个被所有人忽视了的第二作者，列纳德·蒙洛迪诺。这两本书能够畅销，我怀疑霍金本人的贡献也许仅仅是他的名气，因为公众其实并不真的喜欢科学知识——哪怕是霍金的知识；而霍金也深知"每一个数学公式都能让这本书的销量减少一半"。如果真有读者能在这两本"霍金的书"中获得阅读上的乐趣，很可能要在相当大的程度上归功于蒙洛迪诺。从他独立完成的《潜意识：控制你行为的秘密》（*Subliminal*）这本书来看，蒙洛迪诺是个非常会写书的人。他完全了解读者想看什么。

看完《潜意识：控制你行为的秘密》，我也知道读者想看什么了。在书中蒙洛迪诺讲了个很有意思的故事。说有一个白人天主教徒来到天堂门口想要进去，他跟守门人列举了自己的种种善行，但守门人说："可以，不过你还必须能够正确拼写一个单词才能进。""哪个单词？""上帝。""GOD.""你进去吧。"

一个犹太人来到天堂门口，他同样被要求正确拼写一个单词才能进。守门人考他的单词仍然是"上帝"。这个单词非常简单，所以他同样拼写正确，于是也进去了。

故事最后，一个黑人来到天堂门口，他面临着同样的规则。但是守门人让他拼写的单词是，"捷克斯洛伐克"。

这个故事的寓意是：像我们这样受过高等教育的人接收信息都有一个门

槛，低于这个门槛的我们根本不看。我的门槛就相当高，谁想向我说明一个科学事实，我一般都要求他出具学术论文。比如作为一个爱国者，我对中医的存废和转基因的好坏这两个问题非常感兴趣，特别关注相关的论文。然而就算是论文也有好有坏，要知道有的论文根本不严谨，所以我对一篇论文质量的好坏也有自己的判断标准，达到我的标准才算得上是严谨的好论文。

如果这篇论文是说中医有效的，我就要求它拼写"上帝"。如果这篇论文是说转基因无害的，我就要求它拼写"捷克斯洛伐克"。

你不用笑我，你也有同样的毛病。蒙洛迪诺说，人做判断的时候有两种机制：一种是"科学家机制"，先有证据再下结论；一种是"律师机制"，先有结论再去找证据。世界上科学家很少，你猜绝大多数人使用什么机制思考？每个人都爱看能印证自己已有观念的东西。我们不但不爱看，而且还会直接忽略那些不符合我们已有观念的证据。

有人拿芝加哥大学的研究生做了个实验。研究者根据某个容易引起对立观点的议题，比如是否应该禁枪，伪造了两篇学术报告，受试者只能随机地看到其中一篇。这两篇报告的研究方法乃至写法都完全一样，只有数据对调，这样其结果分别对一种观点有利。受试者们被要求评价其所看到的这篇报告是否在科学上足够严谨。结果，如果受试者看到的报告符合他原本就支持的观点，那么他就会对这篇报告的研究方法给予很高的评价；如果是他反对的观点，那么他就会给这篇报告挑毛病。

当初方舟子大战韩寒，双方阵营都使用各种技术手段寻找证据，写了各种"论文"，来证明韩寒的确有代笔或者的确没有代笔。有谁看到过有人说本阵营的论文不够严谨的吗？他们都认为对方的论文才是胡扯。这不是最可怕的。如果我反对一个结论而你支持，那么当我看一篇支持这个结论的论文时，就会不自觉地用更高的标准去看，就会认为这个论文不行；而你，因为支持这个观点，则会认为这个论文很好——如此一来，我不就认为你是弱智了吗？于是两个对立阵营都会认为对方是弱智。这一切都可以在潜意识中发生。

认为别人是弱智和被别人认为是弱智，其实也没那么可怕。真正可怕的是媒体也参与到观念的战争之中。

如果人已经被各种观念分成了阵营，那么媒体就不应该追求什么"客观中立"，因为没有人爱看客观中立的东西！媒体应该怎么做呢？技术活动家约翰逊（Clay Johnson）在《信息食谱》（*The Information Diet*）这本书里，给我们介绍了美国收视率最高的新闻台福克斯新闻（Fox News）的成功秘密。尼克松时期，媒体人罗杰·艾尔斯（Roger Ailes）有感于当时媒体只知道报道政府的负面消息，认为必须建立一个"拥护政府的新闻系统"。然而事实证明福克斯新闻的成功并不在于其拥护政府——它只拥护共和党政府——而在于艾尔斯有最先进的新闻理念：

第一，有线频道这么多，你不可能，也没必要取悦所有观众。你只要迎合一个特定观众群体就可以了。

第二，要提供有强烈主观观点的新闻。

给观众想要的东西，比给观众事实更能赚钱。观众想要什么呢？娱乐和确认。观众需要你的新闻能用娱乐的方式确认他们已有的观念。福克斯新闻台选择的观众群体，是美国的保守派。每当美国发生枪击事件，不管有多少媒体呼吁禁枪，福克斯新闻一定强调拥枪权——他们会找一个有枪的采访对象，说如果我拿着枪在现场就可以制止惨案的发生。美国对外军事行动，福克斯新闻一定持强硬的支持态度，如果有谁敢提出质疑，他就会被说成不爱国。哪怕在其网站上转发一篇美联社消息，福克斯新闻都要做一番字词上的修改来取悦保守派，比如《选民对经济的担心给奥巴马带来新麻烦》这个标题被改成了《奥巴马跟白人妇女有大问题》。

我们可以想象，知识分子一定不喜欢福克斯新闻。的确，没有哪个大学教授宣称自己爱看这个台。就连我当初参加物理系毕业典礼时，系里请来的演讲嘉宾都说：物理学有什么用呢，至少能让你学会判断福克斯新闻说的都是什么玩意儿。可是如果你认为福克斯新闻这么做是为了宣传某种意识形态，你就错了。他们唯一的目的是赚钱。

比如修改新闻标题这件事，从技术角度说并不是网站编辑的选择，而是读者自己的选择。很多新闻网站，比如《赫芬顿邮报》（*The Huffington*

Post），使用一个叫作多变量测试（multivariate testing，也叫 A/B testing）的技术：在一篇文章刚贴出来的时候，读者打开网站首页看到的是随机显示的这篇文章的两个不同标题之一，网站会在五分钟内判断哪个标题获得的点击率更高，然后就统一使用这个标题。事实证明在读者的选择下，最后胜出的标题都是耸人听闻型的。

福克斯新闻的收视率在美国遥遥领先于其他新闻台。因为 CNN（美国有线电视新闻网络）在北京奥运传递火炬期间对中国的歪曲报道，很多人认为 CNN 是个有政治色彩的媒体，其实 CNN 算是相当中立的——这也是它的收视率现在节节败退的原因。据 2012 年《经济学人》的报道[1]，倾向自由派的 MSNBC（微软全国广播公司）现在的收视排名第二，CNN 只排在第三，而这两个台的收视率加起来也比不上福克斯。乔布斯于 1996 年接受《连线》采访[2]时，对这个现象有一个非常好的评价：

当你年轻的时候，你看着电视就会想，这里面一定有阴谋。电视台想把我们变傻。可是等你长大一点，你发现不是这么回事儿。电视台的业务就是人们想要什么它们就给什么。这个想法更令人沮丧。阴谋论还算乐观的！至少我们还有个坏人可以打，我们还可以革命！而现实是电视台只不过给了我们想要的东西。

美国人玩的这一套，中国也有人早就玩明白了。今天，我们的媒体和网络上有各种观点鲜明的文章和报道，它们或者骂得特别犀利或者捧得特别动人，观众看得畅快淋漓，十分过瘾。但是这些文章提出什么切实可行的解决方案没有？说过什么能够修正我们现有思想的新信息没有？它们只是在迎合和肯定人们已有的观念而已，因为它们的生产者知道他们不需要取悦所有人。他们只要能让自己的"粉丝基本盘"高兴就已经足够获利的了。他们是"肯定贩卖者"。政治辩论？其实是一种娱乐。

---

[1] 参见 Unbiased and unloved：Life is hard for a non-partisan cable news channel, Sep 20th 2012, http://www.economist.com/node/21563298。

[2] 参见 Steve Jobs：The Next Insanely Great Thing By Gary Wolf. Wired, Issue 4.02 | Feb 1996。

王小波写过一篇《花剌子模信使问题》，感慨中国人（主要是领导们）听不得坏消息，一旦学者敢提供坏消息就恨不得把他们像花剌子模的信使一样杀掉。我想引用乔布斯的话："王小波说得太乐观了。"真正令人沮丧的现实是，所有国家的所有人都有花剌子模君王的毛病，而且他们的做法不是杀掉坏消息，而是只听"好"消息——那些能印证我们观念的消息。

这个毛病叫作"确认偏误"（confirmation bias）。如果你已经开始相信一个东西了，那么你就会主动寻找能够增强这种相信的信息，乃至不顾事实。一旦你有了某种偏见，你就无法改变主意了。《信息食谱》说，埃·默里大学教授韦斯顿（Drew Westen）发现，对于那些已经强烈支持共和党或民主党的学生来说，如果你给他们关于其支持的党的负面新闻，功能性磁共振成像（FMRI）会显示这些人的大脑中负责逻辑推理的区域关闭了，而负责感情的区域却被激活了！换句话说，他会变得不讲理只讲情，因为他们觉得自己受到了威胁。这个受威胁的感情会让你把相反的事实用来加强自己的错误信念。社会学家布伦丹·尼汉（Brendan Nyhan）甚至发现了一个"逆火效应"：你给一个保守派人士看关于布什的减税政策并没有带来经济增长的文章之后，他居然反而更相信减税可以带来经济增长。

在确认偏误的作用下，任何新证据都有可能被忽略，甚至被对立的双方都用来加强自己的观念。这就是为什么每一次枪击事件之后，禁枪派和拥枪派都变得更加强硬。另一本书——《未来乱语》（Future Babble），讲了个更有意思的实验。实验者给每个受试学生发一套性格测试题让他们做，然后说根据每个人的答案给其各自分析出来了一份"性格概况"，让学生评价这个概况描写得准不准确。结果，学生们纷纷表示这个概况说的就是自己。而事实是所有人拿到的"性格概况"都是完全一样的！人们更愿意看到说的跟自己一样的地方，并忽略不一样的地方[①]。

可能有人以为只有文化程度比较低的人才会陷入确认偏误，文化程度越高就越能客观判断。事实并非如此。在某些问题上，甚至是文化程度越高的

---

① 这个实验大概还可以解释为什么"星座与性格"的理论经久不衰。

人群，思想越容易两极分化。

一个有意思的议题是全球变暖。过去十几年来，媒体上充斥着各种关于全球变暖的科学报道和专家评论，这些报道可以大致分成两派：一派认为人类活动产生的二氧化碳是全球变暖的罪魁祸首，如果不采取激烈手段限制生产，未来的气候就会不堪设想；另一派则认为气候变化是个复杂问题，现有的模型并不可靠，二氧化碳没那么可怕。如果你对这个问题不感兴趣，你根本就不会被这些争论所影响。而《信息食谱》告诉我们，对全球变暖的观点分歧最大的人群，恰恰是那些对这方面有很多了解的人。调查显示，越是文化程度高的共和党人，越不相信全球变暖是人为原因造成的；越是文化程度高的民主党人，则越相信这一点。

如果你想看看这个争论激烈到什么程度，可以去看《经济学人》一篇报道[①]的读者评论。这篇文章说，尽管过去几年，人类排放的二氧化碳继续增加，可是地球平均温度却并没有升高，且远低于科学模型的预测。文章下面的评论水平跟新浪网足球新闻的评论不可同日而语，敢在这说话的可能没有高中生。评论者们摆事实、讲道理，列举各种论文链接和数据，然而其观点仍然鲜明地分成了两派。就连这篇文章本身写得够不够合理，都有巨大的争议。

观念的两极分化并不仅限于政治，人们可以因为很多事情进入不同阵营，而且一旦选择了一边就会为自己的阵营而战。你的手机是苹果的还是安卓的？这两个阵营的人不但互相鄙视，而且有时候能上升到认为对方是邪恶势力的程度。人们对品牌的忠诚似乎跟政治意识形态没什么区别。我们看苹果新产品发布会，再看看美国大选前两党的集会，会发现两者极为相似，全都伴随着狂热的粉丝的关注和激动的专家的评论。

也许因为手机已经买了或者政治态度已经表过了，人们为了付出的沉没成本而不得不死命拥护自己的派别，也许是为了表明自己的身份，也许是为了寻找一种归属感。但不管是什么，这种阵营划分肯定不是个人科学推理的结果。根据诺贝尔奖得主罗伯特·奥曼（Robert Aumann）1976年的论文

---

① 参见 Apocalypse perhaps a little later，Mar 27th 2013。

Agreeing to Disagree 所述，如果是两个理性而真诚的真理追求者争论问题[①]，争论的结果必然是这两人达成一致。那么现实生活中有多少真理追求者呢？认知科学家梅西埃（Hugo Mercier）和斯珀伯（Dan Sperber）2011 年的一篇论文 Why do humans reason？[②]，甚至认为人的逻辑推理能力本来就不是用来追求真理的，而是用来说服别人的。也就是说我们天生就都是律师思维，我们的大脑本来就是个争论设备。这也许是因为进化总是奖励那些能说服别人的人，而不是那些能发现真理的人吧。

互联网很可能加剧了观念阵营的划分。在网上，你连换台都不用，搜索引擎会自动根据你的喜好为你提供信息。我相信气候学家对全球变暖的预测言过其实，我认为绝不可以废除死刑，我使用苹果手机，我还要求豆浆必须是甜的、豆腐脑必须是咸的——在这些原则问题上我从来不跟人开玩笑。如果微博上有人发出违背我理念的言论怎么办？我会果断地取消对他的关注。我们完全有权这么做，难道有人上微博是为了找气受吗？可是如果人人都只接收符合自己观点的信息，甚至只跟与自己志同道合的人交流，那么就会形成一个"回音室效应"（echo chamber effect）。人们的观念将会变得越来越极端。

鉴于此，约翰逊号召我们改变对信息的消费方式。他提出的核心建议是：要主动刻意地消费，吸收有可能修正我们观念的新信息，而不是吸收对我们现有观念的肯定。（Consume deliberately. Take in information over affirmation.）

这其实是非常高的要求。要做到这些，我们必须避免那些有预设立场的说服式文章，尽可能地接触第一手资料，为此甚至要有直接阅读数据的能力。可是有多少人能亲自研读各项经济指标后，再判断房价是否过高呢？对大多数人来说房价是高是低只与一个因素有关：他是不是已经买了房。

我建议把上面那两句英文刻在 iPad 上。不过我发现最新的一系列针对社交网络的研究显示，也许回音室效应并不存在。有人对脸谱网的朋友关系进行研究，发现人们并没有只与跟自己政见相同的人交朋友。我们在网上辩

[①] 参看本书下一篇文章，《真理追求者》。

[②] 参见 Hugo Mercier and Dan Sperber，Why do humans reason? Arguments for an argumentative theory, BEHAVIORAL AND BRAIN SCIENCES（2011）34, 57-111。

得不可开交，生活中仍然可以跟对方辩友"隔着一张桌子吃饭"。哪怕在网上，统计表明人们的关注集群也不是按照政治立场划分的，而更多的是按照视野大小划分的[1]。更进一步，我们也许过高地估计了对方阵营的极端程度。有人通过调查统计美国两党的支持者[2]，发现如果一个人对某个政治方向有强烈的偏好，那么他对对方阵营的政治偏好往往会有更高的估计。可能绝大多数人根本没那么极端，可能互联网本身就是个极端的人抒发极端思想的地方。对推特网（Twitter）的一个研究[3]表明，其上的言论跟传统的民意测验相比，在很多问题（尽管不是所有问题）上更加偏向自由派。一般人并没有像推特网上的这帮人那样拥护奥巴马或者支持同性恋婚姻合法化。可见，互联网不是一个调查民意的好地方。

但无论如何，确认偏误是个普遍存在的人类特性，而且有人正在利用这个特性牟利。错误的观点一旦占了大多数，正确的做法就可能不会被执行。既然改变那些已有成见的人的观念如此困难，也许双方阵营真正值得做的只有争取中间派。2013年的《气候变化》（Nature Climate Change）上发表的一篇论文[4]说，虽然不可能改变那些已经对全球变暖学说有强烈看法的人的观点，但是可以用亲身经历来影响那些对气候变化并没有什么成见的人，而这些人占美国成年人口的75%。一个策略[5]是可以告诉一个中间派，你爱去凿冰捕鱼的那个地方，现在每年的冰冻期比19世纪少了好几个星期，来吸引其注意力。

这个真不错。当然，在我这个坚定的全球变暖学说质疑派看来，那些看见自己家门口的池塘不结冰了就认为全球变暖的人太天真了。

---

[1] 参见 New Scientist：Twitter shows chatting doesn't have to be political-by Debora MacKenzie 17 February 2012。

[2] 参见 PsyPost：Republicans and Democrats less divided than commonly thought By SAGE Publications on January 27, 2012。

[3] 参见 PewResearch Center：Twitter Reaction to Events Often at Odds with Overall Public Opinion By Amy Mitchell and Paul Hitlin, March 4, 2013。

[4] 参见 Teresa A. Myers et al., The relationship between personal experience and belief in the reality of global warming, Nature Climate Change 3, 343-347（2013）。

[5] 参见 http: //arstechnica.com/science/2012/12/strong-opinions-on-climate-change-are-self-reinforcing/。

真理追求者

我们这帮人都有个可爱的毛病。我们往往会为一些与自身眼前利益不是特别相关的事情，比如说美式民主制度是否适合中国，超弦是不是一个好的物理理论，阿根廷队是否能获得本届世界杯冠军这类问题争论。这种争论的结果往往是不欢而散的，大家各持立场，很少妥协。

每个人都认为自己对事不对人。每个人都认为自己在争论过程中是真诚的。是吗？

诺贝尔奖得主罗伯特·奥曼在1976年发表了一篇论文 Agreeing to Disagree[①]，这篇论文堪称传世之作。它指出，如果两个理性而真诚的真理追求者争论问题，争论的结果必然是两人达成一致。换句话说如果争论不欢而散，那么其中必然有一方是虚伪的。

这是一个有点令人吃惊的结论。我先把奥曼的原话抄下：

If two people have the same priors, and their posteriors for an event A are common knowledge, then these posteriors are equal.

这段话中有很多专业术语，比如什么是"priors"，什么是"posteriors"，什么是"common knowledge"，都需要外行学习一番。奥曼在文中非常谦虚地说：

---

① 参见 Aumann, Robert J.（1976）."Agreeing to Disagree". *The Annals of Statistics* 4（6）：1236-1239。

"我为发表这篇文章感到不好意思（diffidence），因为其中用到的数学实在太不值一提了。"我从来没在任何一篇其他的学术论文中看到有人使用"不好意思"（diffidence）来形容自己的工作，大家都是猛吹自己的工作有多么重要。实际情况是，没有一定的数学基础很难看懂此文。

借助于一篇后来人写的综述[1]，我大概可以解释一下奥曼的意思。如果你跟我对于一般足球理论的认识一致，换句话说，如果你认为梅西对阿根廷队很重要，这就可以说我们的"priors"是一致的。也就是说我们两个理性的人就好比两台计算机，如果给我们完全相同的输入，我们可以计算出相同的结果来。

下面为简单起见，假设世界杯决赛是阿根廷队对意大利队。在决赛前夜，如果我向你宣布，我认为阿根廷队将获得世界杯冠军。而你向我宣布，你认为意大利队将获得世界杯冠军。这样一来我们两人的观点就被亮出来了，不但你知道我的观点，而且我知道你知道我的观点，而且你知道我知道你知道我的观点……以此类推下去，这就是我们的观点是"common knowledge"。

奥曼的数学定理的伟大之处在于，我不必告诉你我为什么相信阿根廷队夺冠，你也不必告诉我你为什么相信意大利队夺冠，我们两人就可以最终就谁夺冠这个问题达成一致！

我们的争论过程大约是这样的：

我：我认为明天的决赛阿根廷队将夺冠。

你：了解。但我认为意大利队将夺冠。

我：收到。但我仍然认为阿根廷队夺冠。

你：意大利队。

我：阿根廷队。

你：意大利队。

我：好吧，意大利队。

---

[1] 参见 Tyler Cowen and Robin Hanson, Are Disagreements Honest? http://hanson.gmu.edu/deceive.pdf。

我们就这样达成了一致。

这个争论过程有点像古龙小说的情节，但并不好笑。当我第一次说我认为阿根廷队将夺冠的时候，你应该了解，我一定是掌握了某些赛前信息才敢这样说的，比如我深入研究过双方的实力对比。而当你听到我的观点之后却反对我的观点的时候，我就知道，你一定掌握了更强的信息。也许你有内幕消息，知道梅西伤情严重上不了场。我不知道具体是什么信息，但我可以从你此时的态度判断这个信息一定很强。而我如果在这个情况下仍然坚持认为阿根廷队将夺冠，你就得进一步了解我所掌握的更强的信息，比如我知道裁判向着阿根廷队。以此类推，直到几次往返之后我发现你仍然坚持意大利队将夺冠，那我只好认为你刚刚从未来穿越回来，于是我决定赞同你的意见。

所以，两个理性的人只要进行古龙式对话就可以达成一致。据我最近看《大问题：简明哲学导论》(*The Big Questions*)这本书介绍，更进一步，经济学家吉纳科普洛斯（John Geanakoplos）和波尔马卡基斯（Herakles Polemarchakis）证明这个对话不可能永远继续下去——也就是说最后一定会达成一致。再进一步，计算机科学家阿伦森（Scott Aaronson）证明，如果对话双方都是诚实的，那么这种对话可以在不太多的几步内结束。

有人可能会提出，前面说的一致的"priors"，是一个特别强的条件。毕竟生活中的理性人并非都学习过足球理论。也许两个人对梅西的重要性有不同的看法。但是这个"不同看法"也是可以通过古龙式对话达成一致的！所以我们可以说，两个真诚而理性的人应该对事情有相同的看法。如果争论不欢而散，一定是有人不诚实！

我做了一点小调研，说明这个理论有很多推论。比如说一个真正理性的人，如果他认为其他人也是理性的，那么他不应该买股票。为什么？如果他买一只股票，就必然有人卖这只股票——这就意味着两人对这只股票的升值前景（不一定是确切的预测，可以是一个概率）有不同看法。可是奥曼已经证明理性的人不应该有这种不同看法。

这个定理中所假设的理性的人，被学者称为"真理追求者"(truthseekers)。如果我们是诚实的真理追求者，我们终将能够达成一致。

***

最后一点题外话。很多人认为搞科研主要是人与自然的斗争，但真正的科研工作也包括人与人的斗争——不是官僚主义或办公室政治，而是科学家跟科学家因为学术观点的不同而开打。从某种意义上讲，往顶级学术期刊投稿跟打仗差不多。所谓的"同行评议"（peer review），也就是编辑找几个跟你在同一领域也是搞科研的人来审查你的文章。一个最可怕的消息是，这帮人有时候跟你一样，常常以为只有自己才有资格在这个期刊上发文章。如果他们直接说你的结果不够重要所以不适合发表，那你基本完了；但如果他们说你的文章错了，则是一个比较好的消息，因为很可能是他们错了。

你要做的是写一个答辩状，证明是审稿人错了。然后有可能会发生一件也许只有在学术界才能发生的奇迹：审稿人将承认错误，改变想法，允许你的文章发表。

生活中的成年人如果不被"双规"，很少承认自己的错误。一场争论之后没人会说"我以前想错了，原来是这样"，但是科学家可以。科学家也会拉帮结派，也会有各种偏见，也会以证明别人错了为乐，但是所有科学家有一个共同的优点：他允许你改变他的想法。这种允许别人改变思想的氛围可以刺激人在审稿的时候采取更为大胆的态度。

为什么？因为科学家是真理追求者。实际上，搞科研的一大乐趣就是被别人改变想法！

最简单概率论的五个智慧

我认为人人都应该学点概率知识。在日常生活中，概率论比万有引力公式和基因的复制机制都重要，它是现代社会的公民必备的知识。现在的世界比过去复杂得多，其中有大量的不确定性。是否理解概率，直接决定了一个人的"开化"程度。当不懂概率的人大惊小怪的时候，懂概率的人可以淡定自若。

大多数人在中学就学习过概率，但掌握概率的计算方法不等于真正理解概率。实际上，概率论中的几个关键思想，是多数数学老师没有讲明白，甚至根本就没有讲的。理解这些思想甚至不需要会做任何计算，但是它们能让我们看世界的眼光发生根本性的改变。

这些思想的逻辑都很简单，我们可以从最简单的概率论中得到五个智慧。

1. 随机

概率论最基础的思想是，有些事情是无缘无故地发生的。

这个思想对我们的世界观具有颠覆性的意义。古人没有这个思想，认为一切事情的发生都是有原因的，甚至可能都是有目的的。人们曾经认为世界像一个钟表一样精确地运行。但真实世界不是钟表，它充满不可控的偶然。

更严格地说，有些事情的发生，跟它之前发生的任何事情，都可以没有因果关系。你不管做什么都不能让它一定发生，也不能让它一定不发生。

如果一个人考上了好大学，人们会说这是她努力学习的结果；如果一个人事业成功，人们会说这是他努力工作的结果。可是如果一个人买彩票中了大奖，这又是为什么呢？答案就是没有任何原因，这完全是一个随机事件。总会有人买彩票中奖，而这一期彩票谁中奖，跟他是不是好人，他在之前各期买过多少彩票，他是否关注中奖号码的走势，没有任何关系。

如果有一个人总买彩票，他中奖的概率总会比别人大点吧？的确。他一生之中中一次奖的概率比那些只是偶然买一次彩票的人大。但是当他跟上千万个人一起面对一次开奖的时候，他不具有任何优势。他之前所有的努力，对他在这次开奖中的运气没有任何帮助。一个此前从来都没买过彩票的人，完全有可能，而且有同样大的可能，在某一次开奖中把最高奖金拿走。

中奖，既不是他自己努力的结果，也不是"上天"对他有所"垂青"；不中，不等于任何人在跟他作对。这就是"随机"，你没有任何办法左右结果。这很容易理解，对吧？

大多数事情并不是完全的随机事件，却都有一定的随机因素。偶然和必然如果结合在一起，就没那么容易理解了。人们经常错误地理解偶然，总想用必然去解释偶然。

体育比赛是最典型的例子。球队赢了球，人人有功，记者帮着分析取胜之道；球队输了球，人人有责，里里外外都要进行反思。但比赛其实是充满偶然的事件，你所能做的只是尽可能地争取胜利。哪怕你准备得再好，总有一些因素是不确定的，也就是我们通常说的运气。我很少听到记者把输球或赢球的原因归结于运气，人们被随机性所迷惑，狂喜狂怒从不淡定，甚至不惜人身攻击。实际上，现代职业化竞技体育中参赛者之间的实力差距往往并没有天壤之别，决定比赛结果的偶然因素非常大。强队也能输给弱队，是现代体育的重要特征，也是其魅力所在。如果强队一定胜利，比赛还有什么悬念？从这个意义上说，我们看比赛看的就是这个随机性。这就难怪《黑天鹅》的作者塔勒布（Nassim Nicholas Taleb）在《黑天鹅语录》(*The Bed of Procrustes*)一书中说：

Sports are commoditized and, alas, prostituted randomness.

体育是商品化，甚至是卖淫化了的随机性。

所以对智者来说偶然因素是不值得较真的，这场输了下场可以赢回来，只要输少赢多你还是强队。

理解随机性，我们就知道有些事情发生就发生了，没有太大可供解读的意义。我们不能从这件事中获得什么教训，不值得较真，甚至根本就不值得采取行动。比如民航客机非常安全，但再完美的交通工具也不可能百分之百的安全。你会因为极小的事故概率而不坐飞机吗？我们只要确定事故概率比其他旅行方式更低就可以了——甚至连这都不需要，我们只要确定这个概率小到我们能够容忍就可以了。为偶然事件大惊小怪，甚至一朝被蛇咬十年怕井绳，是幼稚的表现。

管理者有个常见的思维模式，一旦出了事就必须全体反思，制定相关政策以避免类似事故再次发生，但极小概率事故其实是不值得过度反应的。哪怕是因为员工犯了错而引起的，也没必要如此。37signals公司的两位创始人弗莱德（Jason Fried）和汉森（David Heinemeier Hansson）在2010年出了一本书《重来》（Rework），讲公司创业和管理之道。在我看来此书一个亮点就是它强调不要一看有人犯了错就为此大张旗鼓地制定政策来纠正错误。那样只会把错误变成伤疤，而且会让公司越来越官僚主义。正确的办法是告诉犯错的员工这是一个错误，然后就完了。

偶然的错误不值得深究，成绩也不值得深究。现代概率论的奠基者之一雅各布·伯努利，甚至认为我们根本就不应该基于一个人的成就去赞美他[①]。用成绩评估一个人的能力，来决定是否让他入学、是否给他升职加薪，是现代社会的普遍做法，对此人人都服气，童叟无欺非常公平。这还有什么可说的？问题在于，成绩可能有很大的偶然因素。失败者没必要妄自菲薄，成功者也应该明白自己的成功中是有侥幸的。

---

① 这是大概的意思，伯努利的原话是"One should not appraise human action on the basis of its results."出自 *The Drunkard's Walk: How Randomness Rules Our Lives* 一书。

2. 误差

既然绝大多数事情都同时包含偶然因素和必然因素，我们自然就想排除偶然去发现背后的必然。偶然的失败和成就不值得大惊小怪，我根据必然因素去做判断，这总可以吧？

可以，但是你必须理解误差。

历史上最早的科学家曾经不承认实验可以有误差，认为所有的测量都必须是精确的，把任何误差都归结于错误。后来人们才慢慢意识到偶然因素永远存在，即使实验条件再精确也无法完全避免随机干扰的影响，所以做科学实验往往要测量多次，用取平均值之类的统计手段去得出结果。

多次测量，是一个排除偶然因素的好办法。国足输掉比赛之后经常抱怨偶然因素，有时候是因为裁判不公，有时候是因为主力不在，有时候是因为不适应客场气候，有时候是因为草皮太软，有时候是因为草皮太硬。关键是，如果你经常输球，我们还是可以得出你是个弱队的结论。

国际足联的世界排名，是根据各国球队多次比赛的成绩采用加权平均的办法统计出来的，这个排名比一两次比赛的胜负，甚至世界杯赛的名次更能说明球队的实力。但即便如此，我们也不能说国际足联的排名就是各个球队的"真实实力"。这是因为各队毕竟只进行了有限次数的比赛，再好的统计手段，也不可能把所有的偶然因素全部排除。

即便是科学实验也是如此。科学家哪怕是测量一个定义明确的物理参数，也不可能给出最后的"真实答案"——他们总是在测量结果上加一个误差范围。比如最近的一个重大物理发现是用实验证实了希格斯粒子的存在，物理学家说希格斯粒子的质量是 125.3 ± 0.4（stat）± 0.5（sys）GeV。这句话的意思是说，质量是125.3，但其中有 ± 0.4 的统计误差，还有 ± 0.5 的系统误差。真实的质量当然只有一个，但是这个数是多少，我们不知道——它可以是这个误差范围内的任何一个数字。事实上，真实质量甚至可以是误差范围外的一个数字！这是因为误差范围是一个概率计算的结果，这个范围的意思是说物理学家相信真实值落在这个范围以外的可能性非常非常小。

所以"真实值"非常不易得，而且别忘了科学实验是非常理想化的事件。大多数事件根本没机会多次测量。既然如此，我们对测量结果的解读就又要加一层小心。如果只能测一次，那么对这一次测量的结果应该怎么解读？我们可以根据以往的经验，或者别处、别人的类似案例，来估计一个大致的误差范围。

有了误差的概念，我们就要学会忽略误差范围内的任何波动。

中国只有一个，任何关于中国此时此刻的统计，都只能测一次。2014年1月，国家统计局公布了2013年全国居民收入基尼系数为0.473，新闻报道说："该数据虽较2012年0.474的水平略有回落，但仍显示居民收入差距较大。"这个"回落"有多大？ 0.001。从统计角度来说其实没什么意义，可能你的测量误差就大大超过0.001。

考试成绩也是如此，假设一个同学考了两次才过英语四级，第一次57分，第二次63分。他说这是略有进步，我说你这不叫进步，叫都在测量误差范围之内。

3. 赌徒谬误

假如你一个人在赌场赌钱，比如玩老虎机。你一上来运气就不太好，一连输了很多把。这时候你是否会有一种强烈的感觉，你很快就该赢了呢？

这是一种错觉。赌博是完全独立的随机事件，这意味着下一把的结果跟以前所有的结果没有任何联系，已经发生了的事情不会影响未来。我们举一个简单的例子，假设瓶子里装着六个球，上面写着1到6，作为每一次的中奖号码。每次抽奖的时候，你要从六个球中随便拿一个，而这六个球被你拿到的机会是相等的，都是1/6。现在假设前面几期抽奖中6出现的次数的确比2多，那么这一次抽奖的时候，你是否就会有更大机会抽到2呢？不会！这些球根本不记得谁曾经被抽到过，2号球不会主动跑过来让你抽。它们被抽到的概率仍然都是1/6。

概率论中的确有一个"大数定律"，说如果进行足够多次的抽奖，那么各种不同结果出现的频率就会等于它们的概率——对上面这个例子来说就是如果你抽取足够多次，你得到"2"的结果数应该跟得到"6"的结果数大致相等。

但人们常常错误地理解随机性和大数定律——以为随机就意味着均匀。如果过去一段时间内发生的事情不那么均匀，人们就错误地以为未来的事情会尽量往"抹平"的方向走，用更多的"2"去平衡此前多出来的"6"。但大数定律的工作机制不是跟过去搞平衡，它的真实意思是说如果未来你再进行非常多次的抽奖，你会得到非常多的"2"和非常多的"6"，以至于它们此前的一点点差异会变得微不足道。

我曾经看到有自以为懂概率的人写道"比如号码 2 已经连续出现了 3 期，而号码 6 已经连续出现了 5 期，则再下一次号码中 2 再出现的概率明显大于 6"，这完全错误。下一次出现号码 2 和 6 的概率是相等的。这是一个著名的错误，被称作"赌徒谬误"（Gambler's fallacy），全世界的赌场里每天都有人在不停地犯这个错误。现在我们再回过头来看，这其实是一个很简单的道理。

但是这个错误在生活中还可以以不同的方式上演。比如有个笑话说一个人坐飞机的时候总是带着一颗炸弹，他认为这样就不会有恐怖分子炸飞机了——因为一架飞机上有两颗炸弹的可能性应该非常小！再比如战场上的士兵有个说法，如果战斗中有炸弹在你身边爆炸，你应该快速跳进那个弹坑——因为两颗炸弹不太可能正好打到同一个地方[①]。这都是不理解独立随机事件导致的。

4. 在没有规律的地方发现规律

理解了随机性和独立随机事件，我们可以得到一个结论：独立随机事件的发生是没有规律和不可预测的。这是一个非常重要的智慧。

"彩票分析学"是深受彩民喜爱的一门显学。这门学问完全合法地出现在各种晚报、新浪网、搜狐网甚至人民网上，认为彩票的中奖号码跟股票一样，存在"走势"。它使用"双色历史号码""余数走势""五行码"等五花

[①] 这个例子是清华大学赵南元教授在我博客评论中给的，在此致谢。

八门的数字曲线，使用"奇偶分析""跨度分析""大中小分析"，帮助彩民预测下一期中奖号码。彩票分析师信誓旦旦地声称他们能在一定程度上预测中奖号码，最起码也能评估最可能出现的号码范围。

这些分析学跟赌徒谬误不同。赌徒谬误是认为前面多次出现的号码不会继续出现，而彩票分析学则认为中奖号码存在"走势"，分析师相信这里面有规律——所以近期多次出现的组合可能会继续出现，或者按照这个趋势可以预测下一个号码。

但是我们知道中奖号码是纯粹的随机现象，根本没有规律。没错，有时候赌场里的某个赌具可能存在缺陷，使得一个号码中奖的可能性略高于其他号码，如果你能发现并利用这个缺陷的确可以因此获利。但要想发现这个缺陷必须统计成百上千次开奖，要想利用这个缺陷也必须玩上成百上千把。而且这个缺陷是简单的：无非是某个特定号码出现的可能性略大一点，完全谈不上什么复杂规律。

明明没规律，这些彩票分析师到底是怎么看出规律来的呢？也许他们并不是故意骗人的，而是很可能真的相信自己找到了彩票的规律。

我上小学的时候，有一次数学课上讲到"素数"这个概念。老师列举素数，班上一个同学突然非常兴奋地举手说："我发现了一个规律！"老师就问他发现了什么规律，他说："你看素数3、5、7、13、17、19……它们的结尾都是这几个数字！"他发现的这个"规律"其实是除了2以外的素数都是奇数。这的确是一个"性质"，并不是真正的"规律"，因为你无法用它去预测下一个素数，比如9和15都是奇数，符合这个"规律"，却都不是素数。

发现规律是人的本能——春天过后是夏天，乌云压顶常下雨，大自然中很多事情的确是有规律的。有一种逻辑题，给你几个数字或者图形，让你发现它们排列的规律并指出下一个出现的数字或图形是什么。比如这道题：1，2，1，2，__，任何人都一眼就能看出来下一个数字是1。我儿子在连10以内加减法都算不顺溜的时候就已经非常善于做这种题了，根本不用教，一看就会。

我们的本能工作得如此之好，以至于我们在明明没有规律的地方也能找出规律来。人脑很擅长理解规律，但是很不擅长理解随机性。发现规律任何时候都可以帮助我们更好地生存下去，而理解随机性却是只在现代社会才有意义的一个技能。

在没有规律的地方硬找规律是个相当容易的事情，只要你愿意忽略所有不符合你这个规律的数据。9和15不是素数？那叫意外！你完全可以说你的理论是科学但更是艺术，只有神秘的经验才能告诉你忽略了哪些数据——别人用这个规律预测不准那是因为他们功夫不到家——再者，毕竟连天气预报都不敢保证一定准确，不是吗？

如果数据足够多，我们可以找到任何我们想要的规律。比如说圣经密码。有人拿圣经做字符串游戏，在特定的位置中寻找能对应世界大事的字母组合，并声称这是圣经对后世的预言。问题是，这些"预言"可以完美地解释已经发生的事情，等到预测尚未发生的事情的时候就没有那么好的成绩了。关键在于圣经里有很多很多字符，你如果仔细找，尤其是在借助计算机的情况下，总能找到任何想要的东西。在这个精神下我建议搞一个"毛泽东密码"，在标准版《毛泽东选集》中寻找中文字词的排列组合，也许会"发现"他早就预测了中国后世发生的所有大事。

彩票无规律，圣经密码是无稽之谈，那么我再问一个问题：地震发生的年份有规律吗？

地震不是彩票，并不是完全的随机事件。有些地区地震会比较频繁，我们大概可以知道平均每隔若干年就会发生一次。但是这样的"规律"是非常模糊的，就算是地震高发区也有可能连续好几年都不地震，不常地震的地区也可能一年内发生好几次地震。地震不会精确地按照一个特定的数字顺序发生。

可是，有一门学问却认为地震和各种自然灾害会严格按照某种数学规律发生，甚至用研究数学——确切地说是做数字游戏——的办法去预测地震。这个方法叫作"可公度性理论"，它的创始人是中国科学院院士翁文波。翁院士早年在石油勘探方面做出过杰出贡献[1]，而根据互动百科[2]，他曾经多次预测了国内外的地震。

我对"可公度性理论"持非常怀疑的态度。这个理论跟地震没有任何关系，它只是简单地把一些年份数字进行加减组合。有记者拿着翁文波所著的《预测学》一书给中科院物理所院士何祚庥和研究员李淼看，二人均完全持否定的态度[3]。李淼说："感觉就是把东西堆砌在一起，相互之间没有关联，逻辑之间也没有连续性。"何祚庥说："说白了就是没什么道理的。"方舟子和新语丝网站则更直接地指出翁文波的理论是伪科学。

事实上，就算我们相信冥冥之中有一种神秘的机制在左右地震，且这个机制可以纯粹由数学决定而与地质学无关，"可公度性理论"也是站不住脚的。这个理论根本就没有一个自洽的操作规则，对一次具体的预测到底应该采用什么数字组合非常随意。假设让两个最好的学生同时使用这个理论去预测，他们将有极大的可能性得出完全不同的结果——就如同你从《圣经》的字母排列组合里可以找到任何想要的东西一样。

未来是不可被精确预测的。这个世界并不像钟表那样运行。

5. 小数定律

现在，我们知道，在数据足够多的情况下，人们可以找到任何自己想要的规律，只要你不在乎这些规律的严格性和自洽性。那么，在数据足够少的情况下又会如何呢？

如果数据足够少，有些"规律"会自己跳出来，你甚至不相信都不行。

人们抱着游戏或者认真的态度总结了关于世界杯足球赛的各种"定律"[4]，比如一个著名的定律是"巴西队的礼物"——只要巴西队夺冠，下一

---

[1] 非常令人庆幸，他不是因为地震预测的学问当选的院士。
[2] 参见 http://www.baike.com/wiki/翁文波。
[3] 《科学新闻》文章《翁文波和他的"天灾预测委员会"》，作者邸利会。http://news.sciencenet.cn/htmlnews/2009/5/219165.html?id=219165。
[4] 参见互动百科有完整版，http://www.baike.com/wiki/世界杯定律。

届的冠军就将是主办大赛的东道主，除非巴西队自己将礼物收回，这一定律在 2006 年被破解；另一个著名的"1982 轴心定律"——世界杯夺冠球队以 1982 年世界杯为中心呈对称分布，也在 2006 年被破解。还有一些定律是没有被破解的，比如"凡是获得了联合会杯或者美洲杯，就别想在下一届世界杯夺冠"。中国的职业联赛也有自己的定律，比如"王治郅定律"——只要王治郅参加季后赛，八一队就必然获得总冠军（已破解），以及"0∶2 落后无人翻盘定律"（尚未破解）。

如果你仔细研究这些定律，你会发现不容易破解的定律其实都有一定的道理。王治郅和八一队都很强，0∶2 落后的确很难翻盘，而获得世界杯冠军是件非常不容易的事情，更别说同时获得联合会杯、美洲杯和世界杯了。但不容易发生不等于不会发生，它们终究会被破解。那些看似没有道理的神奇定律（正因为没道理才更显神奇），则大多已经被破解了。之所以"神奇"，是因为其纯属巧合。世界杯总共才进行了 80 多年，20 多届。只要数据足够少，我们总能发现一些没有被破解的"规律"。

如果数据少，随机现象可以看上去"很不随机"，甚至非常整齐，感觉就好像真有规律一样。

如果你曾经被河南人骗过，如果你恰好听说自己的一个朋友也被河南人骗过，如果你进一步发现网上也有个人被河南人骗过，你是否会得出结论说河南骗子多呢？如果去年有个清华大学毕业的硕士被查出来抄袭，今年又有个清华大学教授被查出来抄袭，你是否会得出结论说清华大学纵容抄袭呢？

即使考虑到河南是个人口大省，而清华大学这样的名校的媒体曝光率比较高，这两个地方的坏消息似乎也比相同量级的省份或相同知名度的大学高了一点。所以，结论难道不是明摆着的吗？如果骗子是在中国各个人口大省随机分布的，如果抄袭者是在中国各个名牌大学随机分布的，那为什么恰恰是河南和清华大学"脱颖而出"？

在下结论之前，我们先考察 1940 年的伦敦大轰炸[①]。当时伦敦在德军 V2

---

① 这件事在蒙洛迪诺的《醉汉的脚步》（*The Drunkard's Walk*）和卡尼曼的《思考，快与慢》中都有论述。

导弹的攻击下损失惨重,报纸公布标记了所有受到轰炸地点的伦敦地图之后,人们发现轰炸点的分布很不均匀。有些地区反复受到轰炸,而有些地区却毫发无损。

难道德军在轰炸伦敦的时候故意放过了某些地区吗?

对英国军方来说这是一件非常恐怖的事情,因为这意味着 V2 导弹的精度比预想的要高得多,以至于德军可以精确地选择轰炸目标。而伦敦居民则相信,那些没有遭到轰炸的地区是德国间谍居住的地方。有些人甚至开始搬家。

然而事后证明 V2 导弹是一个精度相当差的实验性质的武器,与其说是导弹还不如说是大炮——德军只能大概地把它打向伦敦,而根本无法精确地控制落点。也就是说,伦敦各地区受到的轰炸完全是随机的。一直到 1946 年,有人从数学角度分析了轰炸数据,把整个可能受到轰炸的地区分为 576 个小块,发现其中 229 个小块没有受到任何轰炸,而有 8 个小块受到了 4 次以上的轰炸。这些数据虽然不均匀,但完全符合随机分布。实际上,科学家可以用计算机模拟的办法得到更多"看上去很不随机"的随机结果。

问题的关键是随机分布不等于均匀分布。人们往往认为,如果是随机的,那就应该是均匀的,殊不知这一点仅在样本总数非常大的时候才有效。当初 iPod(苹果公司推出的便携式数字多媒体播放器)最早推出"随机播放"功能的时候,用户发现有些歌曲会被重复播放,他们据此认为播放根本不随机。苹果公司只好放弃真正的随机算法,用乔布斯本人的话说,就是改进以后的算法使播放"更不随机以至于让人感觉更随机"。一旦出现不均匀,人们就会认为其中必有缘故,而事实却是这可能只是偶然事件。

如果统计数字很少,就很容易出现特别不均匀的情况。这个现象被诺贝尔经济学奖得主丹尼尔·卡尼曼戏称为"小数定律"。卡尼曼说如果我们不理解小数定律,我们就不能真正理解大数定律。

大数定律是我们从统计数字中推测真相的理论基础。大数定律[1]说如果

---

[1] 大数定律的严格数学含义比这里说的要复杂一点,需要 400 个字才能解释清楚,我就从略了。

统计样本足够大，那么事物出现的频率就能无限接近它的理论概率——也就是它的"本性"。所以，如果抽样调查发现一个地区某种疾病的发病率较高，我们就可以大致认为这个地区的这种疾病发病率真的很高。

而小数定律说如果样本不够大，那么它就会表现为各种极端情况，而这些情况可能跟本性一点关系也没有。

哪怕一个硬币再完美，你也可能会连投 4 次都是正面朝上，这个结果看似有点怪，但跟连投 10 次都正面朝上不可同日而语。一个人口很少的小镇发现对某种疾病有较高的发病率，跟一个大城市有同样大小的发病率，不应该引起同样的重视。一个只有 20 人的乡村中学某年突然有 2 人考上清华大学，跟一个有 2000 人的中学每年都有 200 人考上清华大学，完全没有可比性。

如果你的统计样本不够大，你什么也说明不了。

正因为如此，我们才不能只凭自己的经验，哪怕是加上家人和朋友的经验去对事物做出判断。我们的经验非常有限。别看个例，看大规模统计。有的专栏作家听说两三个负面新闻就敢写文章把社会批得一文不值，这样的人非常无知。

所以，理解随机现象最大的一个好处就是你不会再轻易地大惊小怪了。

一颗阴谋论的心

你相信"巧合"吗？

当然相信。世界非常大而且非常复杂，每天要发生很多很多事情，绝大多数事情之间并没有什么因果关系。可是正如人很善于在本来没有规律的地方寻找规律，我们也非常擅长在本来没有联系的事情中发现联系，并且用一个简单的理论对这些事情进行解读。

我的理论没有什么进一步的证据，而且我也不需要什么进一步的证据，但是我的理论可以解释这些看似"自然"其实"不自然"的事件，我发现其背后有一个不可告人的目的。这种解读，就是阴谋论。

美国的阴谋

比如，2014年3月马航MH370航班事故发生之初，整个事件还在被定性为"失联"期间，互联网上就充斥着各种阴谋论。其中有一个理论[1]说，马航失联其实是中美"两个大佬"较量的结果，而且中方目前稳操胜券。这篇奇文把近期的国际形势（包括乌克兰局势、日本右翼政府的态度软化、朝鲜半岛的微妙变化、西方阵营出现的裂痕和泰国局势未能朝预期方向发展）和国内形势（改革进展、两会前金融波动、昆明火车站恐怖袭击和河南隧道

---

[1] 这篇文章以不同标题流传在各大军事论坛上，原文标题和作者都已经不可考，其中有一个版本是"马航事件幕后黑手或浮出水面中央惊人表态"，http://www.millike.com/2014/0320/123817.html。

爆炸事故）通通联系在一起，认为只有全盘考虑这些因素，还要结合"三年前发生在菲律宾马尼拉的人质事件与奥巴马即将在四月展开的访问活动"，才能理解一架客机为什么会失联。

如果你觉得这个逻辑太不可思议，那是因为你不经常上网看时事或军事论坛。有人①专门写这种文章。他们旁征博引，无所不知，从国际政治讲到国内形势，最后归于两点：第一，所有坏事，都是国际敌对势力故意针对中国搞出来的；第二，所有好事，都是中国政府巧妙安排的。总而言之，中国正在跟美国下一盘很大的棋。

当然，也有人认为中美两国政府都不是世界上最强的力量，真正的老大是罗斯柴尔德家族。我曾经兴冲冲地买过一本《货币战争》，而且真的被书中的阴谋故事所吸引，一直看到罗斯福才把书扔了。

中国流行国际大棋论，美国则流行专门针对美国政府的阴谋论。芝加哥大学的研究人员最近针对以下 6 个最流行的医学阴谋论对 1300 个美国人进行了调查②：

1. FDA（食品药品监督管理局）为了医药公司利益而禁止自然疗法。
2. 政府明知手机致癌而不作为。
3. CIA（中央情报局）故意让美国黑人感染艾滋病毒。
4. 转基因食品是削减人口的秘密手段。
5. 医生和政府知道疫苗会导致孤独症。
6. 公共饮用水加氟是化学公司排污的手段。

结果发现，49% 的美国人至少相信其中一个，18% 的美国人相信三个。这是一个人们普遍相信阴谋论的时代。

相信阴谋论很可能是人的一个思维本能。人们总是希望能给复杂而混乱的世界找个简单的解释，这个解释就是有某种强大的力量，怀着一个不可告

---

① 比如著名的"东方时事评论员"。
② 报道见 http://www.bustle.com/articles/18537-6-insane-medical-conspiracy-theories-half-of-the-country-actually-believes。

人的目的，在控制一切。肯特（Kent）大学的几位心理学家研究[1]发现，相信一种阴谋论的人，往往也会相信其他阴谋论，甚至是互相矛盾的阴谋论。越相信戴安娜其实并没有死（假死）的人，越容易相信戴安娜其实是被谋杀的——反正政府有些事没告诉我们！

所有这些阴谋论都有一个共同的思维模式。这个思维模式就是不承认巧合，不承认有些事情是自然发生的，认为一切的背后都有联系、有目的。

这种思维有道理吗？我们必须承认这个世界上的确有阴谋，不可能所有政府在任何时候都是无辜的，但是阴谋是有限度的。根据商业内幕网（Business Insider）上的一篇文章考证[2]，以下这9个美国政府的阴谋，是真实发生了的：

1. 禁酒令期间，美国政府曾经故意往工业酒精中加入某些化学品使其不能被转化成可用于兑酒的普通酒精，这些化学品是致命的，而且造成超过1000人死亡。

2. 公共卫生机构打着治病的旗号征召了感染梅毒的黑人来做研究，却从未真正给人治疗。

3. 超过一亿美国人使用的小儿麻痹症疫苗被一种病毒感染，有研究认为这个病毒会导致癌症，但政府并没有采取有效行动。

4. 导致越南战争全面升级的"北部湾事件"中的某些冲突其实并未发生，是美国故意夸大以作为战争借口的。

5. 军方曾经计划在国内搞恐怖袭击嫁祸古巴——未能实行，但的确计划了。

6. 政府曾经在受试者不知情的情况下拿美国和加拿大公民做毒品人体实验。

7. CIA曾秘密在太平洋上打捞一艘苏联潜艇，其上有三颗带有核弹头的导弹。

8. 美国政府曾经违反禁运协议向伊朗出售武器，并把钱用于资助尼加拉

---

[1] 关于这个研究，参见 *Scientific American*（September 2012），307, 91。

[2] 参见 http://www.businessinsider.com/true-government-conspiracies-2013-12，感谢@美国人权大观察 告知。

瓜武装。

9. 海湾战争前夕，一个 *15 岁的科威特女孩在美国国会作证，说她目睹了伊拉克士兵把婴儿摔死在地上。事后证明这个女孩是科威特驻美大使的女儿，整个作证是公关公司导演的。*

跟前面那 6 个最流行的（仅限与医学相关的）阴谋论相比，这 9 个真正的阴谋坏到了什么程度？光难度就至少低了一个数量级。

正如林肯说："你可以在所有的时间欺骗一部分人，也可以在一段时间欺骗所有的人，但你不可能在所有的时间欺骗所有的人。"想要完成一个阴谋非常困难，而且就算完成了也有很大的曝光风险。一个整天在军事论坛看阴谋论的人，如果看了这些真实发生了的阴谋，可能会觉得美国政府原来没有想象的那么坏。

事实上，维基解密网站曝光了一批美国政府的外交密件之后，《金融时报》专栏作家吉迪恩·拉赫曼发表评论文章[①]认为这反而提高了美国政府的形象，他说：

无论是欧洲和拉美的左翼人士，还是中国和俄罗斯的民族主义右翼人士，长期以来都一直近乎肯定地认为，美国人关于其外交政策的一切公开说辞，只不过是在为某种秘密议程打掩护。该议程可因兴趣而变，或者为了照顾大公司［哈里伯顿（Halliburton）！］的利益，或者为了颠覆某个左翼政府，或者为了削弱对手国家。无论美国的秘密议程是什么，它肯定是存在的——只有那些天真到愚蠢的人才不这么认为。

……

然而，经过长达两周的曝料，维基解密非常充分地揭示出，美国在任何特定问题上所持的公开立场，通常与非公开立场并无两样。目前仍有许多电报尚未曝光，或许其中还潜藏着一些惊人的事件。但是，过去两周曝光的文件罕有证据证明，美国外交政策中存在要两面派或背信弃义之处。世界各地

---

① 参见 http://www.ftchinese.com/story/001036052。

的阴谋论者对此一定非常失望。

类似的情况也出现在股市中。我们看讨论各个股票的论坛，股民们非常喜欢把股价的任何波动归结于庄家的操纵。但实际上，给一只股票"坐庄"是非常困难的事情，而且仅限于市值和交易量小的冷门股。像苹果这样的高市值公司，有无数双眼睛盯着它的股价，你想来个震仓、吸筹、拉高出货可能吗？要知道世界上并非只有一家投资公司对苹果的股票感兴趣，就算你的钱多到可以震仓和拉高苹果的地步，你又怎么能保证你震仓的时候别人不跟你抢筹，你拉高的时候别人不趁机出货？这个道理很简单，但人们就是忍不住要怀疑庄家。有人做实验，拿着一个随机生成的股价波动图给股评家看，股评家也能从中看出庄家的操作来。

合理性与可能性

想要对任何事情的真伪都给以正确的判断是不可能的，我们只能在有限的条件下合理地评估每件事情的可能性。阴谋论之所以不足信，并不是因为我们不应该质疑政府——每个人都有权质疑政府——而是因为其成立的可能性很低。

诺贝尔经济学奖获得者丹尼尔·卡尼曼在《思考，快与慢》这本书中总结了人的种种认知偏误，其中有一个偏误，在我看来非常适合说明阴谋论思维的错误。卡尼曼说，假设有一个叫琳达（Linda）的单身女性，31岁，直率而聪明。作为哲学系学生的她曾经非常关注歧视和社会公正，并且参加过反核游行。根据这些情况，请你评估以下对琳达的种种描述之中，各自的可能性大小，并给出一个排名：

- 琳达是个小学老师。
- ……
- 琳达是个银行出纳员。
- 琳达是个卖保险的。

- 琳达是个热衷于女权运动的银行出纳员。

结果，几乎所有受试者都认为"琳达是个热衷于女权运动的银行出纳员"的可能性，比"琳达是个银行出纳员"更高。但这是不对的！A 和 B 同时成立的可能性小于等于 A 成立的可能性，这是概率论的常识啊！

如果你答错了，不要自责，因为这个问题就连斯坦福大学决策科学专业的博士研究生都有 85% 的人答错。卡尼曼最后干脆把其他选项都拿掉，就问受试者"琳达是个银行出纳员"和"琳达是个热衷于女权运动的银行出纳员"哪个可能性更大，仍然有 85% 到 90% 的本科生答错。这个错误产生的原因在于人们搞不清"合理性"(plausibility)和"可能性"(probability)的区别。"热衷于女权运动"增加了对琳达描述的合理性，但是却降低了可能性。另一个类似的例子是这样的：

1）明年北美会发生一场淹死一千人的大洪水。
2）明年加州地震，导致一场淹死一千人的大洪水。

2）比 1）更合理，但是显然，它的可能性更低。增加细节也许可以增加合理性，但是一定会减少可能性。

现在我们可以回头谈阴谋论了。以下两个论断中，哪个可能性更高？

a. 昆明恐怖袭击过后不久，又发生了马航失联事件。
b. 大国博弈，导致昆明恐怖袭击过后不久，又发生了马航失联事件。

加上一个"大国博弈"的解释，表面上使得离奇的事件获得了合理性，但实际效果却让离奇事件变得更加离奇。

目的与科学

世界非常复杂，很多事情似乎简直不可理解。为什么明明准备得很好的比赛也会输？为什么一个好人偏偏死于车祸？阴谋论可以让我们对这些事情至少找到一个理由。我们不但找理由，我们还找目的。

近代著名儿童心理学家让·皮亚杰（Jean Piaget）说[1]，在儿童成长的某个阶段，他的世界观会有两个基本点。一个是"animism"，万物有灵。他认为每个物体都是活的，比如汽车之所以不走是因为它累了需要休息。更重要的是，任何东西都有它自己的意愿，比如"太阳在跟着我们走"。另一个是"artificialism"，人为主义。他认为一切东西都是人出于某种目的造出来的。比如为什么会有太阳？太阳是人用火柴造出来照亮用的。

由此，在儿童的世界中根本就不存在随机现象，一切都是有目的的。生物学家路易斯·沃伯特（Lewis Wolpert）有本书叫《反常的自然科学》(The Unnatural Nature of Science)。他在此书中指出，想要摆脱童稚状态搞科学，就必须首先抛弃目的论。

科学的标志，是对世界的运行给出一套纯机械的机制。风怎么吹、石头怎么落下来，并不是它有什么目的、背后有什么精神力量，而是物理定律决定了它就会这么做。有些事情发生就发生了，纯属自然，并不是谁"想让"它发生它才发生。比如艾滋病毒在黑人中传播最多，你可以去分析它的传播机制，但是这种传播并不一定有什么"目的"。

很多人研究为什么自然科学没有在中国发生。伊恩·莫里斯（Ian Morris）在《西方将主宰多久》(Why The West Rules: For Now)这本书中说，中国之所以没有自然科学，一个重要的原因在于中国的传统认为天道是有目的的。我们认为上天有道德观，它降下自然灾害是对皇帝的警告，或者是对坏人的惩罚。孟子说："天将降大任于斯人也，必先苦其心志，劳其筋骨……"这段话什么意思？苦难是老天想训练你。

一般人可以含糊地把孟子的话解释成"我们可以把苦难当成上天对我们的考验"，而回避"上天是否真的会故意考验人"这个话题。但杨绛先生拒绝回避。在《走到人生边上》这本书的第八章开头，她写道：

大自然的神明，我们已经肯定了。久经公认的科学定律，我们也都肯定了。牛顿在《原理》一书里说："大自然不做徒劳无功的事。不必要的，就是徒

---

[1] 他的理论的一个简介在 http://www.telacommunications.com/nutshell/stages.htm。

劳无功的。"（Nature does nothing in vain。The more is in vain when the less will do。）（参看三联书店的《读书》2005年第三期148页，何兆武《关于康德的第四批判》）哲学家从这条原理引导出他们的哲学。我不懂哲学，只用来帮我自问自答，探索一些家常的道理。

大自然不做徒劳无功的事，那么，这个由造化小儿操纵的人世，这个累我们受委屈、受苦难的人世就是必要的了。

杨绛先生得出的结论是天生万物的目的是为人，苦恼的人世是为了锻炼人。可是我不得不说，杨绛先生和何兆武都把牛顿的话给理解错了。牛顿的话出自《原理》中"Rules of Reasoning in Philosophy"这一节，原文是：

Rule I. We are to admit no more causes of natural things than such as are both true and sufficient to explain their appearances.

To this purpose the philosophers say that Nature does nothing in vain, and more is in vain when less will serve; for Nature is pleased with simplicity, and affects not the pomp of superfluous causes.

这里"more is in vain when less will serve"的意思是说，如果很少的理由就能解释自然，那么再列举更多的理由就是多余的了。整段话的意思实际是，解释自然界的一切，应该追求使用最少的原理。比如牛顿力学很简单，就足以解释自然界的各种现象——所以就没必要认为每个物体的每个运动背后都有它自己的特殊理由！而杨绛先生和何兆武在这里把它解释成了大自然是有"目的"的，他们把它理解成"大自然不会平白无故地让一些事情发生"了。

自然没有目的，人类社会的很多现象往往也没有什么目的。几年前，一个非常流行的阴谋论观点是电动汽车之所以迟迟没有出来，是因为石油公司的故意打压。现在特斯拉和比亚迪的电动汽车正在慢慢流行开来，他们受到过石油公司的打压没有？没有。电动汽车的难点可能包括电池技术和充电桩的普及，这两个难点很厉害，而石油公司没那么厉害。

人在复杂的现代社会中运动，很大程度上类似于原子在电磁场中运动，个人意愿能改变的事情很少，绝大多数人都在随波逐流。但即使所有人都随波逐流，复杂的系统也会出现非常激烈的"事件"。有人用计算机模拟发现，哪怕没有任何消息输入，仅仅是交易者之间的简单互动，也可能让股价产生很大的波动[①]。这些波动发生就发生了，并没有什么目的。每一次金融危机都会有阴谋论者站出来说这是谁谁为了某个目的故意制造的，但事实上，美联储对金融市场的控制手段非常有限。在正经的经济学家看来，把1997年亚洲金融危机归罪于索罗斯是非常可笑的事情。

　　认为凡事都有目的，是普通人思维区别于科学思维的根本原因之一。科学家有科学思维，但科学家也是普通人，脑子里有时候也会冒出目的论来。有研究人员曾经搞过一个目的论测试[②]，拿100个句子让受试者判断正误，其中有些句子是目的论的，比如"树生产氧气是为了让动物呼吸"。普通人会答错50%的题目。让物理学家、化学家和地理学家来做这个测试，如果给他们足够多的时间思考，科学家的答错率只有（或者说"高达"，取决于你的严格程度）15%。但如果规定必须在3秒钟内做出判断，科学家的答错率就会上升到29%。

　　既然最理性的人也有一颗阴谋论的心，我们就完全不必责怪中国文化、孟子和杨绛先生了。

---

① 这方面更详细的介绍参考保罗斯（John Allen Paulos）的《数学家秒谈股市》一书。
② 这个研究的介绍参见 http://bps-research-digest.blogspot.com/2012/11/the-unscientific-thinking-that-forever.html。

健康的经济学

工作重要还是健康重要？这个问题不是心灵鸡汤问题，而是经济学问题。据统计[1]，我国大城市白领中因为经常加班而处于过劳状态的接近六成，其亚健康[2]的比例高达76%。每个人都知道加班可能会损害健康，然而大多数人在工作和健康之间仍然选择了工作。某些心灵鸡汤派人士对此显然持鄙视的态度，难道你们不知道没有健康一切都是零吗？这些人难道集体处在一种非理性状态，都想挣钱却不要命了吗？

如果每加班1小时都一定会使寿命减少5分钟，恐怕就不会有这么多人加班了。但工作时间与健康并不是一个确定关系，而是一个概率关系。比如一项历时11年、跟踪考察了7000个英国人的最新研究显示[3]，每天工作11个小时的人患心脏病的可能性比8个小时就下班的人高67%。这个结果听起来并不那么可怕，因为正常人患心脏病的概率本来也不高。有很多人一生劳累奔波，最后仍然长命百岁。而且统计表明[4]那些工作很轻松、生活无压力的人反而不如努力工作的人长寿。但无论如何，超时工作的确会带来更高的

---

[1] 《工人日报》2011年4月文章《"拼命加班"见怪不怪 近六成白领"过劳"》，作者钱培坚。

[2] 其实"亚健康"并不是一个科学概念，参见苏木七的果壳网文章《别再被"亚健康"忽悠了！》，http://www.guokr.com/article/438333/。所以这个统计并不科学，但这对本文主题影响不大。

[3] 参见 *The Huffington Post*：Working Long Hours Is Bad For Your Heart, 4/5/11。

[4] 参见 The Key to Longevity? Hard Work - By Robert Lewis, InsWeb.com, August 26, 2011。

即便如此,那些为了工作而宁可冒这个险的人也可能是相当理性的。事实上,社会经济地位越高的人,越强调工作优先。60% 的白领处于过劳状态?中国企业家的过劳比例是 90.6%[①]。美国的一项统计[②]说,如果你手下有一两个人,你大概会有 9% 的可能性为工作而主动错过一次体检;如果你手下有三四个人,这个可能性就会变成 30%;而如果你手下有 11 个人以上,可能性则是 41%。越是有钱的人,他们的健康就越值钱,所以他们就越有可能用健康换钱?

只要换得值。我们可以举一个极端的例子:妓女。哪怕媒体再怎么宣传避孕套对防止艾滋病传播的重要意义,哪怕避孕套变得非常便宜而且很容易获得,很多妓女仍然会在一些性交易中选择不用。这并不是因为妓女居然愚蠢到听不懂关于艾滋病的科普,而是因为她们比一般人更了解艾滋病——她们在长期的"工作"中做出了理性的计算。

避孕套是妓女的一个重要讲价手段。据伯克利的经济学家保罗·格特勒(Paul Gertler)等人针对墨西哥妓女的一项研究[③],如果"客人"坚持要求使用避孕套,那么他就必须在谈好的价格基础上多付 10%;而如果他坚持要求不使用避孕套,则必须多付 24%。那些被认为更有吸引力的妓女可以因为不使用避孕套而多获得 47% 的收入。

更高的收入意味着更大的风险,但这个风险不是无限大的。蒂姆·哈福德(Tim Harford)在《谁赚走了你的薪水》(*The Logic of Life*)这本书中提到,平均每 800 个墨西哥人中,才有一个艾滋病毒携带者。即使是妓女,这个比例也只有 1%。哪怕一个妓女运气差到正好跟一个艾滋病毒携带者进行不使用避孕套的性交易,她因此而被感染的可能性也不会超过 2%;而如果双方都没有其他性病,这个可能性甚至低于 1%。这么算的

---

① 新华社:《企业家频发"过劳死"为谁辛苦为谁忙》,作者商意盈、张乐,2011 年 4 月。
② 参见 Business Matters:Business owners sacrifice health for work,December 14, 2009。
③ 参见 Paul Gertler et al., Sex Sells, But Risky Sex Sell for More, http://faculty.haas.berkeley.edu/gertler/working_papers/SexSells%201-30-03.pdf。

话，她在一次不被保护的危险性交易中染上艾滋病毒的概率大约是万分之0.125。考虑到她因此而多得的收入，经济学家计算，墨西哥妓女平均每损失一年的健康生命，可以额外获得 1.5 万到 5 万美元，相当于她年收入的五倍。

五年收入换一年生命，这就是墨西哥妓女健康风险的价值。也许很多人会认为这个交易根本不值，但中国煤矿工人很可能还拿不到这个价。所谓"健康无价"，其实是不可能的。我们每一次出行都冒着出交通事故的风险，但我们还是决定冒这个险。所以对待健康和工作的正确态度，不是一味地强调某一端，而是需要根据自己的情况合理计算。

在一个公平合理的社会里，更高的风险必须给人更高的价格。而我们这个社会可能并没有做到这一点。很多人的议价能力连墨西哥妓女都不如，可是他们别无选择地接受了自己健康的价格。这时候你能指责他们愚蠢吗？

某些事业会使人完全忽略任何形式的计算，人们为了完成这个事业可以什么都不顾。邓稼先不是不知道核辐射，也不是不知道他的健康对国家的重要性，但他仍然选择亲自去查看核弹碎片。橄榄球是一项高风险但高利润的运动，美国橄榄球运动员蒂尔曼拥有 3 年 360 万美元的合同，但他在"9·11"事件之后选择了一个更高风险，却更低利润的职业：参军。结果死在了阿富汗。

经济学大概解释不了邓稼先和蒂尔曼的行为，而且也不是所有东西都可以用钱来衡量的。但不管算什么，大多数人的大多数工作是做了计算的。有人参加美军去伊拉克服役只不过为了一家人的医疗保险。日本核泄漏事故，前往清理福岛核电站的全部志愿者的年龄都超过 60 岁。人们把这些志愿者视为英雄，他们的确是英雄，但他们是有理性的英雄。一个志愿者跟记者说[①]，他们的决定不是出于勇敢，而是出于逻辑："我今年 72 岁，大概还有十几年的寿命。而就算被辐射了，也需要至少二三十年才能形成癌症。所以我

---

① 参见 BBC News：Japan pensioners volunteer to tackle nuclear crisis-By Roland Buerk，31 May 2011。

们这些年长的人得癌症的可能性更小。"

一个选择了高风险、高回报的人在健康出问题以后应该愿赌服输——再给他们一次机会很可能还是这样选。

Part Two
成功学的解药

我们需要的是科学的励志,只有你的理论具有普遍意义,你的成功才可以被复制。

科学的励志和励志的科学

励志类书籍的流行，也许是一个国家全面进入现代化，都市白领变成普遍职业的必然结果吧。我们看今天的中国各大书店的畅销书排行榜，这类完全不计较文笔，用最直白的语言告诉你怎么"成功"的书籍占据了书架最显眼的位置。这种书在文艺青年眼里显然上不了台面，先不说追求所谓成功并不是什么了不起的情怀，就算那些已经成功了的人，又有什么值得赞赏的呢？然而对于普通青年来说，如果能通过读书来了解一些前辈的经验，掌握一点做事的方法，甚至哪怕仅仅获得一种更加乐观向上的精神，其实都是很不错的收获。读书难道不就是为了这些吗？

我不是文艺青年，可是如果你非让我在公共场合拿一本《克林顿教我 5 天成功的秘密》或者《30 天迅速拥有超级人脉》，我也会感到极端不好意思。这种强调方法简便易行的励志书一看就不可能有什么学术价值，而且还暗示读者贪婪而又懒惰。中国市场的励志书特别喜欢谈"人脉"，讲人脉的书随便就能找到几十本。如果再加上从人脉衍生出来的相关领域，比如关于"谈话的艺术""影响力"，乃至"气场"，我们可以轻易地发现：在中国，社会关系就是第一生产力。而据大前研一《低智商社会》的介绍，日本的励志类畅销书比较强调"品格"，似乎跟武士道精神一脉相承。世界上最大的励志书生产国当属美国，美国最爱谈的则是"积极正面的思维"，特别重视自尊和自信。

这些励志流派的问题在于它们或者是某个成功人士的个人感悟，或者是某个记者搜集的八卦逸事,甚至是某个作家臆想出来的心灵鸡汤,它们都不是科学理论。在个人传记里,成功人士往往拥有传奇经历和突出个性;在八卦逸事里,成功很大程度上是因为他会耍嘴皮子;在心灵鸡汤里,成功是因为他有正确的价值观,是个好人。可是你怎么知道这些道理是不是可重复和可检验的呢?也许这帮人只不过是运气好而已!我们需要的是科学的励志,只有你的理论具有普遍意义,你的成功才可以被复制。

幸运的是,现在已经有了一些科学的励志书,它们不再依赖名人逸事,而是借助实验和统计。这些书中的理论背后都有严肃的学术论文作为依据,它们是几十年来心理学和认知科学进步的结果。在科学家看来,乔布斯的个性管理也许根本不值得推广,而扎克伯格的所谓天才霸业,远远比不上一群普通学生在几个月内的整体进步有研究价值。科学家,是励志领域一股拨乱反正的势力。比如著名记者格拉德威尔的《眨眼之间:不假思索的决断力》(*Blink*)一书曾经被视为新思想的代表,如今在科学家的著作里却经常被当成反面教材引用。

然而即便是科学的励志,也不见得就能一锤定音地告诉我们该怎么做,对很多问题科学家也不知道答案。但是有一个励志理论最近似乎成熟了,这就是意志力。去年,佛罗里达州立大学的心理学家罗伊·鲍迈斯特(Roy Baumeister)和科学记者约翰·蒂尔内(John Tierney)出的一本名为《意志力》(*Willpower*)的书,就是对这一领域研究成果的严谨而又通俗有趣的介绍。这本书不仅仅是一种"科学的励志",而且因为它说的就是励志的"志"本身,所以又是"励志的科学"。

想要知道什么品质对成功最重要,科学的办法不是看名人传记,而是进行大规模的统计。你要做的事情很简单,只要把所有可能有用的品质都列举出来,找很多人进行测试,看看每个人都有些什么品质,然后看看哪些人是生活中的成功者。有了这些数据之后,只要考察那些成功者都有而不成功者又没有的品质,你就知道决定成功的可能是什么品质了。有一项研究,它对大学生的30多项品质进行了统计,发现其中绝大多数对学习成绩几乎没有影响。有的人外向,有的人内向,有的人幽默,有的人严肃,这些人学习的好坏纯属偶然。

真正能左右学习成绩的品质只有一个：自控。

能管住自己，该上课的时候就去上课，该写作业写作业，多学习少看电视，这个品质就是学业成功的秘密。统计表明，想要预测一个学生的大学成绩，自控能力甚至是比智商和入学成绩更好的指标。

不但大学生如此，在职场上也是自控能力强的人更受欢迎。他们不仅工作干得好，而且更善于控制自己的感情，更能从别人的角度思考，更不容易出现偏执和抑郁之类的心理问题。研究者普遍认为，排除智力因素，不管你心目中的成功是个人成就、家庭幸福还是人际关系，最能决定成功的只有自控。

自控需要意志力。一般人可能认为意志力是一种美德，应该通过教育的方式提升思想的境界来培养。然而实验表明，意志力其实是一种生理机能。它就好像人的肌肉一样每次使用都需要消耗能量，而且用多了会疲惫。在作者鲍迈斯特本人领导的一个著名实验中，作为受试者的学生们被要求事先禁食，全都饿着肚子来到实验室，然后他们被随机地分为三组（一个控制组和两个实验组）。学生们以为实验的目的是测试他们的智力。他们的任务是做几何题，而他们不知道这些题其实都是无解的，实验真正测量的是他们愿意在题目上坚持多长时间才放弃。控制组的学生直接做题，他们每人平均坚持了20分钟。而两个实验组学生在做题之前则先被带到另一个房间，面对刚烤好的巧克力饼干和一些萝卜。实验人员告诉第一组学生可以随便吃饼干或萝卜，但是要求第二组学生只能吃萝卜。你可以想象自己在饥饿状态下看着热气腾腾的饼干而不能吃是一种什么感觉，你需要强大的意志力才能只吃萝卜！

第二组学生抵制住了饼干的诱惑。然后两组学生都被带去做题，结果饼干组跟控制组一样，坚持了20分钟，而萝卜组只坚持了8分钟。唯一的解释是，萝卜组的意志力在抵制饼干诱惑的时候被消耗掉了。

意志力是一种有限的资源，你用在这里就没法用在那里。为什么统计表明总能按时交作业的学生反而经常穿脏袜子？为什么每当期末考试之前学生们更容易吸烟，不注意饮食和个人卫生？因为他们的意志力用在学习上了。如果一个人在工作中用到很多意志力，回家以后就很难再用。双职工夫妇很容易为了小事吵架，因为他们懒得控制自己的情绪。反过来说，如果让他们早点下班，虽然在一起的时间增加了，争吵却减少了。

如果使用意志力会消耗能量，那我们可以通过补充能量的办法提高意志力吗？事实正是如此。在作者的另一个实验中，研究人员偶然发现如果在实验过程中给受试者喝一点含糖的饮料，比如果汁，他们的意志力就会被增加。而且必须用真正的糖，甜味替代品没用。据此，研究者推断：人的意志力能量来自血液中的葡萄糖。这一说法在丹尼尔·卡尼曼的《思考，快与慢》一书中也得到了采纳。葡萄糖理论有很多佐证，比如低血糖症患者的意志力就比较薄弱。研究发现，他们很难集中注意力和控制自己的负面情绪。糖尿病患者的血液中有很多葡萄糖，可是他们不能合理地运用它们，所以意志力也比较薄弱。作者形容糖尿病患者就好像一个人守着一大堆柴火却没有火柴一样。更有甚者，有芬兰科学家仅仅通过测量即将被刑满释放的犯人的葡萄糖耐受性，就能以超过80%的准确度预测他们是否会再次犯罪！

这样看来，当一个人没有意志力的时候，我们似乎不应该指责他的"人品"——正如你不应该指望瘦小的人拿重物，或者让跑累了的人爬楼梯。但这并不是说意志力是完全客观不可控的。实际上，我们可以想办法合理地支配这种资源，甚至像锻炼肌肉一样增加意志力的容量。而这一切必须建立在对意志力的科学的认识基础之上。

一个有意思的发现是：做选择会消耗意志力。在一个实验中，受试者面对很多礼物，而每个人只能带走一样。第一组受试者被实验人员不停地问："你要铅笔还是要蜡烛，如果要蜡烛的话你要这种蜡烛还是那种蜡烛，你要这个蜡烛还是要T恤衫，你要黑色T恤衫还是白色的……"不停地让他们做选择。而另一组受试者被带也要对每一个东西进行评估，比如问他们这个东西对你来说价值大不大之类的问题。两个组做的事要消耗同样多的时间。选定了礼物之后，两组受试者被带到另一个房间测试自控能力：把手放到冰水里，看他们能坚持多长时间。结果发现，做了很多选择的这一组人，能坚持的时间要少得多。

这就是为什么我们在意志薄弱的时候不愿意做选择的原因。此书提到，商家非常理解这个被称之为"决策疲劳"的原理。买新车的时候往往会有很多升级配置的选项，而聪明的销售总是让你刚来的时候先对一些花钱少的配置进行选择。等你连续决策到选累了以后，他再向你介绍价格贵或者根本没用的选项，比如要不要来个防锈？而这时候，你的意志力已经没办法对抗他的推荐了。更有意思的是，采取这种先易后难的选择顺序，顾客对购物体验的评价往往还更高。

冒险也需要意志力。统计表明，以色列犯人的假释申请批准率为35%，而能不能被批准与审核这个申请的法官……什么时候吃饭很有关系。如果这个申请是在法官刚刚吃完早餐或午餐的时候审核的，那么它的批准率是65%，然后随着时间慢慢降低。等到临近下一顿饭两个小时前，法官已经感到饿了的时候，批准率几乎是零。意志薄弱的法官们做出了风险最低的决断。

为什么广告要用美女？因为美女，哪怕仅仅是美女的照片，都能降低男性的意志力。善于自控的人可以为长远打算而拒绝短期诱惑，比如他们为了能在一个月以后得到150美元而放弃立即可取的100美元。但是一个实验发现在做这种选择之前如果让受试者看一些名车或者美女的照片，他们的意志力就会减弱。效果最明显的是美女照片：之前选择等待150美元的男性受试者，看完美女照片后很多选择了100美元。名车和美女照片只对女性略有影响，而美男照片则几乎没有影响。

除了好习惯可以减少意志力消耗，作者提到另一个重要的自控手段是自我监视。实验表明，仅仅在房间里放一面镜子就能让受试者的自控力增加不少。据此，作者建议我们把自己经历的每一秒时间、花的每一分钱都上传到专门的网站上以作为记录。如果这也不能让你管住自己，你还可让别人来监控你。比如你可以把一笔钱交给朋友或者专业网站代管，并宣布如果你不能在规定的时间内完成一项任务，比如戒烟，他们就有权把这笔钱捐给慈善组织！

怎样提高意志力？柔日读史，或者看个热血电影？这些传统智慧并没有科学根据。而一些比较现代的鸡汤式建议，比如多想一些高兴的事来获得"正能量"，或者"态度决定一切"之类，本质上都是用自我暗示的办法调节情绪，对提高意志力其实没作用。

真正有效的办法是"常立志"。意志力是一种通用资源，这意味着你可以通过做一些日常小事来提高意志力，然后把它用在其他事情上。此书提出的一个有效的练习办法是做自己不习惯做的事。比如你习惯用右手，你可以有意识地用左手。你还可以强迫自己说的每一句话都必须是书面语的完整句子，而不得出现俚语、省略语和脏话。在一项实验中有三组学生分别想提高自己的学习、省钱和健身能力，结果通过一段时间内在实验室对着屏幕锻炼注意力来提高意志力后，他们不但各自想要提高的能力提高了，而且还顺带提高了其他两个能力。

意志力显然不是人们喜欢自夸的能力。作者感慨，明星们在发表获奖感言的时候从来没有说过我成功是因为我能控制自己！尽管他们失败的时候有时候会提到自己没有控制好自己。也许一百年前的人还比较爱讲意志力，现在的人，尤其是美式教育，热衷的是自尊和自信——有人统计最近几十年来歌曲中"我"这个词出现的频率明显增加。但高自尊并不导致高成就，事实上，那些自尊过度的人往往会发展成自恋。

中国的教育改革家们一天到晚就想着把强调自控的中式教育改成强调自尊的美式教育，这其实是舍己之长用人之短。看中式教育理念行不行的科学办法不是对比中国大学和美国大学，而是考察那些生活在中式家庭传统，又同时在美国上学的孩子。尽管亚裔只占美国人口的4%，亚裔学生却占到斯坦福等顶级名校的四分之一。亚裔不但比其他族裔在获得大学文凭方面比重更大，而且他们毕业后的工资也比平均水平高25%。一般人把这个成就归结为亚裔的智商高，但统计表明同样是进入一个高智商的行业，白人需要的智商是110，而亚裔只需要103。

亚裔靠的是意志力。有实验发现，中国的小孩从两岁开始就比美国的小孩有更强的自控能力。可能是基因的问题，因为中国的多动症儿童比美国少得多。也可能是传统的问题，因为中国的父母更早地要求孩子控制大小便。不管是什么，中国文化虽然不怎么擅长科学思维，也不太明白意志力到底是怎么回事，它却在意志力的实践上遥遥领先。这难道不是我们的优势吗？那些全神贯注听讲的小孩，比每隔三分钟就得吃点零食的小孩酷多了。

练习一万小时成天才？

怎样成为某一领域的顶尖高手？

现在所有人都知道一个标准答案：练习一万小时。

"一万小时"这个说法来自马尔科姆·格拉德威尔（Malcolm Gladwell）的《异类》（*Outliers*）一书。此书的影响巨大[1]，它告诉我们天才不是天生的，是练出来的，而且要练习一万小时。可是，如果一个年轻人想要把自己变成顶尖高手，光知道一个"一万小时"的口号毫无意义。

各个领域需要的练习时间非常不同。成为顶尖高手的确需要长时间的练习。每天练 3 小时，完成一万小时需要十年的时间，但这只是达到世界水平的最低要求。很多领域要求的训练时间远超过一万小时，比如对音乐家而言，需要训练 15～25 年才能达到世界级水平。而在某些领域内，如果一个人很有天赋而且训练得当，他也能在非常短的时间内就成为顶尖高手。

强调练习的同时绝对不能否定天赋的重要性。对体育和音乐之类的项目来说，没有天赋可能再怎么练也没用。一项 2014 年的最新研究[2]发现对音乐来说天赋比练习时间重要得多。一对基因相同的同卵双胞胎的练习时间相差两万多个小时，但是他们的音乐水平居然是一样的。也许一个人最后的成就，不是练习加天赋，而是练习乘以天赋，一项是零最后结果就是零。

---

[1] 其实《异类》谈论的大多是孕育顶尖高手的一些宏观因素，比如放大早期优势的马太效应、家庭能不能给孩子提供一个好的训练条件，以及客观时势和各国文化的影响。

[2] 《经济学人》：Practice may not make perfect — Musical ability is in the DNA, Jul 5th 2014。

真正的关键根本就不是训练时间的长短，而是训练的方法。

练习，讲究的并不是谁练得最苦，或者谁的心最"诚"。业余爱好者自娱自乐式的练习和专业选手的训练是两个完全不同的概念。外行往往只看到专业选手是全职训练的，而且练得挺苦，却忽视了训练方法的重要性。

坏消息是高水平训练的成本很高。你需要一位掌握这个领域先进知识的最好的教练，你需要一个有助于你提高能力的外部环境——这通常意味着加入一所好大学或者入选一个好的俱乐部，你要能忍受一点都不舒服的训练方法，而且你需要投入非常多的训练时间。

好消息是各个领域的不同训练方法存在着一些共同特征。这意味着哪怕我们并不是真的想成为世界冠军，也可以借鉴一些世界冠军的训练方法来完善自我。比如我从来没有争夺诺贝尔文学奖的愿望，但我也可以在业余时间使用科学的练习手段来提高一点自己的写作水平。

科学的练习方法并不是从天而降的神秘招式，它在一定程度上已经存在于我们的生活之中。它不是科学家的发明，而是科学家对各领域高手训练方法的总结。人们一直在各个领域中不自觉地使用这些方法。

在过去的二三十年内，心理学家们系统地调研了各行各业内的从新手、一般专家到世界级大师们的训练方法，包括运动员、音乐家、国际象棋棋手、医生、数学家、有超强记忆力者，等等，试图发现其中的共性。他们的研究甚至细致到精确记录一所音乐学院的所有学生每天干的每一件小事，统计他们做每件事所用的时间。他们调查这些学生的父母情况和家庭环境，并了解学生在来音乐学院以前的学习情况，比如从什么时候开始练琴的。他们甚至要求这些学生写了一个星期的日记。心理学家们把获得的所有数据汇总在一起，与学生们的音乐水平对照，来寻找使那些音乐天才脱颖而出的关键因素。

现在，这项工作已经成熟了。2006年，一本900多页的论文合集，《剑桥专业知识与专家技能手册》（*The Cambridge Handbook of Expertise and Expert Performance*）出版。此书汇总了多位心理学家的研究结果，系统地分析了各个领域内专家的训练方法，并与神经科学及认知科学最新研究成果相结合，对这些方法的机制进行了科学的解释。这是"怎样练成天才"

研究的一本里程碑式的学术著作，此书直接引领了后来的一系列畅销书的出现，包括格拉德威尔的《异类》、科尔文（Geoff Colvin）的《天才源自刻意练习》（*Talent is Overrated*）和科伊尔（Daniel Coyle）的《一万小时天才理论》（*The Talent Code*），等等①。这个领域至今仍然在不断进步，随时都有新的理解和应用。

这套统一的练习方法，就是"刻意练习"（deliberate practice）。首次提出刻意练习这个概念的是佛罗里达大学心理学家安德斯·埃里克森（K. Anders Ericsson）②，此后，不同研究者和作者对刻意练习的具体内容有各种解读。这里我把我所了解的内容综合起来，去除一些不重要的，总结成以下四点：

1. 只在"学习区"练习。
2. 把要训练的内容分成有针对性的小块，对每一个小块进行重复练习。
3. 在整个练习过程中，随时能获得有效的反馈。
4. 练习时注意力必须高度集中。

我们将逐一解释它们的意思，但在此之前，我还想再说几句练习的重要性。

许多人认为把困难的事业干成，比如说解决科学难题，或者某个体育项目的腾飞，靠的是干事业的人的某种"内在"品质。如果一个人取得了了不起的成就，比如说陈景润在哥德巴赫猜想上的重大突破，媒体就喜欢把成功归结于他的拼搏精神。成功的秘诀居然如此简单，即你要做的就是豁出去拼，以至于很多民间科学家误以为科学研究的突破只要用足够多的汗水就能换取到，而把大好的时光花费在自己根本不懂的项目上。

可是，如果是中国人怎么干都不成功的事业，比如说足球，媒体上就会出现一些需要更高文化程度才能理解的分析：把失败归结于中国人的素质、

---

① 后面凡是没有提到出处的研究结果，都来自这几本书。
② 埃里克森本人与合作者写过一篇关于刻意练习的通俗文章，见 The Making of an Expert, *Harvard Business Review*, July-August 2007。

中国的整个体制，甚至是传统文化。这时候成功就变得复杂了——为了能在世界杯上赢两场球，居然需要整个中华民族进行一次反思？

我不太赞同这种凡事往特别简单或者往特别复杂了说的思维。首先，干事业不是靠拼命就行，不但证明数学定理不是拼命得出的，就连打仗也不是仅靠拼命就能取胜的。其次，干事业就是干事业：想去世界杯赢两场球，你研究足球就可以了，没必要先把官场文化和春秋以来的儒家思想都研究、批判和改造一遍。

我国学人还往往过分强调"功夫在诗外"这句陆游的名言，认为提升综合素质是一个人成为任何领域高手的关键。殊不知这句话是陆游在84岁时说的，而且其原诗的前两句明确指出"我初学诗日，但欲工藻绘"！我曾经多次看到报道说前总理问计于某位德高望重的老科学家，说怎么才能提高我国的科学教育水平。老科学家说应该注重艺术修养教育，比如音乐。另有更多人建议应该学哲学，因为"哲学指导科学"。的确有些科学家喜欢音乐，也的确有些科学家谈论哲学，可是你有什么统计数据能证明音乐、哲学与搞科研好坏的关系？这是典型的从名人传记里悟出来的，而不是科学地调研出来的道理。

如果你想成为一个科学家，你就应该好好学习基础知识，掌握基本技能，比如算算微积分、写写计算机程序，然后尽快找到一个好的导师，在他的指导下，从学徒开始做，做真正的科学研究。如果有一个人，认为搞科研"功夫在诗外"，一天到晚研读牛顿等古代科学家的传记，给古今中外的科学家搞排行榜，在博客上写好多科学家的趣闻逸事，跟伪科学和民间科学家做斗争，甚至希望通过研读西方近代哲学和中国古代哲学，提升自己的人文素养这样的办法去学习搞科研，那就是缘木求鱼了。

真正提升我们水平的不是文化，不是艺术，不是哲学，不是制度，不是自虐，而是刻意练习。

训练方法是在不断进步的。比如作曲，假设一名普通学生使用普通训练方法6年所能达到的水平，另一个学生使用新的训练方法3年就能达到，那么我们可以说这个新训练方法的"有效指数"是200%。有人研究得出，莫扎特的训练方法的有效指数是130%。而20世纪的天才们也许没有莫扎特有名，但其训练水平都能达到300%到500%！13世纪的哲学家罗吉尔·培根曾经认为任何人都不可能用少于30年的时间掌握数学，而现在的学生十几岁的时候就已经学到了许多数学知识，因为教学方法进步了。事实上，我们今天的所有领域都比过去做得更好，体育界的世界纪录被不断打破，艺术家们的技巧也是过去的人们根本无法想象的。查理·芒格有句话说得好：人类社会只有发明了"发明的方法"之后才能快速发展——这里我们也可以说，我们只有学习了"学习的方法"之后才能快速进步。

训练方法的重要性的另一个体现是"天才"的扎堆出现。比如有一段时期俄罗斯对女子网球，韩国对女子曲棍球，更不必说中国对乒乓球，拥有绝对优势。难道别的国家的人就天生不适合从事这些项目吗？其根本原因在于这些国家已经掌握了一套科学的训练方法，而且该国能找到足够多的人来接受这种训练方法，以至于可以批量生产优秀运动员。

更进一步，哪怕你这个国家并不擅长这个项目，只要有一名教练掌握了科学训练法，他就可以带出顶尖高手。比如中国并不是花样滑冰（简称"花滑"）的传统强国，而且这项运动甚至根本就没有群众基础。相比之下，美国的很多孩子从小就学，而且是父母花钱请教练让孩子学的。然而中国却出现了申雪、赵宏博、庞清、佟健这样的世界顶级高手，他们在奥运会上摘金夺银。这在相当大的程度上，是教练姚滨之功。

姚滨20世纪80年代初作为运动员代表中国参加冬奥会，因为他做的动作完全脱离主流，竟然把外国选手都给看乐了——中国连花滑的门都没摸着。你根本没有这个土壤！可是姚滨不信什么土壤，他只信科学训练。他在没有外国花滑教材的时候竟然自己从体育理论和实践中摸索出了一套训练方法，甚至从编舞、音乐到运动员服装都自己设计制作，最终带出了世界冠军。

想要成为某一领域的顶尖高手，关键在于"刻意"地在这个领域内，练习。

1. 只在"学习区"练习

科学家们考察花样滑冰运动员的训练，发现在同样的练习时间内，普通的运动员更喜欢练自己早已掌握了的动作，而顶尖运动员则更多地练习各种高难度的跳跃动作；普通爱好者打高尔夫球纯粹是为了享受打球的过程，而职业运动员则在各种极端不舒服的位置打不好打的球。真正的练习不是为了完成运动量，练习的精髓是要持续地做自己做不好的事。

心理学家把人的知识和技能分为层层嵌套的三个圆形区域：最内一层是"舒适区"，是我们已经熟练掌握的各种技能；最外一层是"恐慌区"，是我们暂时无法学会的技能；二者中间则是"学习区"。

比如说，我们看一本书，如果这本书所说的内容都是我们熟悉的，完全符合我们已有的观念，那么这本书就在我们的舒适区内；如果这本书所说的内容与我们原有的观念不符，但是我们在思考之后仍然能够理解接受，那么这本书就在我们的学习区内；如果这本书我们根本就理解不了，那么这本书就在我们的恐慌区内。

有效的练习任务必须在训练者的学习区内进行，它具有高度的针对性。训练者必须随时了解自己最需要改进的地方。一旦已经学会了某个东西，就不应该继续在这上面花时间，应该立即转入下一个困难点。

在舒适区做事，叫生活；在学习区做事，才叫练习。

持续进步的关键就是持续地在学习区做事。为什么大多数童星长大以后就不行了？这并不是因为他们小时候练得太累把自己练"废"了，而是因为早期实在太辉煌，而辉煌会把人的思想留住。但更重要的原因在于童星们早早地就获得了一个足以取得骄人成绩的舒适区，这个舒适区里面的技能是他们扬名立万的资本，是他们的竞争优势。没有人愿意放弃自己的优势项目，这就严重阻碍了他对新技能的学习，并逐渐丧失竞争力。成年人的竞争需要的是新的技能。搞科研跟参加数学竞赛是两码事，演中年女人跟演小女孩是不同的表演，成人职业足球跟青少年业余足球是两种踢法！

只在学习区练习，很难。学校里的教学往往是几十人按照相同的进度学习知识，这种学习是没有针对性的。同样的内容，对某些同学来说是舒适区，根本无须再练，而对某些学生则是恐慌区。科学教学必须因材施教，小班学习，甚至是一对一的传授。真正的训练与其说是老师教学生，不如说是师傅带学徒。

所有人都想挑战自我，但在实际生活中，人们主要的精力都被放在一些驾轻就熟的事情上。就算有充分的条件离开舒适区，人们也会不由自主地待在那里。年龄越大的人群中，人和人的思想差别就越大。任何一个看过迈克·华莱士"谈笑风生"的人都会对这位八九十岁的老人言语中的机锋所折服，而有些人到了80岁智力就退化到了8岁。这就是不断学习的重要性。

假设有一个人，他无比严格地执行"要待在学习区"这个教条，从小到大不停地进步，他会是一种什么状态呢？答案是他会变成泰格·伍兹。

伍兹挥杆。动作已经开始了。这时候比赛现场突然有异动。比如说有个观众大声喊叫，或者有人突然跑出来。总之这个异动将会干扰伍兹的动作。伍兹会把做到一半的动作生生停住！然后调整姿势，重新开始。普通观众看到这个场面也许没什么，而会打高尔夫球的人看到之后，用单田芳的话说，就是"无不惊骇"！

当我们把一件事练熟以后，我们会把这件事"自动化"。比如开车，不会开车的人需要注意力高度集中，而开熟了的人基本上可以一边打电话一边开，甚至你问他怎么开的，他都说不清楚。开车这件事已经进入他的舒适区。普通人打高尔夫球也会产生"自动化"，他们挥杆之后就失去了对球杆的控制——如果半途有人干扰，他们就会把球打飞，或者根本打不到球。打得越多，这种"自动化"现象就会越严重。而真正的职业高手，绝对不允许自己"自动化"。那么，他们如何做到不"自动化"？因为他们没有舒适区！一旦他们发现自己对这一项技术的掌握已经可以了，他们就会立即进入下一项更难的项目。他们绝不会在一个已经被自己证明是简单的项目上继续训练，这也有效地避免了"自动化"的产生。他们的训练永远追求更高的难度。一定程度的"自动化"非常有用，我们不可能每做一个动作都有意识地给每个关节、每块肌肉安排任务，但是"自动化"到不管不顾地执行则是错误的。

中超江苏舜天队（江苏苏宁足球俱乐部前身）前主教练德拉甘曾经在一

次记者采访①中提到，中国球员"看问题都只会看直线，懂得曲线思考的几乎没有"——我看过太多球员在机械地练习下底传中，结果到了联赛里，很多球员不管队友身边站了多少防守队员，也不往旁边看一眼，直接就按照习惯一踢，传丢一次不算，还会接连犯同样的错误。

中国这种训练足球的办法把球员给练"废"了。如果是泰格·伍兹，他一定会从易到难，针对禁区里不同的情况练习不同的下底传中，或者别的处理办法。而中国球员只会一种下底传中。这种传中方法显然早就已经是球员的舒适区，可是他还在练！他可能已经能够完成非常准确的传中球，只不过这种机械化的准确就如同有的民间运动员专门练习在无人防守的情况下远距离投篮一样没用。这就是为什么德拉甘在同一篇访谈中说："过于追求单个技术动作的准确性是我看到的最不可取的方式。"

我们听过这样一个民间传说。说有一个学生，他对课本的掌握已经到了这样的程度：你随便说一个东西，他都能告诉你在课本的哪一页。请问这个学生学得怎样？答案是他已经学"废"了。一旦你会了，就赶紧进入下一关。把这一关的攻略倒背如流没有任何意义。我国的高考制度其实是在鼓励学生"自动化"，因为考题的难度有上限，一个好学生反复练习的结果就是对解题的"自动化"。他本该把时间用到学习更高级的东西上去。

你的舒适区已经给你带来了多大的荣誉，留在这个舒适区就有多大的诱惑。我经常在微博上看那些著名的"公共知识分子"（简称"公知"）的发言。如果你初上微博，你会觉得他们说的话非常有特点，有时候简直是真知灼见。但是时间长了以后，你就慢慢发现他们说来说去永远都是那一套。我甚至觉得如果这帮人突然消失了，别人完全可以编写一个机器人程序替他们发微博。世界上的新闻每天都不一样，但是他们对这些新闻的解读和评论永远不变，他们的发言有高度的可预测性。他们的思想死在了舒适区。

脱离舒适区，需要强大的意志力，甚至是一种修炼。巴菲特很早就已经通过股票获得了巨大财富，但是80多岁仍然在不断学习新东西，因为他

---

① 这是一篇中国足球报道中少见的有技术含量的访谈。http://sports.sina.com.cn/j/2011-10-06/17335773677.shtml。

知道能让他过去赚钱的知识未必能让他现在继续赚钱。不断更新的知识使得巴菲特敢买中石油和比亚迪这样的他原本不熟悉的企业的股票。对另一些人来说，脱离舒适区本身就是一个很好的生活目的。马克·扎克伯格作为脸谱网（Facebook）的创始人和CEO，可能是现在世界上最年轻的富豪之一。他唯一的任务就是把脸谱网做好。从这个角度看，他目前似乎没必要不断挑战新领域，但是他仍然害怕留在舒适区。扎克伯格的做法是每年给自己设定一个新目标来测试自己的自制力。这些目标跟公司的运营没有什么关系，简直纯粹是为了挑战而挑战：2009年是每个工作日戴领带，2010年是学习中文，2011年是只吃自己杀死的动物，2012年是重新开始写代码，2013年是每天认识一个新朋友，2014年是每天写个表示感谢的便条。

所以，世界上有一帮人，他们一天不进步就难受。

华尔街日报记者沃尔特·莫斯伯格曾经在乔布斯临死前采访过他一次。那个时候，全世界包括乔布斯本人，都知道他很快就要死了。这时候的乔布斯是个什么状态呢？莫斯伯格写道[1]：

在进行了肝移植手术后，尽管仍在家中静养，但我依然受邀前往他的家中。尽管我很担心他的身体，但在他的坚持下，我们还是走向了附近的公园。

他解释道，他每天都会出来走走，而且每天会给自己制定一个更远的目标，今天的目标就是附近的公园。我们边走边谈，他突然停了下来，看起来情况不妙。我恳求他回家，还特意告诉他，我不懂心肺复苏，因此第二天的报纸上可能会有这样的标题：《无助的记者导致史蒂夫·乔布斯命丧街头》。

但他却笑了，并拒绝了我的要求。

莫斯伯格说："停了一会儿后，他继续走向公园。"

---

[1] 《莫博士：我所认识的乔布斯》，来自《华尔街日报》中文版，全文在 http://tech.sina.com.cn/it/2011-10-06/13256143674.shtml。

2. 掌握套路

现在我们要说刻意练习的最关键部分了：基础训练。当一个运动员进行"基础训练"，或者一个学生学习"基础知识"的时候，他到底练的是什么，学的又是什么呢？

是套路。

我们先来做个小实验。请你在一分钟内记住下面这十四个字，可以不分先后顺序：

山州　吴男　十钩　不收　带儿　取关　何五

就算你真能记住，我也敢打赌第二天你就会忘记。可是如果我把这十四个字重新排列组合一下：

男儿何不带吴钩　收取关山五十州

你很可能一秒钟就能记住，因为你早就知道这句诗！

人所掌握的知识和技能绝非零散的信息和随意的动作，它们大多具有某种"结构"，这些"结构"就是套路。下棋用的定式，编程用的固定算法，这些都是套路。

心理学研究认为人的工作能力主要依靠两种记忆力："短期工作记忆"（short term working memory，有时候也简单地称为"短期记忆"）和"长期工作记忆"（long term working memory）。短期工作记忆有点类似于电脑的内存，是指人脑在同一时刻能够处理的事情的个数——一般来说，我们只能同时应付四件事情，多了就不行了。短期工作记忆与逻辑推理能力、创造性思维有关，换句话说，跟智商非常有关系，它很难通过训练得到提高。

长期工作记忆存储了我们的知识和技能。它有点类似于电脑的硬盘，但比硬盘高级得多。关键在于，长期工作记忆并不是杂乱无章、随便存储的，它以神经网络的形式运作，必须通过训练才能存储，而且具有高度的结构性。心理学家把这种结构称为"块"（chunks）。比如，一场棋局在普通人眼里就是一些看似杂乱摆放的棋子，而在职业棋手眼里这些棋子却是几个一组分成了很多块的，通过识别这些块，职业棋手可以很容易地记住棋局，甚至同时跟多人对弈盲棋。更简单地说，如果普通人看到的是一个个字母，职业棋手看到的就是单词和段落！

人的技能，取决于这两种工作记忆。专家做的事情，就是使用有限的短期工作记忆，去调动自己几乎无限的长期工作记忆。而刻意练习，就是在大脑中建立长期工作记忆的过程。

可以想象：一个只认识字母但不认识单词，更看不懂段落的人，面对一本英文书会是什么情况。我小时候曾经非常看不起死记硬背，有一段时间想要学围棋，但总觉得背定式是个笨功夫，高手难道不应该根据场上的局面随机应变吗？但事实是，随机应变才是笨办法。定式和成语典故、数学定理一样，是人脑思维中的快捷方式。在这种情况下如果他这么走，我应该怎么应对，如果他再那么走，我又应该怎么应对，这些计算如果每次遇到都现场算是算不完也算不好的。好在前人早就把各种可能性都算明白而且找到最优解了。在生活中跟人讲道理，如果每次遇到类似的道理都重新推演一遍可能谁都做不到，现在有了成语和寓言，只要一句"唇亡齿寒"或者"酸葡萄"，任何受过最起码教育的人都能立即理解你的意思。

两种套路

对于脑力工作者来说，水平的高低关键要看掌握的套路的多少。所以，艺术家要采风，棋手要打谱，律师要学案例，政客要读历史，科学家要看论文。这些东西都需要记忆力。现在有了书籍和网络，人们已经不再直接追求记忆力了，但是在古代，记忆力几乎就是一个人最重要的学术能力。至今，非洲的某些部落首领断案的办法，仍然是从自己满脑子的谚语和俗语中找到一句适合当时情形的话，来让双方都满意[①]。孔子说"不知诗，无以言"，一开口就往外冒名句的人在口语时代肯定是特别受尊敬的。据说所罗门知道 3000 条谚语。

以量取胜的套路通常是容易掌握的。今天知道个典故，过两天写文

[①] 尼尔·波兹曼，《娱乐至死》，第二章。

章用上，并不费什么工夫。我上大学的时候出于某种今天看来并不可取的心理，希望能提前一年毕业，主动选了很多高年级甚至是研究生的课。这样我就必须在比较短的时间内把某些非物理类课程学完，而事实证明这完全可行，也许人人都能做到。我常用的做法是根本不管老师讲课的进度，按自己的节奏直接看书突击学习，有时候一下午就能学好几章。我曾经用大概一周的时间分别学完了半学期的《线性代数》和《概率论》，而且还考了满分。其实如果你仔细研究，这些课程里的关键套路非常有限，而且逻辑性很强，只要看懂了就很容易掌握和使用[1]。

但是有些套路，比如那些非纯脑力劳动的专业技能，想要掌握就没那么容易了。很多学理工科的人看不起学音乐的和搞体育的人，但事实上，真正掌握像弹琴和竞技体育的技巧比学会解微分方程要困难得多，因为其需要协调调动的肌肉和脑神经元实在太多了。别人用个什么招式就算你全看到了而且看明白了，也不能立即学会。像这样的技能，想要求"多"非常困难，因为掌握每一个套路都要付出大量的练习时间。

人脑到底是怎么掌握一个技能的，我听说过两个理论[2]。一个比较主流的理论说这是神经元的作用。完成一个动作需要激发很多个神经元，如果这个动作被反复做，那么这些神经元就会被反复地一起激发。而神经元有个特点，就是如果经常被一起激发，它们最终就会连在一起！用神经科学家卡拉（Carla Shatz）的话说，这就是"Neurons that fire together wire together."[3] 因为每个特定技能需要调动的神经元不同，不同技能在人的大脑中就形成了不同的网络结构。另有一个理论[4]则认为神经元的连接固然重要，但更重要的则是包裹在神经元伸出去的神经纤维（轴突）外面的一层髓磷脂组成的膜：髓鞘。如果我们把神经元想象成元器件，那么神经纤维就是连接元器件的导线，而髓鞘则相当于包在导线外面的胶皮。这样用胶皮把电线包起来防止电脉冲

---

[1] 但是这种学法有重大缺陷，就是一旦不用了就很容易忘记。我不推荐这种学法。
[2] 这两个理论未必矛盾，但也未必都对，留待日后定论。
[3] 参见《重塑大脑 重塑人生》一书，作者诺曼·道伊奇。
[4] 见《天才源自刻意练习》和《一万小时天才理论》二书。

外泄，能够使得信号被传输得更强、更快、更准确。当我们正确地练习时，髓鞘就会越包越厚，每多一层都意味着更高的准确度和更快的速度。髓鞘，把小道变成高速公路。

不论是哪种理论，最后我们都可以得出这样的结论：技能是人脑中的一种硬件结构，是"长"在人脑中的。这意味着如果你能打开大脑，你会发现每个人脑中的神经网络结构都不一样。技能很不容易获得，一旦获得了也很难抹掉。这显然跟计算机完全不同：在计算机上你可以随时安装和卸载一个软件，让计算机掌握和忘记某种技能，而人脑却不可能这么轻易地复制信息。所以像《黑客帝国》电影中那样直接往大脑里下载一个操作直升机的技能，然后跳上一架直升机马上就能开，是不符合人脑的特点的。另一方面，这也说明"练大脑"比"练身体"更容易取得大成就，因为大脑神经元的连接是能变的！你再怎么练也无法改变自己胳膊腿的结构，可是你可以让自己大脑"长"出各种复杂多变的"网络形状"来。

如此一来，高手与普通人就有了本质的区别。高手拥有长期训练获得的特殊神经脑结构，他的一举一动可能都带着不一般气质，连眼神都与众不同，简直是用特殊材料制成的人。练习，是对人体的改造。

用什么方法才能迅速地把技能套路"长"在身上呢？关键在于两点：

- 必须进行大量的重复训练。
- 训练必须有高度的针对性。

基本功

在体育和音乐训练中，比较强调"分块"练习。首先你要把整个动作或者整首曲子过一遍，然后把它分解为很多小块，一块一块地反复练习。在这种训练中一定要慢，只有慢下来才能感知技能的内部结构，注意到自己的错误。《一万小时天才理论》一书介绍，美国最好的一所音乐学校里的一位老师甚至干脆禁止学生把一支曲子连贯地演奏。学生只能跟着她练分块的小段。她规定如果别人听出来你拉的是什么曲子，那就说明你没有正确地在练习！

你可能会认为这种分块训练只适合初学者练基本功，高手就应该专注于完整的比赛，但事实绝非如此。就连职业运动员的训练也往往是针对特殊技术动作，而不是比赛本身的。一个高水平的美式足球（橄榄球）运动员只有1%的训练时间用于队内比赛（一部分原因是怕受伤），其他的时间都用于各种相关的基础训练。把特定动作练好，才能赢得比赛。2011年，姚明担任CBA比赛转播解说期间，曾经透露过易建联的一个训练秘密[1]。那年夏天，人们注意到易建联有一个"金鸡独立"的跳投动作非常像诺维茨基，而且命中率相当高。这个动作其实是他自己"加练"的结果，这种专门训练比比赛还重要。姚明说："阿联夏天接受的针对性极强的专项训练是他近两年迅速提高的关键，我们的球员一直在比赛，其实真正应该做的就是像阿联这样进行有针对性的专项训练。"

反过来说，如果不重视基本功训练，在比赛中就会吃亏。2011年东亚锦标赛，中国男篮底气十足地仅派出二队参加，让青年军去跟日韩的正牌国家队对阵，结果负于日本。中国队的自信不是平白无故的，中国队员的天赋很好，身体条件比对手强得不是一点半点。但是代理主教练李楠却指出，中国队员的基本功不行！"传接球等基本技术相比日、韩、中国台北等队都存在差距。"[2]而造成这种局面的原因恰恰是以赛代练！记者梁希仪分析说，"这些队员里很多人十七八岁就进一队打CBA了，每年比赛，主教练根本没有时间再给球员抠基本技术，所以就造成了现在的结果。"

磨刀不误砍柴工，基本功就是这么重要。不但体育和音乐需要练基本功，就连那些人们认为不存在基本功的领域，也要练基本功。

比如写作。中国传统的培养方法，一个作家的训练就是读小说，评论小说，然后一篇接一篇地写完整的小说。除此之外大约就是要到各地体验生活，因为"功夫在诗外"。问题在于，中国大学的中文系基本上没有成功地培养出一个像样的作家。面对这种局面，一般人马上会得出结论：写作靠的是天

---

[1] 新浪体育报道《易建联背后付出首次被曝光》，2011-09-20，http://sports.sina.cn/?sa=d3927406t24v4&vt=4。

[2] 新浪体育，《东亚赛暴露男篮残酷现实 李楠：基本技术不如日韩》，2011年06月16日。

赋，作家不是培养出来的。但是美国大学是可以培养作家的，而且还培养了中国作家，比如哈金毕业于布兰迪斯大学文学写作专业，严歌苓毕业于哥伦比亚艺术学院文学写作系。《三联生活周刊》曾经对美国翻译家埃里克·亚伯拉罕森有一个采访[1]，亚伯拉罕森曾经翻译过王小波的作品，对中国作家相当熟悉。采访中有一段对话值得直接摘录下来：

三联生活周刊：你觉得中国当代作家们的写作水平和英美一流作家相比有多大的差距？

亚伯拉罕森：我个人感觉在技巧上还存在一些差距，大部分中国作家几乎从来没有经过专业的写作训练。而在美国，专门的写作课程非常多，内容也很成熟。我知道很多中国作家对这种写作班非常不屑，觉得这种课程会带来一身工匠气，但这种写作班至少能够告诉你，如果你的小说写到 3/4 时崩溃，你该怎么办。一个真正的艺术家（是）不会被教坏的。

作家应该怎么培养呢？应该像训练小提琴手和篮球运动员一样练基本功。现在已经有很多中国大学开设了"创意写作"（也就是英文说的"creative writing"）硕士课程，学美式的写作训练。这种课程非常强调把写作也进行"分块"练习。复旦大学早在 2008 年就开始引进创意写作课，而且还请来了严歌苓的老师、哥伦比亚艺术学院文学写作系的系主任舒尔茨教授夫妇给研究生上课。中文系教授严峰旁听了舒尔茨讲的课，很有感触[2]：

第一课，舒尔茨教学生怎样"听"。他让学生描述一个刚才听到的声音，不断追问下去：那个声音什么颜色，什么形状，什么质感，给人什么联想？

这是文学吗？听着听着，我突然有点明白了。舒尔茨教的是文学最物质化、最技术性的层面，就像我以前上吉他课时，老师让我们每天做的手指体

---

[1] 陆晶靖，《"如果中国能有一个马尔克斯"》，《三联生活周刊》，http://www.lifeweek.com.cn/2012/0514/37183.shtml。

[2] 严锋，《作家是怎样炼成的》，《新民周刊》2009。原文见 http://news.sina.com.cn/c/2009-12-09/112519222865.shtml。

操，俗话说的"爬格子"。也像钢琴课老师让我们弹的"哈农"，极其枯燥单调乏味的手指练习。这些本身毫无艺术性可言的练习曲，却是通向艺术自由的必经之路。

重复！重复！再重复！

想要把一个动作套路、一个技能，哪怕仅仅是一个生活习惯，甚至是一种心态，"长"在大脑之中，唯一的办法是不断重复。

我在美国读研究生的时候，有鉴于做物理研究需要经常做报告，导师出钱让我去学习了一阵子口语。我的口语老师叫 Antonia Johnson，第一次去这个口语班的经历完全出乎了我的预料。她居然在两个助手的帮助下，使用看上去很专业的录音设备，用两个小时的时间对我进行了一次语音诊断。我被要求使用不同的音调和音量（最后是扯着嗓子持续大喊一个声音看看能坚持多少秒），读了很多完全没有意义的句子，其中包括一些根本不存在的单词。第二次去的时候她发给我一份诊断报告，所有我读得不准确的英语发音都被标记了出来，这使得此后的训练非常具有针对性。在后来的训练中我们模拟了各种情境下的对话，包括一般闲聊和正式演讲，为了练习在电话中的发音，我每周得给她打电话。

可惜我未能坚持苦练，以至于到现在英文说得也不怎么样。但我要说的最有意思的还不是我的训练，而是这位 Johnson 老师的故事。作为一个专门教人说标准英语的老师，她本人居然曾经是一名口吃者！我曾经听说，口吃其实是一种心理疾病，要想根治必须改变一个人的情绪和处世态度。但 Johnson 老师不这么看，她认为关键在于练习。她通过练习根治了自己的口吃，拿到博士学位以后又专门帮助别人克服口吃，等到发现外国留学生这个大市场，又把业务彻底转向了英语发音。好几年以后，我偶然遇到她，这时候她的口语公司已经做得很大了，雇了好几个人，甚至有一个专门的程序员负责开发教学软件。

也就是说，很多通常被认为是心理疾病的症状是可以通过练习得到根治的。美剧《生活大爆炸》(*The Big Bang Theory*)里有个印度人拉杰（Raj）

有恐女症，他在正常情况下不敢跟任何女生说话，这种症状其实是存在的。即使是在美国，也有很多人不敢跟异性说话，看来这不仅仅是传统文化的问题。加州有个"害羞诊所"[①]，专门帮助那些不敢和异性说话的人克服害羞心理。这个诊所的专家不相信心理暗示疗法，他们相信练习。怎么治疗恐女症？他们的做法是设计各种不同难度的场合进行对话训练。最初是在房间内让学员们对话并进行角色扮演，然后是让学员直接跑到大街上找陌生美女搭讪或要求与之约会，最高的难度是让学员有意地在公共场合做出使自己难堪的事情，比如去超市把一个西瓜摔坏。

这种把不常见的高难度事件重复化的办法也是MBA课程的精髓。在商学院里，一个学生每周都要面对大量真实发生过的商业案例，学生们首先自己研究怎么决策，提出解决方案，最后由老师给出实际的结果并做点评。学习商业决策的最好办法不是观察老板每个月做两次决策，而是自己每周做20次模拟决策。军事学院的模拟战、飞行员在计算机上模拟各种罕见的空中险情，乃至丘吉尔对着镜子练习演讲，都是高效低成本的重复训练。

反过来说，如果没有这种事先的重复训练，一个人面对不常见的事件时往往会不知所措。统计表明，工作多年的医生通过读X光片诊断罕见病症的水平反而不如刚毕业的医学院学生，因为他们很少遇到这种病例，而在医学院学到的东西也早就忘了。最好的办法其实是定期地让医生们拿过去的旧X光片集中训练，而不是期待在工作中碰到。

高度针对性

请允许我再反对一次"功夫在诗外"。如果你要从事创造性的活动，你得学会借鉴各个不同领域的东西，的确是"功夫在诗外"。但是人们经常滥用这句话，认为连学习都要讲"功夫在诗外"，这就完全错了。对练习来说，你想要学什么就应该练什么，功夫就在功夫上。我们追求的就是把这个特殊技能的特殊神经网络"长"在大脑之中，别的都不必管。

但"功夫在诗外"的影响力实在太大了，人们几乎一听说就会立即接

---

① 事见《一万小时天才理论》一书。

受这个理论。曾经有个物理学家转行做了神经学家，他做了个实验，发现听10分钟莫扎特的音乐可以让一个人的智商测验得分提高9分[1]。这个发现实在惊人，但又非常符合我们一贯的思维，谁不知道音乐对思考有好处？爱因斯坦不就喜欢拉小提琴吗？我们没想到的仅仅是这个效应居然如此厉害！智商提高9分啊！结果论文一发表立即引起轰动，媒体连篇累牍地报道，并且把这个效应正式命名为"莫扎特效应"（Mozart effect）。

然而事实却是"莫扎特效应"根本不存在。没人能重复这个实验，在其他所有实验中听音乐对提高智商毫无帮助。然而这些后续的实验研究因为缺乏轰动效应，只得到了非常少的媒体报道[2]，以至于今天你去图书馆和书店，仍然可以找到大量专门用来提高儿童智商的莫扎特音乐CD。最新的研究[3]更表明不但听莫扎特CD没用，就连专门的音乐培训对提高词汇和数理这些必备的智力认知能力都没用。

一个类似的例子是"小小爱因斯坦"（Baby Einstein）系列多媒体产品。这是一个非常著名的教育品牌，如果在网上搜索，你会立即找到大量相关的视频和产品信息，开发者迪士尼公司声称看这个视频有助于提高3个月到3岁孩子的认知能力。但是如果你搜索的是学术论文，你会发现所有研究都指出这些东西根本没用！英文版维基百科列举了1993年以来一系列针对小小爱因斯坦的研究[4]。有意思的是，当家长们得知这些研究后竟然在2009年联合起来把迪士尼公司告上了法庭，而且迪士尼居然真的同意为所有在2004年到2009年间买过《小小爱因斯坦》DVD的家庭退款[5]！

听CD看DVD没用，研究表明做那些号称能训练大脑的软件很可能也

---

[1] 整个事件见《看不见的大猩猩》一书，作者克里斯托弗·查布利斯和丹尼尔·西蒙斯。
[2] 所以媒体在报道科学发现的时候是有偏见的，仔细想想这个问题。
[3] 参见果壳网文章《学音乐能提高孩子的认知能力吗？》，http://www.guokr.com/article/437740/。
[4] 参见 http://en.wikipedia.org/wiki/Baby_Einstein。注意，我国的"互动百科"网站的相关条目（http://www.baike.com/wiki/《小小爱因斯坦》）中仅仅告诉你这是一个好品牌，而完全没有介绍这些研究。不翻墙行吗？
[5] 《纽约时报》报道：http://www.nytimes.com/2009/10/24/education/24baby.html。

没用[1]。打游戏对人脑的认知能力可能有用[2]，但也有研究认为没用[3]。不管是否真的有用，我们都可以想见就算有用其用处也不大。如果你想学好微积分，最好的办法是你找本微积分习题集做，而不是用大脑训练软件去试图先把大脑磨快一点再学微积分，那等于缘木求鱼。

另一方面，如果针对性明确，那么看似无用的训练也可以很有用。2011年CBA比赛中张兆旭的进步明显，原本身材薄弱、力量欠缺的他突然变强了。据解说嘉宾王仕鹏透露，这其实是张兆旭打拳击的结果[4]。我们干脆再一次引用姚明的话，他说"在NBA，球员练拳击已经是非常普及的了，这除了可以帮助运动员提高自己的脚步移动速度，同时还可以帮助他增强上肢的力量……"

所以训练必须要有针对性，否则就是浪费时间。必须一切从实战出发，且有明确的每次训练要达成的目标。

说到这里我们可以对比一下自己在大学里上过的那些课程。这些课程有针对性吗？如果你的目标是当科学家，这些课程跟搞科研有关系吗？我认为我国大学的多数理工科课程训练都像以前中文系试图培养作家一样，非常不符合刻意练习的要求。

国内训练学生搞科研的做法是不搞科研，搞"课"研。教和学都以考试为核心，讲的时候随时总结知识点，考试之前还会画下重点。人们把科学知识当成历史典故之类的考试材料，而不知道这些知识其实是可以拿来用的，更不知道你的任务不是学这些知识而是创造新知识！在这种氛围下，很多中国学生甚至喜欢评论课本，这本书写得好，这个作者是牛人，陶醉在对课本的欣赏之中。我在美国上课没见过任何一个老师赞美课本，一线人物几乎没有人写过课本，所有课本都只不过是工具书，其最终目的是为了科研这个结果。一切技术应该为了科研服务，而不能让期末考试喧宾夺主。

---

[1] 参见《纽约人》杂志2013年4月5日文章，BRAIN GAMES ARE BOGUS。
[2] 参见 http://www.solidot.org/story?sid=37156。
[3] 参见 http://science.solidot.org/article.pl?sid=10/04/22/0715210。
[4] 参见 http://sports.sina.com.cn/cba/2011-09-23/21545758924.shtml。

中国学生的另一个不好风气是有一种追星意识，对学术明星的八卦故事特别感兴趣，热衷于一些江湖传闻。有人看科学家传记的时间比看论文的时间都长。这种做法就如同跟着《小小爱因斯坦》学怎么变天才。每次有牛人到大学做报告，学生必然挤破头，但是听报告并不是搞科研！整天听名人做报告而不是尽可能早地参与到科研活动中去，就好比让青年篮球队整天看NBA录像一样，最后只能成为专业球迷而不能成为运动员。对比之下，美国学生对不是自己直接搞的领域可能不太了解，也可能不知道最近有哪个学术明星发了什么文章，但他在自己的小小领域内，可能大二就开始实干了。

搞科研的最好办法是尽快找个实验室进去跟着开干。先做一些处理数据之类打杂的事，给导师和师兄当个学徒，慢慢地在耳濡目染之下，自己就知道怎么做研究了。毛泽东说在战争中学习战争，解放军很多高级将领的文化程度不高，为什么总能打胜仗，靠的就是在实践中学习。学习知识不是为了考试，不是为了耍酷，不是为了有谈资，而是为了用！对比之下，美国大学里面的理工科课程就非常注重联系实际，在考试和作业之外特别强调做项目。一学期让学生做好几个有实战意义的项目，追求学以致用，逼着学生为了完成项目而学习知识。这些项目往往需要学生组成小组合作完成，比如分工编程组装一个机器人，其需要调用的知识并不限于课堂讲过的，跟真正的科研没什么区别。

宁可发几篇灌水小文章也比苦读十年期待一鸣惊人强。不积跬步，无以至千里；小事不做一心就想玩个大的，不是专业的训练方式。一提基础科学，有人总说"板凳要坐十年冷"，这种思想完全不适合现代化科研体系。很多中国学者放着那么多顶尖科学家不学，专门喜欢学特例，说怀尔斯证明费马大定理期间就好多年没有发论文，而真实情况却是他也是发表了一些小论文的。坐了"十年板凳"的运动员，国家队敢用吗？正确的做法是像当初刘翔那样有什么大奖赛都去，追求一个稳定的成绩。

想要掌握一项技能，要像运动员一样，需要不停地练习实战动作，不停地比赛，而不是不停地看录像。

3. 随时获得反馈

王小波曾经有一篇文章叫作《皇帝做习题》，说像编程和解几何题这样的事情，与我国古代文人写文章出理论有一个本质的区别，那就是前者做得对不对自己立即就可以知道。做几何证明题甚至不需要对照标准答案，证明了就是证明了。而计算机编程其实是最容易自学的项目之一，写出来的程序能不能正确运行，计算机立即就可以告诉你。

从刻意练习的角度来说，这就是即时的反馈（immediate feedback）。在有即时反馈的情况下，一个人的进步速度非常之快，而且是实实在在的。如果没有这种反馈，比如说在没有网络的时代一个文学青年自己闷在家里写小说，投出去的稿子全都石沉大海，想要提高水平就很难了。最大的可能性，是他明明写得很差，却一心以为自己是个不得志的文学大师，如同王小波说的"像孟夫子那样，养吾浩然正气，然后觉得自己事事都对"。我们看到现在网络时代这种郁闷的文学青年越来越少了，因为他们完全可以把小说发在网上接受批评，如果大家都不感兴趣，那他就会明白的确不是主流编辑们在迫害他，而是自己真不行。

一定要有反馈

人在很多情况下会高估自己的知识。我们以为自己知道，其实不知道。如果一个学生把教科书里的东西看过好多遍，每次看的时候都感觉看得很明白，他会认为自己已经掌握了，可是一旦考试就会发现自己并没有真正理解。其实把一本书看好多遍，只是让我们对这个东西"熟悉"而已，而熟悉并不等于理解。想要真正理解，唯一的办法是考试和测验。这就是反馈！没有测验，你的知识只是幻觉。

你对自己的看法，与别人对你的看法，很可能会非常不同。"当局者迷，旁观者清"我们需要一个旁观者来指出我们自己注意不到的错误。

现代科研体制中公认的最重要的一条反馈措施，叫作"同行评议"（peer review）。假如你有个科学发现，也写好了论文，但不管你这个人的名气有多大，编辑有多么信任你，也不可能立即把你的论文发表出来。编辑一定会找到一个或者几个跟你在同一领域的专家——这些专家的名气可以不如你——让他们先私下审查一下你的论文。他们会提出各种各样的意见，从研究方法有问题到语法有问题等。审稿通常是匿名的，有时候审稿人提的意见实在无理，作者可能会感到非常恼火。

作为一个科研工作者，我既写论文也给人审稿。我注意到一个非常有意思的现象：哪怕只有一个审稿人，双方往来只有一次，也能让一篇论文提高不少。仔细想想这其实有点奇怪，因为论文投出去之前作者往往已经修改了多次，而且通常是几个作者合作，每个人都要反复地看。可就是这样，审稿人仍然能提出相当过硬的意见，让你非得再修改不可。这是为什么呢？因为研究者在做这个项目的时候，已经被自己的想法所吸引，陷在里面，往往想的是"怎么把这个项目早日做成""怎么让人接受我的想法"。如果你的一切思维都围绕着"这么做是对的"进行，就不会再去从别的角度看这个项目。而审稿人在拿到论文之前对这个项目一无所知，他没有陷进去，反而能用更客观的眼光去看问题。

再牛的科学家，也需要同行评议，这就正如世界排名第一的网球运动员也需要教练一样。反馈者不见得比你的水平高，关键是他们不是你，他们可以从你看不到的角度看你。

立即反馈

科学家需要同行评议的反馈，而培养一个科学家——或者培养任何人才——光有反馈还不行，反馈还要有"即时性"，要让实践者立即得到反馈意见。

马尔科姆·格拉德威尔[①]出过一本书，中文译为《眨眼之间：不假思索的决断力》。这本书说当面对一个很复杂的问题时，专家往往能够在一眨眼之间就做出判断和决定。这个决定的时间非常之短，我认为更合适的译名应该叫《决断毫秒间》。他们是怎么做到的呢？

---

① 他就是我们前面提到的《异类》那本书的作者。

先说容易理解的技术，那就是通过模式识别，或者说通过寻找关键特征来做出快速判断。一件事情给你的信息也许是无比复杂的，但其中真正有用的也许就那么几项。专家要做的就是首先通过大量细致的数据统计来发现这几项有用的指标，然后只看这些指标就行了。比如听一对夫妇交谈15分钟，专家就能判断他们在未来的15年内会不会离婚。专家在这里看的最重要的指标不是他们怎么争吵的，而是他们是否蔑视对方。吵架不可怕，一旦出现一方蔑视另一方的情况，这段婚姻就快完蛋了。另一个更令人震惊的技术是"读心术"，其通过精确地分析人脸部的表情来判断这个人心里在想什么，尤其是他是否在说谎。这个技术随着前几年美剧《别对我说谎》的流行，已经不新鲜了。

但是格拉德威尔还说了另一种快速判断。这种判断有点神秘，其依赖"直觉"，往往是无意识的，他称之为"薄片撷取"（thin-slicing）。格拉德威尔认为在做这种判断的时候，人体仿佛有一台无意识的超级计算机，在我们意识到之前就先替我们做好了正确的决定，而这台计算机是怎么工作的，我们不知道。比如，一个资深网球教练总能判断出运动员什么时候会双发失误，但是他自己也不知道自己是怎么判断的。

格拉德威尔的这本书后来受到了很多专家的批评。心理学家认为这种直觉判断既不神秘，也不见得就比精心计算的判断更好。在《思考，快与慢》中丹尼尔·卡尼曼说，专家的直觉只在某些特定领域才可能有效。什么领域呢？必须符合两个要求：

1. 你研究的东西所在的环境必须非常规范，以至于这个东西是可以预测的。

2. 通过长时间练习，人可以掌握这些规范。

卡尼曼说得有点拗口，希思兄弟在另一本书——《决断力：如何在生活与工作中做出更好的选择》（*Decisive*）中对这个问题总结得更好。他们调研了很多本书和相关研究，最后的结论是：直觉，只有在"环境友好"的状态下才好使。所谓"环境友好"，就是其中有短期的反馈（short-term feedback）。比如，预测明天的天气，第二天你就能知道结果[①]。急诊室医生对危急病人的快速抢救也是如此，能不能救过来马上就知道。只要有快速反馈，再经过长时间的训练，你就能培养出专家的直觉，就能够"眨眼判断"。

可是，如果反馈是中长期的，直觉就不好使了。我们可以再多想想这个问题。也许只有这样的"环境友好"领域，也就是有快速反馈的领域，才能培养出真正的专家。

老师的作用

韩愈说"师者，所以传道授业解惑也"。古代的私塾教育往往让学员先背书，搞得好多小朋友会背但不会解释，老师能不能解惑很关键。而现在的课本和各种辅导书极其全面，人们完全可以自学，聪明人更有很强的自学能力。那么，现代的老师的最大作用是什么呢？正是提供即时的反馈。世界上最好的高尔夫球球手、最好的国际象棋棋手，他们的比赛水平肯定超过自己的教练，可为什么他们还要请教练？一个重要原因就是教练能在训练中以旁观者的身份提供即时的反馈。

一个动作做得好与不好，最好有教练随时指出，本人必须能够随时了解练习结果。看不到结果的练习等于没有练习：如果只是应付了事，你不但不会变好，而且会对好坏不再关心。在某种程度上，刻意练习是以错误为中心的练习。练习者必须对错误极度敏感，一旦发现自己错了就会感到非常不舒服，一直练习到改正为止。

从训练的角度来说，一个真正的好教练是什么样的？是应该经常跟队员私下谈心，做好队员的思想工作吗？是能随时发表激情演说，提高队员的战斗热情吗？是能够随时给队员提供反馈。约翰·伍登（John Wooden）是美国最具传奇色彩的大学篮球教练，他曾经率领 UCLA（加州大学洛杉矶分校）

[①] 顺便说一句，现在的天气预报系统已经非常完美了。有统计表明，在美国天气预报说第二天降水概率是 30% 的日子里，的确有 30% 的日子降水了。考虑到随机因素，天气预报是一种准确度非常高的预报。

队在12年内10次获得NCAA（美国大学生篮球联赛）冠军。为了获得伍登的执教秘诀，两位心理学家曾经全程观察他的训练课，甚至记录下了他给球员的每一条指令[①]。结果表明，在记录的2326条指令之中，有6.9%是表扬、6.6%是不满，而有75%是纯粹的信息，也就是做什么动作和怎么做。他最常见的办法是三段论：演示一遍正确动作，表现一遍错误动作，再演示一遍正确动作。这样的训练就好比练武功，一招一式都需要有人随时纠正，若不对则马上改，以避免错误动作形成习惯动作。

与外行想象的不同，这位最好的教练从不发表什么激情演说，甚至不讲课，每次说话从不超过20秒。他只给学生非常具体的即时反馈。他要求所有训练都事先进行无比详细的计划，甚至包括教运动员怎么系鞋带。好教练，仿佛有一种诡异的、知道学员在想什么的能力，即使是第一次见面，也能指出学生在技术上最需要什么。他们是绝对的因材施教，源源不断地提供具有高度针对性的具体指导。

这种手把手的教法跟我们的现代化的学校教育格格不入。从小学到大学，我们的教育方式无不是老师站在讲台上讲，学生坐在下面听，反馈仅仅出现在课堂提问、批改作业和考试之中。如果是几百个人一起上课，就连这些有限的反馈也会被忽略。现在，很多大学把自己的课程录像放在网上，让世界各地的人随便下载学习。这当然是非常难得的举措，但这样的学习方式缺乏反馈。

学徒制

我认为真正的人才不是靠课程、院系、考试大纲的设置培养出来的。培养人才的有效办法只有一个，那就是学徒制。师父带着徒弟参与一个实际的项目，徒弟在试错中提高。不管是科研、工程还是艺术，都是如此。一个教育体制的关键不在于往学校里投入多少钱，而在于其是否提供了足够多、足够好的动手机会。

学徒制的历史比现代教育制度悠久得多，学任何一门手艺都得先当学徒。

[①] 此事来自《一万小时天才理论》一书。

就是当代的工人进了工厂，也得先认个师父学一段时间。白领的工作，也得从实习做起。在文艺复兴时期的佛罗伦萨，各种行业都有自己的行会，学徒制度就在行会系统中。有志于艺术的男孩从 7 岁起就要跟随一个大师全职学徒 5 ～ 10 年。学徒们很早就直接参与第一手艺术创作，从打杂开始到临摹，到跟大师合作，再到独立作品。

跟古代这种从小就开始当学徒，一旦选定了专业就一边干活一边学的制度相比，现代教育系统这种把人摁在课堂上听很多年课的做法其实是非常不科学的。一个好的教育系统应该让学生干什么呢？至少应该做以下这些事情：

- 自己调研相关知识。
- 独立或者跟人合作完成项目。
- 到相关企业实习，把知识用上。
- 写论文。

然而现实情况却是：一个老师要面对几十甚至几百个学生，学生们根本不可能获得反馈，他们唯一能得到的反馈就是考试。不但如此，连考试也被进一步简化，复杂的答题方式被减少，最后剩下的是一大堆选择题，直接让计算机给你反馈。大学毕业生工作以后往往会发现自己以前学的很多知识根本用不上，反而在工作中边干边学了一些有用的东西，换句话说，他们这时候才开始了真正的教育，这个教育还是学徒制。可是我们反过来想，如果让他从 18 岁就开始边干边学，难道这些工作就做不了了吗？如果早点实行学徒制，完全可以更快更好地培养人才[1]。

美国的基础教育受到过很多批评，但美国的研究生制度却毫无疑问是世界最好的。这个制度正是学徒制。导师的英文是"advisor"，这个词放在学校以外是顾问的意思，比如"总统军事顾问"。导师允许学生有相当的独立性，

---

[1] 其实从这个意义上讲，现代教育制度与其说是一种培养制度，不如说是一种选拔制度，或者更确切地说是一种淘汰制度。好的工作岗位有限，想干这个工作的人却很多。大学的真正作用是决定谁能得到那个岗位。至于得到了那个岗位怎么做，那是你得到了以后才要关心的事情。

你原则上可以选择自己喜爱的项目，而导师给你提供建议和随时的反馈。研究生入手的项目不再是为了训练，而是一上来直接就是真正的科研，以发表论文为目的。在这个阶段，什么知识学过、什么知识没学过已经变得毫无意义，没学过就立即去学，总之必须把这个东西做出来。研究生跟导师的互动并不总是令人愉快的，有时候导师不太愿意给反馈，有些导师可能会给错误的反馈，但总体来说，学徒制远远优于其他任何制度。我国目前的研究生教育大体效法美国，但面临好导师太少的问题，往往是一个导师带十几个甚至几十个研究生，这种"师徒比"，学徒是没法获得足够反馈的。

我们来看看贝尔实验室的学徒制景象。这是一个伟大的实验室，晶体管、激光、太阳能电池、C语言、Unix操作系统和无线电天文学都诞生在贝尔实验室，而且还有七个诺贝尔奖。乔恩·格特纳（Jon Gertner）写了一本名为《贝尔实验室与美国革新大时代》（*The Idea Factory: Bell Labs and the Great Age of American Innovation*）的书，专门介绍贝尔实验室是怎么创新的。2012年，这本书的一部分内容在《纽约时报》发表[1]，其中提到了学徒制度。以下内容摘自黄小非的翻译版[2]：

> 被难题缠身的菜鸟员工，惶恐不安的无名小辈，他们在贝尔都有自己的导师，这些导师可都与那些"写书人"和大牛一起工作，关系密切。一些贝尔实验室的新员工往往对此感到震撼，因为他们被告知可以向著名的数学家，诸如Claude Shannon（克劳德·香农），或者传奇物理学家William Shockley（威廉·肖克利）直接提出自己的疑问。而且，贝尔实验室的策略是，大牛们不允许回避菜鸟们提出的问题。

4. 刻意练习不好玩

统计表明，在中小学里，高智商的孩子的成绩普遍要更好一些。但聪明

---

[1] 参见 http://www.nytimes.com/2012/02/26/opinion/sunday/innovation-and-the-bell-labs-miracle.html?_r=0。

[2] 参见 http://blog.jobbole.com/24076/。

最管用的时候是少年时代，在小学里同一个班的孩子可能智力相差极大，而且这种差异可以体现在他们的成绩上。如果是在大学里呢？既然这些学生在同一所大学上学，他们的聪明程度想必也不会相差太多。是什么因素决定了大学生的成绩差异？

最初，心理学家们猜测是学生投入的学习时间。在 20 世纪的七八十年代，至少有 6 篇论文[1]研究了大学生的学习时间与他们的平均学分绩点（GPA）的关系。我们可以想象，那些以前基础比较好的学生很可能不用投入太多时间也能做得不错，而以前基础不好的学生必然要花更多时间追赶，所以在做这个研究的时候，必须把学生此前的基础，比如说入学成绩，都考虑进去，以免结果被这些因素影响。

这些论文的结论相当一致：二者基本没关系。很多学校号召学生把大量时间投入学习，比如我的母校就号称学习要学到"不要命"的程度。但事实却是，你无法从一个大学生每周投入学习时间的长短来预测他的期末考试成绩。假设有两个大学生，他们的入学成绩完全一样，在同样的班级上同样的课，其中一个人（A），每周用 30 个小时学习，而另一个人（B），每周学习时间不超过 20 个小时。这些论文的研究结果是，A 的成绩未必比 B 好。

这个结论简直违反常识。如果这两人的基础一样，难道不是更用功的那个应该成绩更好吗？

关键在于，学习时间长不等于用功。一直到 2005 年，"刻意练习"概念的提出者安德斯·埃里克森领导的小组研究[2]表明，决定性的因素不是学习时间，而是学习环境。研究者对佛罗里达州立大学的学生进行了以下几个方面的统计，看到底哪些因素与学习成绩有关：

- 以往学期的平均学分绩点、高中成绩、大学入学 SAT 考试成绩

---

[1] 这些论文都在后面埃里克森等人那篇论文的参考文献中。

[2] 参见 E. Ashby Plant, K. Anders Ericsson, Len Hill, Kia Asberg, Why study time does not predict grade point average across college students: Implications of deliberate practice for academic performance, *Contemporary Educational Psychology*, Volume 30, Issue 1, January 2005, Pages 96-116。这个研究调查学生的行为，给本书前面《科学的励志与励志的科学》中调查学生品质的那个研究有异曲同工之处。

- 上课出勤率
- 学习计划
- 学习环境
- 课外工作的时间
- 参加聚会的时间

很显然，如果一个人整天参加聚会又不爱上课，他的成绩不太可能会好。但爱参加聚会和不爱上课这两项其实是相关的，它们只能说明这个人怎么样，而不能说明这个人的学习能力怎么样，而且这个因素已经包含在了这个人以往的学习成绩之中。如果我们想"预测"一个人在本学期的成绩会怎样，研究人员发现，排除以往成绩的话，只有一个因素能预测他成绩的变化，这个因素就是学习环境。

成绩好的学生必须在一个不受打扰的环境中单独学习。只有在这种环境下学习的时间才是有效时间。更进一步，哪怕这个学生以前的成绩很差，只要在这一个学期他做到了在安静的环境中单独学习，那么他的成绩将在这一个学期获得提高。多上课和少聚会，似乎就没有同样的效果。

安静的环境其实不难做到，一般大学的教室和图书馆都相当安静，问题在于很多学生学习的时候都戴着耳机听音乐。我曾经看到美国一个报道说，如今的大学图书馆里绝大多数学生都在听音乐，其中的一个学生还跟记者说了一句特别有诗意的话，"silence is deafening"（这句话其实不是他发明的），我受不了安静，安静太刺耳！其实，这些听着音乐学习的人应该放下书本专心听音乐才对，因为他们的学习时间长短与考试成绩无关。

单独练习

有个著名的小提琴家说过，如果你练习手指，你可以练一整天；可是如果你练习脑子，你每天能练 2 个小时就不错了。高手的练习每次最多 1 ~ 1.5 小时，每天最多 4 ~ 5 小时。没人受得了更多。女球迷们可能认为像贝克汉姆那样的球星整天就知道要酷，她们不知道的是很少有球员能完成贝克汉姆的训练强度，因为太苦了。

刻意练习不好玩。它要求练习者调动大量的身体和精神资源，全力投入。如果你觉得你在享受练习的过程，那你就不是刻意练习。找一本小说边喝咖啡边看，在一个空闲的下午打场球，这样的活动都非常令人愉快，但是做得再多也不会提高技艺。很多人每周都打一场网球或者高尔夫，打了 25 年也没成为高手，因为他们不是在刻意练习，而是在享受打球的乐趣。很多年轻人追求一种散漫的风格，干什么事情都是一副无所谓的态度，认为在打打闹闹中学习的人很酷，这是非常愚蠢的。能够特别专注地干一件事才是最酷的。

前面我们曾经说过科学家们曾经非常细致地调查了一所音乐学院，这就是西柏林音乐学院，这里培养了众多实力超群的小提琴高手[1]。研究人员把这里的所有小提琴学生分为好（将来主要是做音乐教师）、更好和最好（将来做演奏家）三个组。这三个组的学生在很多方面都相同，比如都是从 8 岁左右开始练习，甚至现在每周的总的音乐相关活动（上课、学习、练习）时间也相同，都是 51 个小时。

研究人员发现，所有学生都了解一个道理：真正决定你水平的不是全班一起上的音乐课，而是单独练习。

- 更好和最好的两个组的学生平均每周有 24 小时的单独练习，而好的组只有 9 小时。
- 他们都认为单独练习是最困难也是最不好玩的活动。
- 更好和最好的两个组的学生利用上午的晚些时候和下午的早些时候单独练习，这时候他们还很清醒；而好的组利用下午的晚些时候单独练习，这时候他们已经很困了。
- 更好和最好的两个组的学生不仅练得多，而且睡眠也多（包括午睡）。

所以我们再次发现所谓"一万小时"实在是个误导人的概念。练习时间的长短并不是最重要的，真正的关键是你"刻意练习"——哪怕仅仅是"单

---

[1] 此事来自《天才源自刻意练习》一书。

独练习"——的时间。哪怕你每天的练习时间跟那些将来要成为演奏家的同学一样，如果不是单独练习，你也只能成为音乐老师。

那么，是什么因素区分出更好的组和最好的组呢？是学生的历史练习总时间。到 18 岁，最好的组中，每位学生平均练习了 7410 小时，而更好的组是 5301 小时，好的组是 3420 小时。更好的组现在跟最好的组一样努力，可是已经晚了。可见要想成为世界级高手，一定要尽早投入训练，这就是为什么天才音乐家都是从很小的时候就开始苦练了。换句话说，他们赢在了起跑线上！这样看来，只有建立在刻意练习的基础上，总的练习时间才有意义。

一帮人在一起合练可能很有意思，也相对轻松一些，但只有单独练习才能快速进步。

练习与娱乐

在刻意练习中没有"寓教于乐"这个概念。我们生活在一个试图把一切东西都娱乐化的时代，我们希望看个电影就能学到知识。有时候我们也看纪录片——在这个时代，似乎看纪录片这个行为本身就已经是值得在微博炫耀一番的了——我们看纪录片就是为了学习，这总没错吧？

事实是，你看纪录片也是为了娱乐。奥尔森（Randy Olson）曾经是海洋生物学教授，后来改行去做了纪录片导演。他在《不要当这样的科学家》（*Don't Be Such a Scientist*）一书中告诉我们，电影这个东西根本就不是一个教育工具，哪怕是纪录片。他举了一个例子。无脊椎动物一共有 35 种，其中只有几种是有意思的，比如章鱼和鱿鱼，有的可以在一秒钟内变换颜色，有的有人一样复杂的眼睛。而剩下的其他种类就比较单调乏味了，像虫子一样，没人感兴趣。如果你要拍一个关于无脊椎动物的纪录片，你应该怎么拍呢？你必须着重介绍那些有意思的种类！你必须时刻让观众保持兴趣！如果你在电影里画个无脊椎动物分类图，再找个老教授详细介绍每一种无脊椎动物的学术特点，观众早就睡着了。可是如果是相关专业的大学课堂教学，学生们就必须学习全部种类，他们还要把每一种类的细节整理成系统化的形式，而且要重复学习。

《舌尖上的中国》是一部非常成功的纪录片，它之所以成功就是因为它非常符合观众的需求。有一个理论说，观众在看纪录片的时候疲劳周期只有8分钟，所以陈晓卿导演需确保任何一个故事都必须在8分钟内讲完[①]。我们看了《舌尖上的中国》，会对中国的饮食文化产生极大的兴趣和自豪感，但是谁如果说要从这个片中学到什么理论，那就是胡说了。纪录片对科学的作用并不在于让观众学到什么知识，而是激发观众对科学的兴趣。电影和电视是一种很好的激励手段，但不是好的教育手段。

读到这里一定会有人说，在很多纪录片里也讲了真正的科学知识啊，甚至有的还提到逻辑性很强的理论，有的还有数据，我怎么就不能从中学到知识呢？没错，你看完任何一个纪录片后都会有一种获得知识的感觉，但这种感觉很有可能是错觉。尼尔·波兹曼在《娱乐至死》这本书里特别提到这个问题。有人说"当信息通过戏剧化的形式表现出来时，学习的效果最明显"。可是波兹曼列举了各种研究成果，发现这句话纯属扯淡，因为事实证明电视上的信息很难被记住："51%的观众看完一个电视新闻节目几分钟后无法回忆起其中的任何一则新闻……普通的电视观众只能记住电视剧中20%的信息……"

如果你想学点知识，最好的办法是找本书——最好是正规的教科书或者专业著作——然后老老实实地找个没有人的地方坐下反复读，而且还要自己整理笔记，甚至做习题获得反馈。如果你坚持不了8分钟，你不适合学这个。

练习需要重复，而重复一定不好玩。教育需要全面，而娱乐一定只关注其中好玩的部分。所以娱乐跟学习必然是不相容的，如果你是在娱乐，你就不是在学习。你可以用娱乐的手段号召人去学习，但娱乐本身绝对不是学习。

"寓教于乐"是个现代社会的发明，从来没有哪位古代哲人认为应该寓教于乐。波兹曼振聋发聩地写道：

教育哲学家认为获得知识是一件困难的事情，认为其中必然有各种约束

---

① 果壳网专访，陈晓卿，《舌尖上的中国》的艺术与科学。http://www.guokr.com/article/438258/。

的介入。他们认为学习是要付出代价的，耐力和汗水不可少，个人的兴趣要让位于集体的利益。要想获得出色的思辨能力对年轻人来说绝非易事，它是异常艰苦卓绝的斗争。西塞罗说过，教育的目的本来应该是摆脱现实的奴役，而现在的年轻人正竭力做着相反的努力——为了适应现实而改变自己。

吃苦已经过时了，这个时代的所有人都是宠儿。刻意练习是个科学方法，值得我们把它运用到日常工作中去。但显然我们平时做的绝大多数事情都不符合刻意练习的特点，这可能就是为什么大多数人都没能成为世界级高手的原因。考虑到刻意练习是如此的不好玩，我猜我们也没必要过分可惜自己没能成为天才这个事实。

但是为什么仍然有人能坚持刻意练习呢？

5. 谁愿意练习一万小时？

每一个神童背后，都有一个能豁出去让自己的孩子猛练的父亲。莫扎特、马友友、郎朗，这些音乐天才的共同特点是他们从小就在父亲的监督下学音乐，甚至可以说父亲是他们成长中起到"最"决定性作用的人物。其中钢琴家郎朗的父亲郎国任则做得可能有点过了。他对郎朗的要求如此之严，寄予的期望如此之大，甚至发生了因为误会郎朗贪玩没有按时练琴就逼他自杀的事情[1]。

以前中国流行一句话，"不要让孩子输在起跑线上"，现在这句话已经被批成了反动言论。人生难道不是一场长跑吗？你像跑短跑一样赢了起跑线，后面没劲了怎么办？没错，对绝大多数普通人来说的确如此，小时候应该寓教于乐，年轻时代应该充满阳光地挥霍一下青春，中年以后应该好好享受生活。但是对于某些不想当普通人，一心想要出人头地的人来说，输了起跑线就没有机会参加后面的比赛了。

在前面讲到的关于西柏林音乐学院的那个研究中，更好和最好的组的学生每周都有 24 个小时的单独练习时间，可见这个时间已经很难再增加了。

---

[1] 此事见于郎朗自传《千里之行：我的故事》。

刻意练习需要学习者的精神高度集中，是一种非常艰苦的练习，人的精力只能做到这么多。但是最好的组是为将来做职业演奏家培养的，而更好组的学生只不过比将来要做音乐教师的学生好而已。决定这两个组学生实力差距的，是他们的历史总练习时间。到18岁，第二组比第一组少练了2000多个小时——现在他们一样努力，可是已经晚了。

音乐如此，体育也是如此，一步赶不上就意味着步步赶不上。的确，很多人因为用力过猛输掉了后面的比赛，很多人将会被淘汰，但是也有极少数人能够一路赢下来。他们不但赢了起跑线，而且接二连三地赢了后面的比赛。世界就是属于这极少数人的。世界并不需要一千个钢琴大师或者一万个足球明星，这些少数的幸运儿已经把所有位置都占满了。如果你想享受快乐童年，你的位置在观众席。

刻意练习不好玩。伟大的成就需要放弃很多很多东西，而这种放弃并不是没有争议的。耶鲁大学法学院教授蔡美儿在2011年出了本书《虎妈的战歌》，它讲述了作为一个在美国的华裔母亲是怎么严格要求自己的孩子的。这本书轰动一时，引起了激烈的讨论。虎妈要求两个女儿只能练钢琴或者小提琴，不能玩别的乐器，不能参与任何与学习无关的课外活动，没有社团、没有演戏、没有公益，只能学习。这种做法对自己的孩子人道吗？对别人的孩子公平吗？对社会有益吗？

我不知道虎妈的育儿法是否对整个社会有利，但我相信虎妈一定明白一个道理：如果你想出类拔萃，那么你要参与的这场竞争在很大程度上是个零和博弈——你想赢就意味着有人要输，你拿到这个位置就意味着有人拿不到这个位置。像这种博弈对社会有没有好处对你来说不重要，你关心的是怎么做对自己有好处。这个博弈没有双赢。

这不是一般人玩得起的游戏。

孤注一掷

体育、音乐和表演，都是高投入、高风险的事情，明星的背后是无数个失败的垫背。想要成功，就得练习一万小时，但考虑到机遇因素，即使你练了这一万小时也未必能成功,这其实是一场赌博。为什么美国大多数体育明星都是黑人?黑人身体素质好只是一方面,更重要的是但凡有点能耐的白人家庭都不会让孩子把赌注押在体育上。在阿根廷、巴西、葡萄牙和英国这些传统足球强国,只有不太富有的家庭的孩子才从小就把踢足球当作此生追求。C罗(克里斯蒂亚诺·罗纳尔多)小时候家里地方太小,以至于冰箱得放在房顶上;英国所有球员都来自工人阶层,以至于中产阶级孩子就算想踢球都无法融入队友的"文化"[①]。这些运动员认定体育是他们最好的出路,他们放弃考大学找工作过平淡生活的机会,孤注一掷,成不了明星就只能当垫背。他们的赌注是自己全部的前途。像花样滑冰这样的项目在没有举国体制的国家诚然只有富人才玩得起,那些供子女练这些项目的家庭必须持续不断地投入巨资聘请好教练,这何尝又不是一场赌博?

下这么大赌注练习,绝对不仅仅是为了博女朋友一笑,与之对等的回报是整个世界的认可。高水平的运动员有一个共同特点:他们非常,非常,非常非常想赢得比赛。

也许很多人认为篮球巨星的最重要素质必然是"热爱篮球",但在迈克尔·乔丹传记《为万世英名而战》(*Playing for Keeps*)一书中,作者大卫·哈伯斯塔姆(David Halberstam)告诉我们,真正使得乔丹成为巨星的"素质",是对失败的痛恨。为了赢球他可以做任何能提高自己技能的事情,而且这种素质是在被踢出校队以后才在他身上表现出来的。有一位教练回忆他第一次看乔丹打球时说[②]:

当时场上的九个球员都在"例行公事",而有一个孩子却在全力以赴。看他打得那么拼命,我以为他的球队正以 1 分落后,而比赛还有两分钟结束。然后我看了一眼记分牌,现在他的球队落后 20 分,而比赛还剩一分钟!

乔丹在整个职业生涯都是所有球员中最想赢球的,他总是有极强的目的

---

① 这方面的更详细论述见 *Soccernomics* 一书,作者 Simon Kuper, Stefan Szymanski。
② 这段中文是我翻译的,来自《为万世英名而战》一书。

性，永远都想改进自己的技术弱点。他对赢球是如此渴望，以至于他会骂那些不努力的队友，公牛队的新秀在第一年时往往都会抱怨受不了乔丹的骂。

传统的中国文人非常不喜欢谈论名利，认为做事业最好是为了兴趣、责任感和集体荣誉，甚至最好把从事的运动当成修身养性的机会。而我们看到的高水平运动员恰恰不是这样的。他们上场不是为了跟对方球员交朋友，也不是为了展现自己的精神面貌，甚至也不是为了打出赏心悦目的比赛。他们上场是想赢！

中国的独生子女制度使得一般家庭都把自己的孩子视为掌上明珠，像郎国任那样能把儿子豁出去猛练的家长非常少。再加上现在考大学更容易而且经济发展很快，把前途赌在足球上显然不是最理性的选择，中国的足球人口下降是必然的。缺乏有效竞争，又拿着高工资，中国球员当然没必要太拼命。不拼命，对于竞争不太激烈的运动来说无所谓，但像足球这样的国际竞技水平极高，竞争无比激烈的运动来说就意味着出局。不论是中超外援还是外籍教练，对中国队的一个共同评价是中国球员缺少强烈的取胜欲望。马拉多纳2012年访问中国期间曾接受《体坛周报》的采访，他说[1]：

在我执教和观看的球队中，我看到过很多优秀球员，但他们和我之间总有一个差别，这个差别非常重要，那就是我比他们更热爱足球，更想赢得一切。

你可能觉得这实在太功利了。功利就对了。实际上，如果你想让你的孩子学习更好，你可以尝试更功利一些。

奖励机制

一般人当然用不着孤注一掷地刻意练习，但还是需要一点刺激才能练下去，因为只要是有用的练习都不好玩。

美国公立学校系统每年在每个学生身上要花费一万美元以上的办学费

---

[1] 参见 http://sports.qq.com/a/20120815/000085.htm。

用，但是成效却相当不好。有些美国的教育问题在中国人看来简直匪夷所思，比如高中的退学率。2009 年，美国高中毕业生的平均年收入是 27380 美元，而高中退学生的平均年收入则只有 19540 美元。只要你能拿到高中毕业证，年收入就能提高 8000 美元，这个交易难道还用想吗？但即使这样，低收入家庭的学生却有 9% 的退学率，在市区的某些地方，退学率竟能高达 50%。这些学生退学并不是为了打工挣钱养家，而是受不了聚会、游戏和毒品的诱惑，他们根本没心思上学。

经济学家尤里·格尼茨（Uri Gneezy）和约翰·李斯特（John List）[①]，在 2008 年得到一笔意外的私人捐款。捐款人希望他们研究一下改善教育的办法。于是他们就研究了怎么用花钱的办法改善教育。他们找了个高中，随机选择了 400 个高一学生，对他们宣布了以下政策：

- 给每个学生一个量身定制的成绩标准（这个标准并不难达到，比如所有科目成绩在 C 以上），如果学生能达到这个标准，且没有无故旷课的行为，那么他/她就能每月获得 50 美元的奖励。
- 每月举行一次抽奖，在所有达到标准的学生中随机抽 10 人，每人给 500 美元的奖金，并在发奖当天用加长悍马送获奖者回家。
- 对于未能达标的学生，研究者会帮着他们想办法，包括打电话提醒。

结果相当不错，边缘学生的成绩被提高了 40%。不但如此，实验组的学生在实验结束之后，因为已经养成了更好的学习习惯，到了高二仍然比没有参与实验的控制组学生表现得好。研究者估计大约有 40 个原本会辍学的学生，会因为这个实验而拿到高中文凭。考虑到他们在未来会因此而增加的收入，这笔钱花得很值。

格尼茨和李斯特还测试了别的奖励办法，比如说在考场上当场宣布如果

---

① 此事及前面美国高中文凭代表的收入数据，都来自尤里·格尼茨和约翰·李斯特二人 2013 年出版的 *The Why Axis: Hidden Motives and the Undiscovered Economics of Everyday Life* 一书。2015 年中文翻译版名为《隐性动机：日常生活中的经济学和人类行为背后的动机》。

这次的成绩比以前好，就发 20 美元奖金。结果实验组学生的成绩立即提高了 10%——知道有奖金的时候已经在考场上，所以这肯定不是刻苦学习的结果，而只能是学生们因此在考试中付出了更多的努力，要知道孩子们通常缺少做题的意志力。

花钱收买孩子学习！这对中国人来说未必有多么令人震惊，大概每个家长都用过物质刺激的办法。我和我弟弟小时候如果考得好，父母至少也会奖励一顿好吃的，只不过从来没有这么赤裸裸地直接发钱而已。罗伊·鲍迈斯特和约翰·蒂尔内在《意志力》这本书中认为，亚裔家庭的孩子之所以意志力更强，跟家长给的奖励制度很有关系。其他族裔的家长给孩子买东西往往是兴之所至，或者过生日的时候买。而亚洲家长往往对孩子有清晰的目标：你必须完成这个目标才能获得奖励。比如一个韩国人的两个女儿如果在超市柜台要巧克力，家长就会借机要求她们在一周之内看完一本书，如果能做到这一点，那么在下次来超市的时候就可以买巧克力了。想要车可以，但不马上买，必须考进医学院才给买。

但是这种完全根据成绩发奖励的做法也有问题。哈佛大学经济学家罗兰（Roland G. Fryer. Jr.）在 2007 年曾做过一个类似的奖励实验[1]，他的实验学生人数高达 1.8 万人，总奖金则是 630 万美元。罗兰在四个不同城市测试了四种"发钱"的策略：

• 在纽约，学生直接根据考试成绩拿奖金：四年级学生每次考试最多挣 25 美元，七年级 50 美元。

• 在芝加哥，九年级学生每次考 A 可以得到 50 美元，B 为 35 美元，C 为 20 美元，每年最多不超过 2000 美元，但与纽约不同的是这笔奖金的一半要等到高中毕业以后才能拿到。

• 在华盛顿，参与实验的中学生根据日常表现来获得奖金，比如按时到学校上课、不攻击同学等，表现好的学生每两周可以获得 100 美元。

---

[1] 这个研究的详细情况见《时代周刊》报道：Should Kids Be Bribed to Do Well in School？作者 Amanda Ripley, Apr. 08, 2010。

- 在达拉斯，受试者都是二年级的小学生，如果他们能读完一本书并且通过关于这本书内容的测验，就可以获得 2 美元，且每年最多只能得到 14 美元。

猜猜哪个策略最成功？结果是纽约的实验完全失败，跟不享受奖金制度的控制组相比，实验组的学生成绩没有任何不同。芝加哥的实验组学生的确为了拿奖金而更多地上课，而且取得了更好的成绩，可是他们的最后期末标准化考试成绩却并不比控制组更好。华盛顿实验组的学生表现更好，他们在期末的标准化考试成绩也比控制组好。而表现最好的竟是达拉斯的二年级小学生，他们通过读这 7 本书，在期末的标准化阅读理解考试中成绩取得了极大的提高。

我们很难对这个实验做出更多解读。一个可能的结论似乎是，奖励学习的过程比只看学习的结果效果更好。研究人员访问纽约和芝加哥参与实验的学生时发现，这些学生都很想提高自己的考试成绩，但是他们不知道怎么提高。这个研究似乎再次说明练习方法的重要性[①]。

对这些奖励办法的批评是："要我练"怎么也比不上"我要练"。但我所见到的与刻意练习有关的理论并不区分"要我练"和"我要练"，你只要按要求练了就行。无论如何，设定一个具体的阶段性目标并且按照这个目标努力不失为一个好办法。有了目标就有了参照物，你就可以自己监督自己，甚至让别人监督你。2009 年，摄影师迈克劳林（Dan McLaughlin）看过《异类》这本书之后，决心辞职，练习一万小时，成为职业高尔夫球手。他把自己的练习过程全程公布在网上，这样任何人都可以监督他[②]。他认准了"一万小时"这个死理，每天给自己倒计时，说我现在还剩××××小时！中国年轻作

---

① 我不太赞赏这个实验。各个地区选用的受试者都在不同年级，这个设定毫无意义。更科学的办法显然是尽量选取相同年级甚至相同地区的学生来测试不同的激励策略。《隐性动机》中尤里·格尼茨和约翰·李斯特设计的实验就要合理得多。

② 他的网站是 http://thedanplan.com/。相关事件见于阮一峰的博客文章《Dan 计划：重新定义人生的 10000 个小时》，http://www.ruanyifeng.com/blog/2011/04/the_dan_plan.html。

家彭紫也在搞一个类似的一万小时倒计时，她每年在博客公布自己的进度总结①。

那么，到底有没有人，不需要别人"要我练"，而完全是自己"我要练"呢？当然有，这帮人有基因优势。

兴趣与基因

我们的社会就是这样，如果一个人说他苦练是为了出人头地，记者们就会鄙视他；如果他说苦练仅仅是为了兴趣，记者们就会仰慕他。但兴趣是真的。有的孩子似乎天生就对某一领域感兴趣，别人觉得很枯燥的活动，他们乐此不疲。就算明知干这个不能带来金钱和荣誉，他们还是愿意干。他们觉得干这个是他们生活的一部分，甚至这就是他们生活的目的。"感兴趣"当然并不一定说明他能做好，就算不感兴趣只要愿意练，也能练成。兴趣最大的作用是让人自己愿意在这个领域内苦练。

学习一个技能的初期，智商可能是决定性因素。但是随着学习的深入，兴趣的作用可能就越来越大了，因为兴趣可以在相当大的程度上决定谁能坚持下来。

国外的标准化考试，经常使用"百分位"（percentile）来表示一个学生的排位等级。成绩越好百分位越高，如果你的百分位是 89%，则说明有 89% 的学生的成绩不如你。德国的一项研究②，找到 3500 个五年级学生，拿到他们的数学成绩和智商测试成绩，结果一目了然：智商越高的学生数学成绩越好。但是这项研究真正想要知道的是学生的"内在动力"对数学成绩的影响，所以研究者对这些学生做了关于学习动力和学习方法的调查，调查的项目包括以下几项。

- 内在动力：你是否纯粹因为喜欢数学而愿意在数学上多花时间？
- 外部动力：来自家长的压力，对好成绩的追求。

---

① 彭紫的博客地址是 http://yingpeng.me/。
② 这个研究见于《科学美国人》2012 年 12 月文章 Like Math? Thank Your Motivation, Not IQ http://www.scientificamerican.com/article/like-math-thank-your-moti/。

- 学习方法：你靠的是死记硬背，还是深入理解，你是否能把数学知识用于日常生活？

五年后，这些学生上到十年级，研究者再次取得他们的数学成绩。结果非常有意思。真正能决定一个学生进步幅度的不是智商，而是内在动力和学习方法。如果一个学生在五年级时候的成绩百分位只有50%，但是其内在动力和学习方法却排在前10%，那么他到十年级的时候成绩排位可以前进13个百分点，达到63%。智商则没有这样的作用。更重要的是，外部动力——纯粹为了赢，或者纯粹为了让家长满意——不能长久地提高数学成绩。

我们应该怎么理解这个研究和前面提到的那些用钱收买孩子的研究呢？外部刺激到底有没有用？我认为真相很可能是这样的：外部刺激有短期的作用，但是不可持续。李斯特等人的奖金的确可以让一个即将退学的高中生坚持完成学业，甚至能让对方坚持到高中毕业，但这种坚持仍然是非常有限的。他可以坚持一两年，但很难坚持五年。你可以把一个边缘学生勉强拉住让他不掉队，但你很难用钱把他砸成数学家。至于那些玩命苦练的职业运动员，他们固然有极强的取胜欲望，但如果一点兴趣都没有那也是不可能的。

既然兴趣是如此重要，最好的早期教育就应该是先慢慢培养兴趣。我曾经听说，如果你统计那些钢琴大师的授业恩师，他们当然都是顶尖名师；可是如果你统计这些大师的启蒙老师，他们人生中的第一位钢琴老师，你会发现这些老师往往并没有什么名气。这些启蒙老师并非都是钢琴高手，但这些老师有一个共同的本领：他们非常善于调动孩子对钢琴的兴趣。他们能让孩子一上手就爱上这个乐器。

如果能建立起兴趣，我们希望这个兴趣能在练习过程中，随着练习者能力的提高、练习难度的增大，而越变越强。在理想的状态下，整个过程可以形成一个正反馈：最初，这个孩子在音乐上有一点超出同伴的兴趣，于是他主动练习——因为练习了，所以不仅仅是他的兴趣，他的音乐技能也超出了同伴——于是他的兴趣更大了，他进一步猛练——他在比赛中获奖，于是他把目标定位在成为顶级高手——在追逐这个目标的时候他发现音乐真是个博大精深的项目，越练越有兴趣。也许很多科学家的成长就符合这个理想模型。

很多为了奥运金牌，甚至纯粹为了奥运金牌带来的奖金而练习的运动员最后也能拿到奥运金牌。他们往往在功成名就后就退役经商去了，他们的确证明了，对那些竞争不是特别激烈的运动项目来说有没有兴趣并不重要。但有些顶级的运动员却达到了兴趣与事业并进的理想境界。这样的人物，几乎可以肯定是"天生的"。

现在我来介绍一下科学家对"基因与兴趣"这个问题的最新理解[①]，这部分内容可能会引起激烈的争论，特意放在本文的最后。

科学家多年以来最感兴趣的一个问题是，到底人的哪些特征是天生的，哪些特征是受后天教育和环境影响的？我们可能会以为凡是天生的，就必然被记录在这个人的 DNA 编码之中，凡是后天的，就必然不在 DNA 之中。但事情比这个要复杂得多，因为环境可以影响基因表达，也就是说即便你的 DNA 里有绘画的天赋，但是如果你没遇到这个环境，你的天赋也完全表现不出来。更复杂的是人的任何一个特点都不是由一条基因决定的，它往往是很多个基因共同作用的结果，而且基因可以跟基因互相影响，互相构成各自的环境，这就使得我们几乎不可能单凭查看一个人的 DNA 来判断他有什么天赋。

但是科学家仍然找到了一个非常好的办法来区分先天基因和后天环境对人的影响——这就是同卵双胞胎（identical twins）。同卵双胞胎连长相都一模一样，我们可以大致认为他们有完全相同的基因。如果有一对双胞胎从一出生就被父母遗弃，又被背景完全不同的两个家庭分别收养，他们在不同的环境中长大却互不相见，直到成年以后科学家才把他们找到，看看这两人有什么相同点和不同点，这样我们不就知道哪些因素是天生的，哪些是后天养成的了吗？严谨起见，你必须能找到很多对这样的双胞胎，再把他们跟那些

[①] 此处的所有学术部分参考 2013 年出版的 *Ungifted: Intelligence Redefined* 一书，作者是认知科学家斯科特·考夫曼（Scott Barry Kaufman）。2016 年中文翻译版名为《绝非天赋：智商、刻意练习与创造力的真相》。

从小在一起长大的同卵双胞胎对比，使用严格的统计方法，才算好的科学研究。好在科学家有足够多的人力、物力和时间来做这种事情。

这种研究进行了几十年，科学界的共识是，先天因素远远大于后天因素。

首先，任何一种能够测量的心理特征，包括智商、兴趣爱好、性格、体育、幽默感，甚至爱不爱打手机，所有这些东西都是天生的。

其次，后天环境对智力和性格的影响非常有限。先天因素是主要的，后天因素是次要的。哪怕家庭环境可以在一定程度上左右一对同卵双胞胎小时候的行为，以至于他们可能会有不同的爱好和个性，但等他们长大以后，他们的先天特征会越来越突出，他们会越来越"像"！他们在摆脱家庭对他们"真实的自我"的影响！注意，这并不是说家教完全没用。家教可以左右基因表达，可以鼓励孩子发挥他天生的特长，也可以压制他天生的性格缺陷。只不过这个作用是有限的。

最后，一个针对两岁儿童的研究[1]发现，越是社会经济地位高的家庭，基因对孩子的影响越大；越是社会经济地位低的家庭，环境对孩子的影响越大。这大概完全是因为贫困家庭的孩子得不到充分发展的环境，他们被环境给压制了；而富裕家庭的孩子却可以天高任鸟飞。当然，这个研究说的是两岁的孩子，根据前面的结论，成人以后所有的孩子都有可能发挥自己的能力。

所以，一个人爱好什么，喜欢干什么，能死心塌地地在什么方向上刻意练习，基本上是天生的。

人并不仅仅被动地等着被环境改变，有一个理论[2]认为，自然选择给了每个人不同的基因，而人可以去寻找自己的基因所喜欢的环境，也就是那些能给我们"自私的基因"提供最大的生存和复制机会的环境。基因决定喜好，喜好决定我们追求什么。

达尔文的父亲想让他学医，达尔文也的确进入医学院学习了，他报了很多医学课程，但发现自己就是不喜欢这些课程[3]。他更喜欢观察鸟类，喜欢

---

[1] 论文在 http://www.ncbi.nlm.nih.gov/pubmed/21169524。
[2] 这个理论叫作 Experience Producing Drive theory。
[3] 见维基百科达尔文条目。

地质学和自然史。有多少人对昆虫感兴趣？达尔文喜欢采集植物和搜集甲虫。等到有一个远航考察的机会，他不顾父亲的反对立即就去了。他决定听从自己基因的召唤。

也许兴趣就是大师们最大的先天因素。每个人都有天生的不同兴趣，区别仅在于有的人足够幸运地能够在比较早的时候就找到适合自己兴趣的环境，而有的人一辈子也没找到。找不到，未必是这个人不行，更大的可能性是整个环境都不行。如果达尔文出生在中国，根本就没有出海远航的机会，更不用说接触什么最新的生物和地质理论，乃至发表自己的学说——他只能去学学"四书五经"应付科举考试。所以，家庭和社会能为人才做的最好的事情，就是提供能施展各种兴趣的环境。

寻找适合自己兴趣的环境，把自己的基因发扬光大——这难道不就是进化论告诉我们的人生意义吗？

最高级的想象力是不自由的

爱因斯坦一生说过很多名言。也不知道他在什么时候、什么情况下，说过一句"想象力比知识更重要"[1]。爱因斯坦没说知识不重要，他只是说在搞科研这个工作中，想象力"更重要"。然而此话在我国流传到了郑渊洁这一代，就被推论为[2]：

想象力和知识是天敌。人在获得知识的过程中，想象力会消失。因为知识符合逻辑，而想象力无章可循。换句话说，知识的本质是科学，想象力的特征是荒诞[3]。

---

[1] 爱因斯坦这句话曾在不止一个地方出现，包括 I am enough of an artist to draw freely upon my imagination. Imagination is more important than knowledge. Knowledge is limited. Imagination encircles the world. -As quoted in "What Life Means to Einstein: An Interview by George Sylvester Viereck" in *The Saturday Evening Post* Vol. 202（26 October 1929），p. 117。以及 I believe in intuition and inspiration. Imagination is more important than knowledge. For knowledge is limited, whereas imagination embraces the entire world, stimulating progress, giving birth to evolution. It is, strictly speaking, a real factor in scientific research. -*Cosmic Religion：With Other Opinions and Aphorisms*（1931）by Albert Einstein, p. 97; also in *Transformation：Arts, Communication, Environment*（1950）by Harry Holtzman, p. 138。这两段话都没有"想象力和知识是天敌"或者有任何此消彼长关系的意思。以上这个考证来自网友"Uvo"在我博客的评论，在此致谢！

[2] 参见郑渊洁博客文章《请让孩子输在起跑线上》，http://blog.sina.com.cn/s/blog_473abae60100g2mi.html。

[3] 郑渊洁这篇文章的论点是一个孩子早期如果接触过多的知识会把他给"练废了"。我认为这个论点值得商榷。累死在起跑线当然不对，但牛人是赢在起跑线的。

我不知道没有知识的人能想象出什么东西。伯克利的心理学教授艾利森·戈波尼克（Alison Gopnik）在《哲学宝宝》（*The Philosophical Baby*）一书中，介绍了现代认知科学对人类想象力的研究成果。儿童的确比大人更容易想象，这是因为儿童大脑的前额叶皮质并没有发育成熟，不容易专注，思维表现得更加开放。但儿童的想象力不是"无章可循"的，只有在理解了事物之间的因果关系以后，"想象"才成为可能。

人能想象自己在天上飞，是因为看到鸟在天上飞。我们可以比较30年前的科幻电影和现在的科幻电影，同样描写数百年之后的未来世界，哪个描写得更像呢？显然是现在。在古老的科幻电影里，主人公要打视频电话，居然需要用一只手拿着个听筒。老电影里未来世界的飞船控制室里面布满了各种键盘和指示灯，而现在的电影里全是超大超薄外加透明的触摸屏。你不在现实生活中给他们发明一个触摸屏，这帮专门负责想象的电影制作人就忘不了键盘。

看似自由的想象，背后都有借鉴的根源。有人曾经有一个论点，中国古代的神侠小说也不少，但是"暗器"却很少提及（至少从来不是主流武器）；而现在的武打书里面本本都有暗器。为什么古人想象不到暗器呢？因为暗器是近代小说家受到手枪的启发想象出来的。在近代，从还珠楼主开始到金庸的小说中，高手们动不动就"运功疗伤"，"功力"成了一个可以随便传递和输出的东西，这显然受到了近代物理学中"能量"概念的影响，或者更有可能是受到电池充放电的启发。

对于科幻小说和童话故事这种想象力，我认为存在两个等级。

初级的想象力就是在日常生活中玩"What if"游戏。What if 老鼠会说话？ What if 老鼠能驾驶玩具飞机？这些问题把两个看似不相干的东西联系起来，形成一种荒诞的效果。每一个 What if 都可以形成一个童话故事，可是如果你仅仅停留在 What if 带来的初级荒诞，这种童话故事就是非常简单的。郑渊洁说的想象力就是这个级别的。他在一次接受记者采访时提到：

"万一一笑把核儿吞到肚子里怎么办？如果吞到肚子里会不会长出樱桃

树来？这使我想起在小学期间，我的同桌给我起的一个外号'枣核儿'。"这个特殊的外号让郑渊洁记忆犹新，当他开始写作时就一直希望能够用这个名字为主人公创作一部作品……

注意，这个想象力并没有脱离有核儿才能长成树这个因果知识。一个整天问 What if 的人，可以写出一大堆童话故事来。这些故事讲的其实不是老鼠，而是披着老鼠外衣的人。孩子们以为听到了一个关于老鼠的故事，郑渊洁其实是在讲述小朋友自己的故事。而"小朋友自己的故事"，成不了世界名著。我们注意，这种"What if"想象力是完全自由的，你没有义务解释肚子里为什么能长出樱桃树。没人会追问这个问题。因为没人关心你这个故事。

想要写一个像《西游记》《指环王》《哈利·波特》或者是电影《阿凡达》这样博大精深的故事来，需要的是另外一个等级的想象力，一种不自由的想象力。

写大著作，你必须构建一个完全自洽的想象世界。"自洽"（self-consistent），是一个非常高的要求。在电影《阿凡达》中，你必须解释为什么有些山可以在潘多拉星球上悬浮：因为山上的矿石中含有常温超导物质，而且该星球的磁场紊乱——而人类之所以要来这个星球就是为了这种物质——潘多拉星球磁场紊乱，这也是该星球上的动物有一定的感应能力的原因——而磁场之所以紊乱，是因为附近有几颗别的行星，你都可以在天空中看到。几件事必须能够互相解释，是一个完备的逻辑系统。除此之外，你要估算潘多拉星球的大气密度，你"想象"出来的这些动植物必须符合这个星球的环境，你得请语言学家专门给土著发明一种语言……你等于编制了一本《潘多拉星球百科全书》。

《指环王》和《哈利·波特》也是如此。除了世界观自成体系，这两本书还有一个特点：作者对欧洲神话要有相当深的研究。各种魔法，种族和道具不能胡乱想象，必须符合一定的文化传统。我国的《西游记》也是这方面的典范。

请问，这种想象是天马行空、胡思乱想的吗？是步步为营、精心计算出来的。一个外行看到《魔兽世界》这样的网络游戏，也许会被其中充满想象力的画面、人物、打斗招法和剧情所吸引，并给出一个"够荒诞"的评价，因为这些东西与我们生活中的见闻如此不同。可是仅仅只有荒诞无法让人玩上几百个小时而不觉得枯燥。一个长期有效的系统还必须是合理的。你必须给游戏设定难度，并确保越难打的怪物的长相和武功越离奇，掉落的宝物越珍贵，因为只有这样它们才值得打；你可以想象每个种族和职业的武功特长都五花八门，可是你必须平衡各个种族和职业之间的技能，否则所有玩家都会选择最强的那个种族或者职业。除此之外，你还必须确保游戏中人物赚钱的速度正好赶得上他们购买相应等级的物品，否则就会出现"通货膨胀"或"通货紧缩"。《魔兽世界》为此专门聘请了经济学家来进行设计，甚至必须实时地监视系统。

所以，最高级的想象力其实是不自由的。正是因为不自由，它的难度才大。自由的"What if"思维，只是高级想象力活动的第一步，其背后不自由的东西才是关键。从这个意义上讲，我们拍不出《阿凡达》，缺的不是"自由"，而是这种"不自由"的超难脑力和物力。

"自由想象力崇拜"的背后，是"顿悟崇拜"。有"顿悟崇拜"思想的人认为一般人终日被自己的知识所束缚，而一旦跳出这种束缚，就能够取得重大突破。这种思想其实是对科学发现的庸俗解释。

一旦有一个一般人想不到的发明出现，就会有人解释说他之所以能做出这个发明，是因为他是"自由想象"的。好像科学研究中存在无数个可怕的"禁区"，别的科研人员从来都不敢往这个方向上想一样。其实，你能想到的东西，专业人员早就想过了。

在《费曼物理学讲义》这本当初加州理工学院的物理教科书中，专门有一小节，叫作《相对论与哲学家》。费曼说，相对论流行以后，很多哲学家跳出来说："坐标系是相对的，这难道不是最自然的哲学要求吗？这个我们早就知道了！"可是如果你告诉他们光速在所有坐标系下不变，他们就会目瞪口呆。所以真正的科学家其实比"想象家"更有想象力。一个理论物理学家可能每天都有无数个怪异的想法，真正的困难不是产生"怪异"的想法，而是产生"对"的想法。

认为专业科学家被他们的知识所束缚，认为专业科学家缺乏想象力，是很多民间科学家"安身立命"的根本和愤愤不平的原因。但事实是专业科学家比民间科学家更有想象力！最典型的例子是量子力学。我曾经见过不少民间科学家和民间哲学家去"解释"量子力学，甚至试图去发明自己的量子力学，我可以负责任地说，先不论对错，仅仅从审美角度看，甚至从"够不够匪夷所思"这个角度看，这些"不受束缚的想象力"发明出来的版本，没有一个能比得上物理学家的版本。我想特别引用一句玻尔的话：

We are all agreed that your theory is crazy. The question that divides us is whether it is crazy enough to have a chance of being correct.

我们都同意你的理论是疯狂的。我们的分歧在于它是否疯狂到了足以有机会是正确的程度。

因为，民间科学家没有真正的物理学家"疯狂"。

思维密集度与牛人的反击

看博客不如看报纸，看报纸不如看杂志，看杂志不如看书——凡是有这种想法的人，都是极度自私的人。

因为他们贪图时间。惊险小说作家哈兰·科本（Harlan Coben）（在一本小说中）说，无法想象会有人去看那些记载博主衣食住行的博客。默多克坐拥新闻帝国，但他每天只看《纽约时报》和《华尔街日报》，而且只看头版。《黑天鹅》的作者塔勒布（Nassim N. Taleb）在书中说，他已经决心再也不看报纸和杂志，只看书了：因为新闻都是垃圾。我猜这些人是肯定不会去刷微信和脸谱的。

接收信息的效率是可以量化的。本文提出一个概念，叫作"思维密集度"。比如一个人以正常的思维速度边想边说一个小时，那么听他说这一小时的话所能得到的信息的思维密集度就是1。然而写文章就完全不同，它可能需要经过修改和润色，一个小时写出来的文章，可能别人5分钟就看完了，那么这篇文章的思维密集度就是12。

思维密集度 = 准备这篇文章需要的总时间 / 阅读这篇文章需要的时间

写一本好书可能需要作者从搜集材料开始花几年甚至更多的时间，如果读者两个晚上看完，那么这本书的思维密集度可能会达到几百。

显然，看一个具有高思维密集度的东西是很令人窃喜的事情。一部电影从编剧到制作道具可能不知道投入了多少时间和金钱，而我边吃饭边看，看完直接删除了。如果一本费劲写出来的书不被出版，只有一个编辑随手翻了几分钟就扔进垃圾桶，可以想象作者在思维密集度的交易中的损失多么巨大。

我是一个相当无私的人，因为我每天至少有一两个小时花在网上看微博、军事论坛和 RSS 阅读器上。为了获得一点效率上的安慰，我把网上的文章进一步细分，并坚持认为博客文章的思维密集度应该高于论坛。

每个人的时间都一样多，因此时间不是金钱。时间是围棋：你走一手，牛人也走一手，牛人获胜并不是因为他走得比你多，而是他每一手都走在最有价值的地方。要达到这样的效率，需要钢铁般的意志。谁能做到不看无聊的文章，谁能做到不去刷新网页，谁能做到不看电视新闻？牛人都能做到。

我最近读书的思维密集度较高，基本上都在看英文的非小说。这些书绝非哪个文人闭门造车而成的，它们都十分精密严谨，后面往往附着很长的注释和参考文献，作者做了大量的背后工作。为了写成这一本书，也许作者要阅读十倍甚至百倍的材料，亲自采访相关人员，前往世界各地调查，这还不算书中的研究结果可能是数个团队花费无数的时间和金钱才取得的。这样的一本书拿在手里，不把每个字都看清楚实在是对不起作者。

但很少有人会每个字都看。我们通常能把正文看完就不错了，很少有人会去研究那些小字体的注释。表面上看，写书的牛人应该只做最重要的事，可你考据出来的细节我根本不感兴趣，我赚了。

然而事实是，很多细节都是牛人的秘书提供的。格林斯潘写《动荡的世界》（*The Age of Turbulence*），据说基本是在浴缸里用铅笔在卡片上完成的，手稿都是湿漉漉的。马布巴尼（Mahbubani）在《新亚洲半球》（*The New Asian Hemisphere*）这本书的感谢部分透露了牛人写书的方法：他写的时候只提供思想，句子中有大量的空白，留给秘书去补充具体数字和细节。托马斯·弗里德曼（Thomas Friedman）写《世界是平的》，有一个秘书团队在做支持。就连娱乐人物艾尔·弗兰肯（Al Franken）写书讽刺美国政治，都有一个哈佛大学的研究生团队为他工作。牛人负责用 20% 的时间完成一本书的 80%，秘书用 80% 的时间去完成剩下的 20%。在这场作者与读者思维密集度的战争中，牛人仍然取胜。

我以前的老板，在国家实验室有个秘书，他不喜欢输入公式，于是他手写论文，秘书帮他排 Latex[①]，还顺带修改语法和拼写。然而大多数人都没秘书。这还不算科研论文的阅读率其实并不高，好在别人如果对你的工作感兴趣，往往会读得非常认真，阅读速度比看报纸慢得多。再进一步自我安慰，也许只要所有读者阅读一篇论文的时间加起来超过作者写这篇论文的时间，这篇论文就算赢了吧！

我写这篇小文费时一小时，所以只要你阅读此文的时间少于 1 小时，你就赢了思维密集度。鉴于有将近 400 人通过"谷歌阅读"订阅了这个博客[②]，只要你阅读此文的时间超过 9 秒，我敢说我也赢了。

[①] 这是科学论文投稿的一种标准格式，如同编程语言，其实并不难，掌握之后输入公式的速度可以非常快。

[②] 此文最早在 2007 年发表于天涯博客。

上网能避免浅薄吗？

我国的成年人平均每天读书的时间越来越短，2013 年只有 14.7 分钟，而上网的时间越来越长，超过 34 分钟。如果你认为上网也是一种阅读，我们总的阅读时间是逐年增加的。但上网是一种非常特殊的阅读。

一个典型的上网者通常同时打开好几个窗口，开着聊天工具，每隔一小段时间就查查电子邮件。他很少在任何一个网页上停留过多时间，页面随着鼠标滚轮上下翻飞。相对于长篇大论，他更倾向于阅读微博之类短小的信息。据说，曾经有一个资深网民教一个新手怎么使用浏览器，发现那个新手居然在读一篇文章，他被激怒了：网页是读的吗？是让你点击的！

现在几乎没人能看完《战争与和平》了。高质量的读书要把自己沉浸在书中，有的地方反复看，甚至还要记笔记。这种读法似乎有点丧失自我，好像成了书本的奴隶。而上网则是以一种居高临下的姿态，我们游离在内容之外，面对众多等着被"临幸"的超链接想点哪篇随心所欲。可是在尼古拉斯·卡尔（Nicholas Carr）的《浅薄》（*The Shallows*）这本书看来，上网者才是真正的奴隶。相对于读书，网络阅读使我们能记住的信息更少，理解力和创造力下降，形成不了知识体系：互联网把我们的大脑变浅薄了。

网络文本的特征是有超链接。本来设计超链接是让读者可以随时点击相关内容，以更主动地阅读，然而多个实验发现效果恰恰相反。读者倾向于毫无目的地点来点去，不但没有加深对主题的理解，甚至记不住读了什么。在一个实验中，受试者被分为两个组，一组读纯文本，一组读有超链接的"超文本"。然后对所读内容进行测试，超文本读者的得分显著低于纯文本读者，而且文章中超链接越多，他们的得分就越低。这还不算在真实的上网情况下，一个人还要面对大量无关的超链接，更不用说各种广告对他的注意力的争夺了。

为什么超链接使阅读效果变差呢？因为我们必须随时对点与不点一个超链接做决定。一个人读书的时候调动的是大脑中负责语言、记忆力和视觉处理的区域，而对超链接做决定则要时刻调动大脑的额前叶区，这是两种完全不同的思维方式。实验表明，网上冲浪可以增进做决策和解决问题的能力，这对老年人保持头脑年轻有好处，但坏处则是牺牲了理解的深度。神经科学家发现，网上阅读从硬件层面改变了人的大脑。一个没上过网的新手只要每天上网一小时，五天之后他的大脑结构就会发生可观测到的改变！

多媒体阅读也未必是好事。在一个实验中，受试者被要求阅读一份关于马里的资料。其中一组读的是纯文本，另一组则在文本之外还配有一份辅助的声像资料，可以随意选择播放还是停止。在随后的测试中，文本组在10道题中平均答对了7.04道，多媒体组只答对了5.98道。而且与直觉相反，文本组的人认为这份资料更有意思、更有教育意义、更容易理解，他们更喜欢这份资料。

多媒体、超链接、时不时蹦出来的聊天信息和新邮件通知，还严重干扰记忆力。只有有意识的短期记忆，称为工作记忆，才有可能被转化为长期记忆。过去心理学家曾经认为人的工作记忆能同时容纳7条信息，而最新的研究结果是最多只有2～4条。这样有限的容量非常容易被无关信息干扰，导致过载。上网时分散了注意力，不停地为点还是不点做决定，都在阻碍我们把短期记忆升级为知识。

网上有些人只看标题就敢评论，根本还不知道文章说的是什么。逐字逐句地读书已经被快速扫描式的"读网"取代。用小型摄像机跟踪上网者的眼球运动表明，网上阅读模式是个"F"形轨迹：他们会快速读一遍文章的前面两三行，然后把网页下拉，跳到文章中间再扫几眼，然后就立即跑到结尾把目光停留在屏幕的左下角。大多数网页被读的时间不超过10秒，只有不到十分之一的网页被读的时间超过两分钟。

既然是扫读,深刻的内容就很难有竞争力。点击排行榜上的文章大多是短小精悍的,配有精彩插图,让人会心一笑,有机智而无智慧。很多流行的文章都是相同的几个套路,没有真正的新意。与书相比,网上的文章是肤浅的。

为什么会出现这样的局面呢?卡尔认为其根源在于互联网这项技术。考察地图、钟表和书籍对人类思维方式的影响,会发现技术并不仅仅为思维服务,技术能改变思维,比如地图就加强了人们抽象思维的能力。而互联网这项技术用各种小信息干扰了人的思考。神经科学家梅策尼希(Michael Merzenich)说,多任务的阅读方式是"训练我们的大脑去为废物分散注意力"。

更进一步,卡尔认为谷歌正在把互联网向更肤浅的方向推动。YouTube这样的业务对谷歌来说只是为了给搜索引擎带来流量、收集信息,以及排挤潜在的竞争对手,而对公司利润几乎没有贡献。谷歌的真正业务是搜索,利润的绝对大头是广告。一个盯着屏幕看的用户不会给谷歌带来任何广告收入,他必须不停地搜索和点击才行。正如其用户体验设计师艾琳尼·奥(Irene Au)所言,谷歌的核心战略就是让用户快来快走,它做的一切都是为这个战略服务的。对谷歌来说,短而新的信息可以带来更多点击,价值远远超过经典的长篇大论。它把所有书籍传上网,正是把整体的书变成一堆可搜索的短信息的集合。

不过,经济学家泰勒·科文(Tyler Cowen)则对肤浅信息的流行有不同的解释。在中译本《达蜜经济学》(*Create Your Own Economy*)一书中,他提出廉价必然导致低俗流行,这是阿尔奇安-艾伦(Alchian-Allen)定理的要求。这个定理说如果低品质苹果和高品质苹果同时涨价,那么人们将更乐意买高品质苹果,反正也要花很多钱还不如吃个好的。在通信和交通手段不发达的时代,出门看一场戏剧往往要花费很多时间和金钱,所以要看就看个经典的,而且戏剧往往很长。同样道理,在中国发明纸张之前,制作竹简是昂贵而费力的,所以那时候的书本本都是经典。

如果获得信息很容易,我们就会倾向于读短小而轻快的内容。这有一个心理学原因,那就是期待和尝试的乐趣。比如说我们收到一个礼品盒,打开这个盒子的过程本身就是个很愉快的经历，这就是为什么有人爱看最新电子产品的开箱视频。点开一个链接就如同打开礼品盒，各种短小信息构成了一股期待——尝试——发现的快乐之泉，我们享受着这源源不断的小乐趣。另外，很多时候完成一个工作的乐趣集中在开始和结束，而不在漫长的中间过程，我们喜欢不断地开始和不断地结束。相对于一本 600 页的书，我们可能更想读两本 300 页的书。我们在网上追求能够立即满足的小刺激。

科文认为多任务不是坏事。当处理短小信息的时候，同时处理几个任务，比如说一边看新闻一边聊天，是高效的方式，而且人的多任务能力是可以训练出来的。更重要的是，多任务工作可以让我们对这些小事情保持兴趣。科文热烈欢迎互联网技术给人们带来的种种方便。

在科文看来，新技术的最重要特性是允许我们定制自己接收的信息。过去一张专辑里的歌曲是出版者设定的；而现在每个人的播放器里都是自己选择的歌曲。网上阅读的要点在于选择和过滤，我们应该学会订阅精选的博客，访问专门的论坛，从而排除无关信息。

哪种人最善于对信息进行定制、整理和排序呢？有自闭症倾向的人。自闭症患者往往因为大脑的缺陷而缺少对情感交流的解读能力。对人情的不解反而使他们的思维保持冷静客观。他们把更多的精力投入到对特定信息的收集、整理、分类和记忆中，是最极端的信息爱好者。也许自闭症患者不怎么了解自己的邻居，但他们往往对某个特定领域了如指掌。一个小男孩爱好火车时刻表，他可以整日在网上看时刻表。

有点轻微的自闭症倾向甚至可能是成为大师的先决条件。科文列举了很多可能有自闭症倾向的名人，包括牛顿、爱因斯坦、图灵、爱迪生、亚当·斯密，甚至还有杰斐逊和莫扎特。科文考证，从福尔摩斯特别注重细节而又不怎么擅长处理人际关系这一点来看，他和柯南·道尔都有典型的自闭症症状。更进一步，科文认为现代教育正是要把学生往自闭症的思维方式上培养。

科文没有回答的问题是上网能彻底取代读书吗？收集并整理一大堆短信息能取代对成体系知识的学习吗？显然不能。大量的信息不能自动带来深度理解。很多自闭症患者对细节具有过目不忘的超强记忆力，他们甚至可以把一本多年以前看过的书背出来，却不怎么理解书的意思。科文对阅读肤浅化的担心是合理的，上网不能取代读书；而科文的贡献则在于提倡如果我们上网，就应该用自闭症的思维上网。

知识是有等级的。八卦新闻、时效性强的信息、网友对时局的看法，本来就不值得印在纸上浪费树木，在网上看看正好。扫读网页不见得是什么毛病，相反，能够以不同速度读不同等级的内容是最有用的阅读技术。

上网的关键态度是要成为网络的主人，而不做各种超链接的奴隶。高效率的上网应该像自闭症患者一样具有很强的目的性，以我为主，不被无关信息左右。就算是纯粹为了娱乐上网也无可厚非，这时候读得快就是优点。一个真正的智者不会让上网占用读书时间，他应该经常能够平静地深入思考，只有电话接线员才随叫随到。

用强力研读书

武侠小说中常常把武林高手描写成能够以一当十甚至以一当百的人物，但事实是一个人再怎么练武也不能变成坦克。在真实世界中，即使你武功再高，我摆个十人枪阵——不用机关枪，就用古代的那种三四米长的冷兵器长枪——也能轻易地把你杀死。但是一个人的见识却可以达到以一当百或者更高的境界。一个真正有学问的人，他的"内力"之高，你上再多俗人也抵挡不住。

练武对人身体素质的提高非常有限，读书却可以极大幅度地提升人的思想内力。这种内力是指对世界的理解和见识。

读书的目的是获得见识以及学习高水平的思维方法。这个世界经常会发生一些有意思的事情，它们令很多人兴奋、迷惑或愤怒，而大多数人只会在新闻网页的评论中发泄自己的情绪。如果你读过这方面的书，也许就会指出：第一，这件事其实没什么，我知道比这个更好／更坏／更怪的事；第二，那个所谓专家说的意见属于××流派，而学术界对这个流派有很大的争议，其实他们的观点已经过时了，比如获得××年诺贝尔经济学奖的××理论，就是个更好的理论；第三，我估计此事将会向××方向发展。著名经济学作家蒂姆·哈福德出过一本书《亲爱的卧底经济学家》，这是他在《金融时报》答读者问的短篇合集，其中每一篇文章都是这样的套路。有学问跟没学问是很不一样的。

即使不想当专栏作家，做一个有学问的人总是有用的。当没学问的人大惊小怪的时候，有学问的人可以见怪不怪；当没学问的人熟视无睹的时候，有学问的人却可以见微知著。

从读书的角度看，世界上有两种人。

一种人读书是为了掌握技能，通过各类考试，或者纯粹是为了娱乐。另一种人读书却是为了提升自己的内力。这两种人最初的"智力"水平未必有多大差别，但是假以时日，他们的"智慧"水平将会有天壤之别。只有后一种人，才配称为"读书人"。

这里我想谈谈"读书人"应该怎样读书。

在中国销量最大的图书是各种教学参考书和考试辅导书，这类读物"不算书"。金庸、琼瑶的小说当然得算书，但看这种书不值得讲究什么技术。我们专门研究怎么读那些看完之后能够加深自己对某一领域的理解，能够获得一种智慧上升的感觉（哪怕是错觉）的非小说类的书。

看这种书有三个基本事实。

第一，大多数人不看这种书；他们不是读书人。

第二，如果真看了，其中大多数人没有看完。在亚马逊买 Kindle 版的电子书后，你可以看到别的读者在书上画出的重点。Kindle 允许你在读书的时候在认为是重点的语句下画线，而亚马逊会把画线比较多的语句在书中标记出来。我看了很多非小说类的书，其中的规律是绝大多数重点出现在前两章。而书的前四分之一以后，就基本上看不到重点标记了。难道这些书的后面都没有重点值得画了吗？答案显然是大多数人对大多数书只看了四分之一就不看了[1]。《华尔街日报》上一篇文章[2]使用统计 Kindle 上重点句子的方法发现，大多数读者读《时间简史》只读到了 6.6%，读《思考，快与慢》只读到了 6.8%，而被视为近年来最重要的经济学著作的《21 世纪资本论》（CAPITAL in the Twenty-First Century），则只读到 2.4%，尽管这本书是当前亚马逊上最畅销的书之一。爱买书的人不一定真读书，很多人只不过是爱藏书

---

[1] 如果你看到这句话，说明你坚持阅读本书到了一定的篇幅，也许你已经击败了一半以上的读者。

[2] The Summer's Most Unread Book Is… by JORDAN ELLENBERG, July 3, 2014, WSJ.

而已。

　　第三，即使看完了，其中大多数人没有看懂。我就拿蒂姆·哈福德的成名作《卧底经济学》（*Undercover Economist*）这本书举个例子。在我写本文的初稿时①，此书在豆瓣上有 3 个页面，其中只有中文版页面有不算灌水的读者书评。在豆瓣上的几篇热门评论中，"子不曰"的《撕开面皮给你看》，谈到了书中说的星巴克咖啡和超市搞乱价格的现象；第二篇评论的题目就是书名，内容不是读书心得，而更像是给书做的广告；第三篇评论《真实世界的经济学》，提到星巴克，然后不知为何开始谈另一本讲经济学的书和自己读经济学读物的过程；第四篇评论，谈到星巴克、房价、超市定价和大学生的火车票。读这些书评，似乎《卧底经济学》是一本讲述生活中的经济学小故事的漫谈。

　　但这本书并不是纯粹漫无边际的瞎侃。它的观点相当鲜明，主题很突出。此书反复强调一个概念——"稀缺"。第一章举星巴克卖咖啡的例子，为的是指出没有稀缺就不可能赚钱。第二章写有了稀缺你也未必能赚到很多钱：哪怕附近只有你一家超市，顾客也未必会在你这里花很多钱买东西。你必须使用一系列的手段，甚至诡计，来让人掏钱。最典型的办法是对顾客实行区别定价。第三章到第五章写经济学家为什么喜欢市场，因为市场调节可以自动把稀缺的东西变得不那么稀缺。然后谈到市场为什么有时候会失灵。政府的有些政策，表面上为了公平，但客观上促进了稀缺，比如不让优质小学的入学市场化。第六章指出像亚马逊这样的公司并没有真正意义上的稀缺力量。第七章到第十章则是前面这些理论在当前热点问题中的应用。

　　如果我们看完这本书只记住两个字，那么这两个字应该是"稀缺"。但是看看排在前几位的豆瓣书评，竟然没有一篇提到"稀缺"这个词！如果你只看这 4 篇书评，你记住的两个字是"咖啡"。而星巴克怎么卖咖啡，其实是该书前 4 页说的事情。

　　用这种读法就算再读 15 本讲经济学的书也学不会用经济学家的眼光去

---

① 当时是 2009 年，豆瓣页面在 http://book.douban.com/subject/1837823/，现在修改本文的时候，该页面上又有了几篇新的书评，这些书评写的仍然不靠谱。

看世界，得到的只不过是一大堆饭桌上的小段子而已。等到下次听专家说话，感觉还是似曾相识，自己又说不出来。

所以，读书这件事没那么简单，也需要技术。有会读的，有不会读的，不是爱读就行。

有很多人总结过读书的技术。总结得最好的大概是名著《如何阅读一本书》（How to Read a Book）。现在在网上可以找到很多关于这本书中阅读技巧的笔记总结。在我看来，此书最牛的地方并不在于任何特殊的技术，而是一种精神。这种精神认为阅读有三个档次：为了娱乐而读，为了信息而读和为了理解而读。首先，只有为了理解某个我们原来不懂的东西而读书，才值得认真对待。其次，读书应该以我为主，而不是以书为主。此书的作者说，世界上值得反复阅读的书不超过一百本（并在书后列举了这一百本书），其他所有的书基本上读完就可以扔了。凡是真能做到以这样的精神去读书的人都是真正的精神贵族，他们与那些藏书的书虫完全不同。《如何阅读一本书》几乎是手把手地教给读者一套细致的读书方法，不厌其烦，以至于很多读者迷失在这些方法的细节之中。然而颇具讽刺意味的是，我看了很多人对《如何阅读一本书》这本书做的笔记，这些笔记大都未能把握这种高级的阅读精神。

强力研读

在《如何阅读一本书》的基础上，我提倡一种高强度的读书方法，称之为"强力研读"。与《如何阅读一本书》中按部就班的、烦琐的固定套路不同，我们的"强力研读"更像是一种态度和心法。其实我很想给此文起一个英文标题，叫作"Deep Reading"（深度阅读），以与最近心理学家们谈论的训练天才的新成果——"刻意练习"（deliberate practice, deep practice）相呼应。

"强力研读"并不是为了读《广义相对论》之类的专业著作，它面向的对象就是《卧底经济学》之类的写给非专业读者的非小说类书籍。之所以称为"强力"，是因为它追求阅读的深度和效率，力图能在一本书中挖掘到最大限度的收获。我曾经听过一个笑话，说我们是怎么向别人学习的——我们就如同小偷一样到别人家里把除厨房水槽之外的所有东西都搬走了——然后我们回过头去把厨房水槽也搬走了。我们就要用这样的精神去读一本书！

强力研读跟"刻意练习"[①]有三个共同点：

第一，不好玩。世界冠军培训基地没有"寓教于乐"这个概念。"强力研读"不是为了娱乐和休息，而是用非常严肃认真的态度，非得把一本书融会贯通以致"长"在自己的大脑里不可。这种读法相当累。我认为写读书笔记是一个非常正经的工作。

第二，用时少。就如同在那种专门培养天才的最好的音乐学校里，孩子们每天真正练琴的时间绝对不超过 2 个小时一样。没人能长时间坚持那样的强度，而没有强度的训练还不如不练。你可能每天花很多时间阅读，但你很难做到用很多的时间强力研读。要把精力充沛而又不受打扰的时间段留给最好的书。

第三，不追求快。很多读书方法教人怎么用最快的速度读完一本书，而那些有必要快速读完的书根本不配让我们读。读书的一个关键技术在于对不同的读物采取不同的阅读速度。娱乐性的小说、纯粹信息性的新闻，读得越快越好。而对于处在我们的"学习区"内的好书，则应该慢慢地仔细读。把一本书快速读完，就好像把一首曲子快速弹完一样，这不是练琴，而是为了完成练琴任务。读书人的一个秘密就是，读得慢，吸收知识和增长内力的效率会更高。据说失读症患者之所以特别容易出人才就是因为他们读得慢[②]。

以下是强力研读的具体做法，它的核心技术是做读书笔记。

新书要读两遍

一本书应该读两遍，而且只读两遍。好书读一遍你不可能掌握到精要，反过来说如果一遍就够了，那这本书也不值得强力研读。我们说的思想类书

---

① 你是跳着看本书的吗？关于刻意练习参见前面的《练习一万小时成天才？》。
② 关于失读症患者的故事，参见本书《匹夫怎样逆袭》一文。

籍，不是什么学术著作，所以再好也没必要读三遍，两遍正好。而且最有效率的办法是读完一遍马上再读一遍。

第一遍是正常通读，只要放松地欣赏作者的精妙思想和有趣故事即可。不要追求读得快，值得时不时停下来思考一下的书才是好书。

在读第二遍的同时写下读书笔记。这时候就不要每个字都读了，书中作为例子的故事大可跳过，要专注于思想脉络。读一章，记一章笔记，直至读完。然后这本书就可以束之高阁，甚至直接扔了。

什么是好的读书笔记？

读书笔记的一个重大作用是为自己日后以最快速度重温这本书提供方便，直接看笔记就可以了。还有别的好书等着我们去读呢，所以笔记最好要写到可以取代原书的程度。

我看过很多平庸的笔记，有些就如同小学生给课文概况中心思想和段落大意一样。网上有很多人用画"思维导图"的方法来做读书笔记，这种方法的意义也不大。流水账式的读书笔记就好像用胸围、腰围、臀围这三个数字来描写一名美女一样无趣。

强力研读要求读书笔记必须包括四个方面的内容：

①清晰地表现每一章的逻辑脉络；
②带走书中所有的亮点；
③有大量的自己的看法和心得；
④发现这本书和以前读过的其他书或文章的联系。

许多人的笔记只有摘要概括。能做到第一点，找到逻辑脉络，就已经算是优秀的笔记了。我只看到过极少的人偶尔在笔记中插入书中亮点。至于后面这两点，能做到的更是凤毛麟角。但是只有做到全部四点，你才能把一本书的效用发挥到最大。你会发现这个回报是巨大的。

我习惯完全按照原书的章节给读书笔记划分章节，甚至保留各章的标题。

在每一章的开头，用自己的话写下这一章作者到底说了什么，各章穿起来就形成了系统——不过，这种内容提要并不重要。

重要的是一定要能看出作者的逻辑脉络。大多数人之所以没有真正地理解一本书，就是因为看不到这个脉络。每一章的逻辑结构如果真写出来也许只有几句话，可是这几句话却常常分布在好几十页之中。善于写书的作者往往会在书中收录大量引人入胜的小故事（包括科研案例、历史典故和名人轶事），只有把这些小故事串起来我们才能明白作者到底在说什么。单独看其中一个小故事，每个人都会对这个小故事有不同的解读。然而这个小故事在书中的作用却往往会被人忽略，最后只记住了小故事这棵树，而看不到它们组成的森林。

现代人喜欢小段子，往往能记住作者讲的笑话而忘了作者的本意。在美国历史上，没有电视、没有网络、更没有微博的"印刷机时代"，史蒂芬·道格拉斯（他曾经跟林肯竞争过美国总统，还竞争过老婆，最后都失败了）曾经跟林肯有过连续7场的著名辩论。道格拉斯口才极好，常出妙语，但是他告诫听众不要为妙语鼓掌。《娱乐至死》这本书是这么说的：

道格拉斯甚至批评他的听众，说他需要的是听众的理解而不是激情，说他的听众应该是沉思默想的读者才好……阅读要求的是理性思考。一个好的读者不会因为偶然发现了什么警句妙语而欣喜若狂或情不自禁地鼓掌——一个忙于分析的读者恐怕无暇顾及这些。

我们小时候学习的那些"中国古代寓言"，就是从古书中提出来的小故事，而我们对这些寓言的解读往往背离古人写书时的本意。我们记住了故事却忘记了文章。所以，读书笔记的第一作用就是抛开故事记住文章。让一本书从厚变薄，从具体的山川景色变成抽象的地图。只有当你跳出字里行间，以居高临下的姿态俯视全书，它的脉络才能变得清晰。看清楚以后，不要抄作者的话，用自己的语言把这个脉络写出来，就好像画地图一样。

但是如果一个小故事实在很好，我们也得把它记下来。好的读书笔记是不均匀分布的。记笔记，是我听说了一个想法之后很激动，必须把这个想法记下来据为己有的行为。除了逻辑脉络，如果发现真正好的小故事——我们称之为"亮点"——那么就把这个故事也给写下来，甚至具体到细节。一方面，以后万一要写文章，从笔记里翻出来就可以用。更重要的是，这些故事将会反复地在我们的大脑中出现，它们用各种出其不意的方式左右我们的思想，直至改变我们对世界的认识。你不得不承认有些段子的生命力就是比其原来的文章更长，以致最后成为典故。

我用 Kindle 看其他人对一本书画的重点语句，发现这些语句大都是总结式的，就好像小学生在课文里发现的重点句一样，它们通常是段落的第一句或者最后一句。真正的高手读书不能用这种线性读法，而应该是"一惊一乍"的。作者的哪句话令人拍案叫绝，哪句话一语惊醒梦中人，应该把这样的东西突出记下来。我有时候听凤凰卫视的《开卷八分钟》，这是一个向观众介绍书的电视栏目。我发现其他几个主持人往往倾向于在节目中系统地介绍一本书的内容框架，而梁文道则总能在一本书中找到几个单独的亮点，常常拿出一两个意味深长的故事讲给观众，让人能够体会到原书作者的个性。读书笔记得有这个效果。读书，在某种程度上就是在寻找能够刺激自己思维的那些亮点。我们在分析脉络的时候要忽略故事，分析完脉络再把故事带走[1]。

强力研读是一种主动的读书方法。要在笔记中写下自己对此书的评论，好像跟作者对话一样。我现在的统一做法是把自己的评论全部放在方括号"【 】"中，将来翻阅的时候哪些话是书里的，哪些话是自己的一目了然。

藏书人认为书的干净最重要，所以他们不看书；低水平的读书人会在看完的书上画满了重点线；而高水平的读书人会在看完的书上写满了批注。历史上，牛人读书都喜欢在书页的空白处做批注。据说很多人一般不爱把书借给毛泽东看，因为他看完之后别人没法看了，书上密密麻麻的全是他的批注。

你不可能对说得好的一段话无动于衷。你可以写下自己对这件事的理解，你还可以写下对作者的质疑或肯定。更高级的批注则是写下自己

---

[1] 据说韩寒有个小本本专门记录别人作品中的亮点。但如果只记亮点不记逻辑那也是不对的。

因为看到这段文字而产生的灵感。一本好书的每一章都能让人迸发出十个以上的灵感。也许它突然就解决了你之前一直关注的问题——尽管这个问题看似与此书无关；也许你会想把作者的理论再往前推一步。这些想法未必都有用，但是都非常宝贵，因为如果你不马上记下来，它们很快就会被忘记。也许多年以后翻阅笔记的时候，你会觉得自己的心得灵感比原书更有价值。

当你读过的书多到一定程度，你就会发现书与书之间是存在联系的。尤其是现代人写的书，极少有一本书的思想完全独立于世界，真正新的知识往往都建立在旧的知识之上。这个问题别的书是怎么说的，有没有更新的证据支持或反对这个结论，要找到它们的共同点和不同点。一个真正善于主动读书的人对这种联系是非常敏感的。我现在使用印象笔记（Evernote）来整理读书笔记，这个工具可以把每一份笔记都生成一个可供别的笔记直接点击和引用的链接。我的笔记中经常出现这样的链接，用于指出书与书之间的联系。

小时候，我们都曾经有一段时间对新词汇非常敏感。比如你可能从电视上听说一个成语，即使你不能确定这个成语的准确意思，但你还是觉得这个词很好。结果在接下来的几个月甚至几天之中，你又多次遇到这个成语！你可能会奇怪怎么以前没注意到它，难道这个词最近专门爱找你吗？一个读书人对新的知识就能保持这样的敏感。你一旦发现一个有意思的新课题并且读了这方面的书，你就会主动或者被动地多次与这个课题相遇。你刚放下这本书，一上网又看到一篇这方面的文章，过几天你打开手机又发现微博上有人正在讨论它。这时候你应该怎么办？打开印象笔记整理一份这方面的笔记！

如果你读得足够多，你会获得一种更难得的经历：感受人类知识的进步。你会发现一个问题在这本书里是这个说法，而过了几年之后有人另写一本书，引用更有力的证据，把整个结论给改变了。有时候你会赞同这个新结论，有时候你会反对。有时候你必须从几本书的几个不同结论中判断哪个才是最靠谱的。有时候你会觉得他们说的其实都不对，只有你知道正确答案。到了这个层次，你已经跟书的作者完全平等了。你甚至可以俯视他们，评判他们之间的高下。这时候你又应该怎么办？写篇文章发表出来！

好书之所以要读两遍，最重要的目的就是为了获得这些心得、灵感和联系。对一本我们不太熟悉的领域的书，在第一次读的时候，我们往往会陷入作者的思想之中，我们大脑的全部带宽都被用于理解作者的思想，而没有更多的余地去产生别的想法了。"幽默是智力过剩的体现"，想法也只在带宽过剩的时候才会冒出来。只有当你读第二遍的时候，你才能气定神闲地发表意见。第一遍读是为了陷进去，第二遍读是为了跳出来。

记笔记是对一本好书最大的敬意。读书笔记是一种非常个性化的写作，是个人知识的延伸。它不是书评，它完全是写给自己而不是为了公开发表的——可以完全专注于意思，而不必关心文笔。虽是这样，阅读别人写得好的读书笔记仍然是一种乐趣，而且直接读笔记可以节省大量的阅读时间（豆瓣网有个专门的系统让读者分享笔记）。

如果做不到强力研读的笔记标准，随便做个一般水平的读书笔记对自己也有帮助，最起码能加深记忆。曾经有一个研究[1]，让受试者分成三组阅读一篇科学类文章：第一组多读几遍，第二组针对此文画个"概念图"，第三组用十分钟时间写篇相关文章。一周以后测试，结果发现：写文章的这组记忆的成果，甚至这时候再让他们画概念图的成果，都胜过其他两组。画概念图的效果甚至还不如多读几遍。所以"眼过千遍不如手过一遍"这句话是对的，而且用思维导图做笔记真的没用。

电子书

我们前面说过，读得慢，效果才好。慢不一定是主动的，如果阅读介质有问题——比如字体太小，有些字词看不清或者不认识——它们将强迫你慢下来，就是这样也有一样的好效果。有实验表明，当考试试卷印刷效果很差的时候，学生反而能更认真地对待试题而减少错误。

可能是因为更美观，可能是因为拿在手里感觉更庄重更正式，也可能是因为纸张的成本高造成文字价值也高的错觉，一般人看纸质书的速度比看电

---

[1] 这个研究发表在 2011 年 1 月的《科学》杂志，参见科学松鼠会的报道《写文章也许能提高记忆效率》，http://songshuhui.net/archives/50079。

子书慢。Kindle、iPad 和手机上的各种电子书阅读器，把阅读体验变得无比廉价和方便，简直是鼓励人们快读。人们通常认为看纸质书比看电子书好。实际上，我们即使在网上看到好文章有时候也爱打印下来仔细研读。修改自己写的论文，更要进行多次打印。关键是印在纸上的实体文字似乎更能刺激大脑神经，让我们以更加积极的态度阅读。

但电子书也有电子书的好处。对我来说电子书阅读器最重要的好处是可以自动抽取你的批注和你在书中画的重点。Kindle、iBooks 和 Good Reader 都有这样的功能，抽取出来的内容可以直接存为一个文件，你只要直接对这个文件进行整理就得到了读书笔记，而不必随时翻书了。

读电子书一定要多做批注，不要浪费那无限的空白处。如果费马当初读的是一本电子书，他大概就不会因为书的空白处太小、字写不下而不给出费马大定理的证明了吧。电子书发展的一个可能方向是把阅读社会化，Kindle 上现在可以显示被读者高亮最多的句子，也许将来可以显示每句话上每个读者的批注。

读书人的武功

世界上有很多比读书更重要的事。在做事和读书之间，做事优先。但读书是除实践外迅速积累见识的最好办法。在电视出现以前，人们无事可做的时候最主要的活动就是读书。现代人因为有洗衣机、洗碗机这些自动化设备，每天的空闲时间比过去多得多，可是人们把大部分认知剩余都奉献给电视了。而电视这个东西从根本上就是面向尽可能多的大众的，就如同广场上的集体舞。读书人不屑于跳广场舞，我们追求的是武功。

强力研读要求慢读，但是我们知道很多著名的读书人的读书速度却都很快，这是为什么呢？这就是武功。他们读得快，是因为对他们来说，一般的书里新东西已经非常有限了。

我最佩服的读书人是经济学家泰勒·科文（Tyler Cowen）[1]。科文是一位

---

[1] 你是否记得，本书前面那篇《上网能避免浅薄吗？》中提到的《达蜜经济学》一书，就是他写的。书读多了就会发现很多东西是有联系的。

"著名"经济学家，他在各大报刊上发表对当前经济问题的看法，写过很多书。但更著名的也许是他读书的速度！他一晚上能看好几本书。亲眼目睹他看书的人都会产生一种特别敬畏的感觉：翻书速度非常快，他看一页书的时间几乎是别人看一个标题的时间。你可能会觉得这么看肯定没看进去什么，但是我整天在看他的博客，我可以负责地说：他的确知道读过的每本书的关键之处。

科文的秘诀是什么？他专门写过一篇博客文章[1]回答这个问题。他说，

The best way to read quickly is to read lots. And lots. And to have started a long time ago. Then maybe you know what is coming in the current book.

关键是你之前已经读过很多、很多书，而且你必须很久以前就开始读书了。这样当你读眼前这本新书的时候，你可以在相当的程度上预计作者在说什么。也许一个故事刚开个头你就知道结局，也许很多理论你早就知道而不必再听作者讲一遍。你可以快速跳过很多基本内容，直达作者的新思想。真正资深的读者，读同一领域内的书肯定越读越快，他们能够一眼就发现新东西，抓住重点，知道这本书在这一领域内是个什么位置，做出了什么新贡献。

一般人都是读小说比较快，读非小说因为总要停下来所以读得比较慢。但科文读非小说的速度比读小说快！因为非小说的内容可以跳，而小说情节没法跳，跳过去就没意思了。科文还倾向于看纸质的非小说，电子书阅读器只用来读小说：因为电子书翻页不够快！

我读的书少，远远没有达到这样的功力。不过读过若干本之后，我的读书水平似乎也提高了一点。一个表现是现在对于技术含量不是很高的书我尽量采取听有声书的办法"阅读"。英文世界几乎每一本达到一定销量的书都有有声版。我每天上下班分别要开半个小时的车，正好用来听书。

我停车之后几乎从不立即下车。我打开手机中的印象笔记程序，对着耳机线话筒把刚刚听过的这段书的笔记录下来。另找时间，我再把这些录音笔

---

[1] 参见 http://marginalrevolution.com/marginalrevolution/2006/12/how_to_read_fas.html。

记整理成文字。

我只听一遍。30分钟的书，我的录音通常只有3～5分钟。其中只有原书的精华才会被我复述在录音之中，剩下的是我的心得和评论。

整天这么读书，岂不是成了"两脚书橱"了吗？如果你认为我是"两脚书橱"，我会深感荣幸，但我认为还远远不够。微博有传言说，2013年比尔·盖茨一共读了139本书，我没有办法证实这一点，但他的博客上[1]的确谈论了很多书，而且他读的书大部分是非小说。查理·芒格和沃伦·巴菲特都是手不释卷的读书人，巴菲特更号称醒着的时候有一半时间在看书。芒格说[2]：

我这辈子遇到的聪明人（来自各行各业的聪明人）没有不每天阅读的——没有，一个都没有。沃伦读书之多，我读书之多，可能会让你感到吃惊。我的孩子们都笑话我。他们觉得我是一本长了两条腿的书。

---

[1] 盖茨的2013年推荐书单参见http：//www.gatesnotes.com/About-Bill-Gates/Best-Books-2013。
[2] 《穷查理宝典》，李继宏译。这本书是查理·芒格的演讲集。

创新是落后者的特权：三个竞争故事

我认为，关于创新有一个广泛存在的错误看法，那就是以为越是领先的国家和公司越应该搞创新。让领先者去领导时代潮流，而落后者则应该把注意力放在向别人学习上。

如果中国只想当个二流国家，那么这种思想就是正确的。反过来说，如果中国有志成为一流国家，那么这种思想就是完全错误的。本文列举了三个真实的历史事件，让我们来看看到底谁应该首先领导时代潮流。

第一个故事是关于日本汽车的[①]。

说到当下美国最牛的公司，人们可能会认为是苹果和Google（谷歌公司），而在20世纪40年代，通用汽车（General Motors，以下简称GM）绝对是个最高调的领先公司。1943年的GM如此之牛，以至于他们觉得有必要请人来公司专门研究一下他们为什么这么牛。被请来的是当时管理界的传奇人物彼得·德鲁克（Peter Drucker）。他的任务只有一个，那就是发现GM成功的秘密。事实证明，他的发现影响了工业界好几十年。

一般人研究一个企业，总是从这个企业的外部入手，比如市场营销战略，而德鲁克专注于企业的内部。他的工作方法是一个一个地找GM的管理人

[①] 这个故事出自 Ori Brafman and Rod A. Beckstrom, *The Starfish and the Spider*: *The Unstoppable Power of Leaderless*, Portfolio Hardcover, 2006.

员谈话。他有一个特别的天赋，那就是能够用一种特别有礼貌和友好的方法跟你谈话，让你感觉如沐春风，自在地回答他那些特别深入的问题。德鲁克的另一个与众不同之处在于他关注公司的管理——当时的人们，并不认为管理有什么值得研究，认为所谓管理无非是让别人干什么别人就去干什么。

德鲁克在 GM 泡了整整 18 个月。他耐心细致地分析了大量的人员和数据，完全了解了公司的方方面面。调研结束的时候居然出现了这样的效果：德鲁克对 GM 的了解甚至超过了部分高层管理人员，他跟公司上上下下的关系都极好，以至于 GM 非常认真地希望他能留下来担任公司要职。

但德鲁克最大的收获当然是 GM 成功的秘密。他把结果写成了一本书，《公司的概念》(Concept of the Corporation)。在这本书里，德鲁克认为 GM 成功的关键是分权。跟当时其他公司不同，GM 的部门经理有很大的决定权，而最高层则很大程度上扮演了一个催化剂和协调的角色。也就是说，GM 更像一个松散的联邦，而不是中央集权体制。GM 为了确保部门经理们决策的独立性，甚至给予他们否决权，并确保每个部门经理都很富有，这样他们做决策的时候就不会为了涨工资去取悦高层！

德鲁克认为这是最先进的公司管理方法，并建议 GM 实行改革，在这个方向上进一步分权，甚至觉得应该把权力分给客户！

然而戏剧性的事情发生了：GM 被激怒了。

GM 说我们是最好的公司，我们的经验被证明是正确的，我们凭什么还改革？

德鲁克的思想在美国没有被接受，于是他不得不跑到日本去。他把这一套分权思想教给了日本人。

日本没有因为连美国人自己都不采纳德鲁克的方案而拒绝他，反而勇敢地接受了这种新思想。日本汽车企业把分权思想用到了生产线上。

1980 年，美国和日本汽车的生产线管理方式完全不同。美国是传统的集权式管理，而日本，尽管在很多人的印象中应该更适合集权，却采用了一系列的分权管理办法。各个生产线有相当大的独立性，生产线工人被鼓励向公司提出各种建议，很多来自第一线的改进方案最后都被采纳了。相比于独立而民主的丰田车厂，美国本土的汽车厂反而更像是"军国主义"。

日本汽车公司迅速崛起。最有意思的是，有些美国车厂的生产质量不过关，被日本公司收购之后，还是这个厂，还用以前的工人，仅仅是采纳了日本人的管理方法后，这个厂就活了！于是美国公司反过来跟日本学。

分权管理方式是谁的创新？你可以说思想是美国人德鲁克从 GM 提炼出来的，但仅仅有思想不叫创新，敢于用这个思想才叫创新。最后的局面不是日本学美国，而是美国学日本。

在讲第二个故事之前，我们先来谈谈什么是"创新"。如果从广义上讲，现在所有的公司都是"创新型"公司。每一部好莱坞新电影都是"新"电影，微软的每一个新软件都是"新"软件，暴雪的每一款新游戏都是"新"游戏。从这个角度说，"创新"其实是一种日常的生活方式。

但本文所说的创新不是这种创新。我们要说的是那种改变游戏规则，改变商业模式，"根本性"的创新。这种创新往往具有历史意义，你一旦成功，会有很多后来者向你学习。你不是创新图存，而是引领风气之先。这样的创新最大的特点，不是"开放的头脑"之类的优秀品质，而是风险！

我们的第二个故事[1]与第一个故事惊人地相似。

左右我们今天生活的一场重要革命是发生在 1950 年到 1990 年期间的日用商品的质量革命。正是因为这场席卷世界的质量运动，我们才能够用相当低廉的成本，海量地生产高质量的产品。质量革命的思想是谁最先发现的？美国人。质量革命潮流是谁引领的？日本人。

约瑟夫·朱兰（Joseph Moses Juran）是生于罗马尼亚的美国人，他曾经在当时的贝尔电报公司的一个厂，Western Electric，担任过工程师。当时世界上甚至还没有"质量控制"这个说法，人们认为控制质量无非就是对所有环节严格把关而已。而这种方法是不行的。

---

[1] 这个故事来自 Richard Koch, *The 80/20 Principle*: *The Secret to Success by Achieving More with Less*, Broadway Business, 1999。

朱兰的革命性思想其实不是别的，就是我们今天常说的 80/20 法则。他认为，质量损失并不是均匀地分布在所有环节之中的，实际上，绝大多数质量损失都是由于少数几个最常见的错误造成的。这种思想得到了统计学家爱德华兹·戴明（W. Edwards Deming）的支持。

1951 年朱兰出了一本书，*Quality Control Handbook*[①]，这本书在今天看来已经是传世经典。这本书说质量控制的办法在于把所有导致质量损失的问题排序，造成最多问题的错误排在最前面，然后你就会发现只要你改正其中 20% 的错误，就能解决 80% 的质量问题。

注意，当时"主流"的质量控制理论是从产品生产的第一步就开始强调质量，对所有操作环节都严格把关。朱兰和戴明的理论在美国没有人认同。

但日本人认同。朱兰和戴明被邀请到日本讲学，然后他们就留在了日本。20 世纪 50 年代之前，日本制造业的名声可能比今天的中国山寨还差，他们的产品被认为是低劣的仿制品。朱兰和戴明的思想使得日本的产品质量大幅跃进，等到日本的摩托车和复印机开始冲击美国市场时，美国人才反应过来。

直到 1970 年甚至 1980 年以后，朱兰和戴明的理论才开始全面左右西方的质量标准，直接产生了质量革命。

今天我们谈"产品质量"，马上就想到日本货。那么，质量思想的创新到底是属于这两个美国人还是属于日本呢？我认为属于日本。

当我们坐下来回顾历史的时候，我们会觉得那些早先的思想家说的理论简直是常识，那些对他们置若罔闻的美国公司简直是故步自封。其实不然。真把我们放到当时的位置上，我们未必会做更好的选择。甚至真把那些"头脑开放"的日本人放到当时美国公司的位置，他们也未必会做出正确的选择。

如果你是一个有心的领导者，你每时每刻都能接触到各种号称可以改变世界，至少可以改变你们公司的"新思想"。这些思想逻辑上都无懈可击，但实施的过程是有风险的。上面的两个故事中的新思想都要求对企业运行方式做一次彻底的改革。企业不能每年都搞一次这种彻底改革。对于领先的企

[①] 改版后的中文版叫《朱兰质量手册》（*Juran's Quality Handbook*）。

业，更没有必要冒这种风险。谚语说：If it works, don't fix it[①]！

只有落后者，"光脚不怕穿鞋的"，反而可以冒这个险。冒险至少还有赢的机会，不冒险就输定了。

这就是为什么本文不说创新是落后者的"权利"，而说，创新是落后者的"特权"。

通过前面两个故事我们看到，落后者向领先者学习这种模式根本就不是竞争的常态。我们常说的"后发优势"，也就是把领先者早就玩明白了的东西拿来玩，其实是只在自己不但落后，而且是特别落后，以至于根本没有资格跟领先者竞争时才有效。中国早年的"引进外国先进技术"，就是一个适合特别落后者的思路。好在中国并没有沉浸在这种永远追赶别人的思维之中。像磁悬浮列车和电动汽车都是在发达国家也不成熟的东西，中国就敢直接上。

后来者创新，后来者引领新潮流，是竞争中的一般规律。当你发现铁路公司已经把铁路修遍了全国，你要做的不是跟着修铁路，而是建高速公路，修机场。这个时候铁路公司是没有什么创新需求的，是后来者有创新需求。

我们用一个体育比赛的故事[②]来进一步说明这种竞争格局。如果总是落后者创新，那么领先者应该怎么办呢？

美洲杯帆船赛是一个古老而有趣的比赛。比赛规则很特别，获得上届冠军的俱乐部自动有一艘船进决赛，而其他各队比赛争夺一个向冠军挑战的资格。此赛事自从 1851 年创办一直到 1980 年，冠军居然都是美国队。

帆船比赛特别讲究"落后者创新"。1983 年美国队首次卫冕失利的一场比赛，为我们提供了一个有意思的案例。

这场比赛是最后 7 局 4 胜决赛的第 5 场，此前美国队 Liberty 号以 3 : 1 领先澳大利亚队的 Australia II 号。比赛开始之前人们甚至已经准备好庆祝美国人延续 132 年连胜的历史时刻了。

---

① 翻译过来是"如果这东西没坏，就别修它！"
② 这个故事出自 Avinash Dixit and Barry J. Nalebuff, *Thinking Strategically*：*The Competitive Edge in Business, Politics, and Everyday Life*, W.W. Norton & Co., 1993。

比赛一开始还是 Liberty 号领先。澳大利亚人一看继续这么玩下去冠军肯定没有了，必须赌一把。Australia II 号变道，换到航线的左侧，希望能碰上有利的风向。

这时候 Liberty 的正确应对策略是什么呢？是跟着变。不管航线左侧风向是否真的有利，只要我们两队的条件能保持一样，那么最后肯定还是我赢，因为现在我领先。哪怕你的选择是错误的，为了确保胜利我也必须做跟你同样的选择。所以在这种一对一的帆船比赛中不是落后者学习领先者，而是领先者学习落后者。

然而 Liberty 号的船长丹尼斯·科纳（Dennis Conner）选择了留在右侧航线！这个看上去很直觉，实则不符合帆船比赛竞争规律的错误使他青史留名：Australia II 号赌赢了。Liberty 号再输两场之后，美洲杯冠军终于易手。

所以，在领先情况下，不是落后者要学习领先者，而是领先者要学习落后者。比如你是一家预测股票走势的公司，公司的业绩取决于预测的准确率的年度排名。十个月过去了，你现在排第一。为了保证年底的时候你还排在第一，这时候你应该采取什么策略呢？答案是直接抄袭其他人的预测。

回顾市场上那些革命性的商业模式，大多都不是由最领先的公司最先提出来的。为什么谷歌自己没有"创新"网络视频，反而是收购 YouTube？为什么微软没有"发明"脸谱网（Facebook）？特大公司，如 IBM 者，并不以特别能创新而闻名，他们最大的能力恰恰是把那些已经被别人证明是好东西的技术迅速普及和产业化。

有人可能会认为既然创新就是承担风险，中国这么大怎么能说赌就赌呢？我们不谈中国可不可以赌，但中国公司可以赌，中国人可以赌。现在已经到了这么一个阶段，中国公司不应该再整天想着学别人，被人调侃 C2C（Copy to China），而应该在创新方面冒点险了。

恰恰是因为中国现在还比美国落后，才要让美国学我们，而不是我们学美国。

***

最初写作本文的时候，我看了好几本谈到"分权"这种管理模式的书。

虽然在中国历史上也能找到这种管理方式的影子,但真正用于现代社会的似乎还是国外。我就一直在想：中国是不是得把这套学问也 C2C 一下。然而后来我才得知,原来中国早就有过类似的尝试!

早在 20 世纪五六十年代,鞍山钢铁公司就改变了之前模仿苏联"专家治厂"的官僚管理模式,大胆向一线工人放权,充分尊重普通工人的意见,直接促成了大量的群众性技术革新。这套办法后来被毛泽东称为"鞍钢宪法"[1]。今天我们看鞍钢宪法,其与丰田公司的分权管理并无本质区别。有人甚至认为,日本人其实是在学我们。

学习了丰田经验的美国人恐怕不会知道鞍钢宪法。这个创新在中国并未得到坚持。美国还没来得及学我们,我们就去学美国了。

---

[1] 关于鞍钢宪法的文献很多,比如宋铁春的《〈鞍钢宪法〉的历史真相》,http：//news.sina.com.cn/c/2005-07-22/12347296201.shtml。

过度自信是创业者的通行证

我有时候看《非诚勿扰》，感觉好像每个男嘉宾都想创业。他们很可能过高估计了自己成功的可能性。据统计[1]，中国大学生首次创业的成功率只有2.4%。我没有办法查到这个统计中对"成功"的定义是什么，是公司能赢利就叫成功，还是公司能上市才叫成功。不管怎么说，这个数字都太低了，要知道买福利彩票中奖的概率都能超过6%。不过就算是在美国开公司，失败的可能性也大于成功。统计显示，美国的创业公司，5年之后没有倒闭，还能继续生存的概率，是48.8%[2]；而10年之后还能继续生存的概率，则是29%[3]。有意思的是，这个生存概率曲线几乎不随时间改变，也就是说，不管这个公司是20世纪70年代成立的，还是20世纪90年代成立的，不管你成立的时候正好是经济繁荣期还是经济衰退期，你的生存概率都是注定的。

至于那些"时势造英雄"的新兴产业公司，因为一窝蜂上马，失败率可能更高。按照蒂姆·哈福德的《适应》（*Adapt*）这本书的说法，汽车工业刚刚兴起的时候，美国大约有2000家汽车企业，其中存活下来的只有1%。

如果你要创业，尽管我内心充满良好的祝愿，我的最理性预测却是你将

---

[1] 来自《人民日报》，《大学生初次创业成功率仅为2.4% 专家支招》，http://edu.people.com.cn/GB/11966668.html。

[2] 来自《纽约时报》博客，http://boss.blogs.nytimes.com/2009/07/15/failure-is-a-constant-in-entrepreneurship/?_php=true&_type=blogs。

[3] 参见 http://smallbiztrends.com/2008/04/startup-failure-rates.html。

会失败。

而创业者最重要的一个素质，恰恰是明知道很可能失败却还要干。这帮人之所以成功不是因为他们善于计算概率，而是因为他们过度自信。

马克思曾经引用过托·约·登宁于1860年在《工联和罢工》一文中的一段话，他说：

资本有了20%的利润便活跃起来，有了50%的利润就会铤而走险，有了100%的利润就敢践踏一切法律，有了300%的利润就敢冒绞首的危险。

马克思说的是非常高素质的资本家。一般人但凡有点稳定收入，是不会为50%的利润而铤而走险的。这也是为什么一般人谈创业只不过是叶公好龙而已。

心理学家对人性有一个基本认识，叫作"损失厌恶"（Loss Aversion）。这个原理指出，当面对"机遇与风险并存"的局面时，我们对损失的厌恶超过对获得的喜悦。它甚至可以被推广到更一般的情况：我们对失败的恐惧超过对成功的渴望。在《思考，快与慢》这本书中，丹尼尔·卡尼曼介绍了一个经典实验：

我们简单地通过抛硬币来决定输赢。如果正面朝上，你就输给我100元；如果反面朝上，你就赢我150元。你愿意赌一把吗？

我们可以想想这个赌局。输赢的概率分别是50%，你如果想赌，预期收益将是 $-100 \times 50\% + 150 \times 50\% = 25$ 元。也就是说，如果我们连赌一万把，你大概平均可以赢25万元，非常不错的买卖。然而现在的问题是只赌一把，一旦输了你就会输掉100元，当然，赢的话可以赢得更多，然而你毕竟面临着输钱的风险。如果按照资本家的思维方式，这个赌局等同于你拿100元去投资，其平均利润率是25%。那么有多少资本会像马克思说的那样为了这个利润"活跃起来"呢？

世界各地的心理学家曾经找不同的人群做过无数次这个实验，或者这个实验的变体，结论都是一样的：绝大多数人不愿意冒这个风险。实际上，要想说服大多数人同意赌，你必须把赌赢的回报提高到 200 元。也就是说，在人们心目中，损失 100 元和赢得 200 元一样重要。这还只是一两百元的小钱。考虑到心理学家一般没有多少科研经费，他们大概没做过赌注是 100 万元的大额实验，但我们可以明确的是：人们会要求一个更高的回报率。人们很乐意花一两元钱买明知道中奖概率很低、预期收入为负数的彩票，但是赌注一旦增大，哪怕预期收入是正的，也只有亡命徒或者资本家才愿意玩。

今天，中国经济高速增长，很多人乐意把手里的钱通过房产或者股票的方式投资，哪怕冒一点风险也无所谓。但我们完全有理由认为这个局面不会长久地持续下去，因为亚裔的本性似乎是非常不喜欢风险的。比如据大前研一的《低智商社会》介绍，今天的日本人就非常不乐意冒险。可能因为是受到 20 世纪 80 年代经济泡沫破灭的打击，尤其是日本的年轻人，只知道存钱而不敢投资。哪怕日本银行实行零利率，人们还是存钱。可能在某些人看来，银行实行零利率是对老百姓智商的侮辱，但日本人明明知道外国银行的利率更高，也不愿意把钱转出去存。

我曾经看过几集江苏卫视的《非常了得》。这个节目中有几个群众演员分别声称自己有什么事迹，而节目参与者的任务则是判断他们说的是不是真的。如果判断对了，参与者可以获得一个旅游的奖励。最低一档的旅游地是香港，第二档是普吉岛，更高档的包括了欧洲和迪拜这种比较贵的地方。在我看的这几集中，所有连过两关的参赛者全都选择了放弃下一关，直接去普吉岛了事，而理由则是"我已经去过香港了"。在这些参赛者看来，过了一关还要过需要理由，而过了两关不过了则不需要理由！我看过美国类似的过关节目，参与者一般都勇往直前，如果最后不是输赢涉及几十万美元，他们很少放弃，从来没见过才过两关就主动打住的。所以我认为包括中国人在内的亚裔，跟西方人相比是更不爱冒险的，这也许是"土地文化"与"海盗文化"的区别吧。

人生面临着一个风险悖论。如果你一辈子谨慎小心，干什么事情都谋定而后动，你的生活再差也差不到哪去；而如果你勇于承担风险，大胆尝试，你可能会特别失败，但也可能特别成功。那么平均而言，我们到底应该更冒险一点好，还是更谨慎一点好呢？

根据 2011 年发表在《自然》上的一篇论文[①]，答案是冒险更好。生活中有自信和不自信的人，还有一种过度自信的人，他们过高估计了自己的能力，尝试去干一些比他们水平高的人都不敢干的事情，而这种人却往往能够侥幸成功。而且平均而言，他们比能正确评估自己能力的人更成功。

在这篇论文中，两个搞政治学的研究者，英国的多米尼克·约翰逊（Dominic D. P. Johnson）和美国的杰姆斯·福勒（James H. Fowler），搞了一个数学模型。他们设想了一个每个人凭自己的能力争夺资源的世界。假设每个人都有一个"能力值"，以及一个自己对自己能力的"评估值"，那些过度自信的人的自我评估值显然大于他们的实际能力值。在这个世界里的游戏规则是这样的：任何一个人面对一份资源的时候，都可以选择是否"争夺"这个资源。

如果你选择争，而恰好没人跟你争，那么这个资源就是你的了，你在进化中的"适应值"就会增加 r。

如果你选择争，而有另一个人也选择争，那么你们二人就要产生冲突。冲突的结果是每个人都会损失适应值 c，但那个能力值高的人将会取胜并因为获得资源而增加适应值 r。也就是说在冲突中取胜的人获得的适应值是 $r-c$，而失败的人则会白白损失适应值 c。

每个人根据对自己能力的评估值和对周围其他人能力的判断（这个判断也可以与其他人的实际能力值不同）来决定是否参与争夺。

整个游戏被设计成进化模式，那些获得更高适应值的人将会有更大的存活和繁育机会。研究者进行了几十万次模拟，看看在进化中什么样的人能够最后胜出。结果发现只要获胜的奖励足够比冲突代价大，也就是在 $r/c>3/2$ 的情况下（正是马克思说的 50% 的利润！），那么在进化中活到最后的全是

[①] 参见 Dominic D. P. Johnson & James H. Fowler, The evolution of overconfidence, *Nature* 477, 317-320（15 September 2011）。

过度自信者。

这个结果是可以理解的。过度自信者的竞争策略就是"有枣没枣先打一竿子"再说。如果恰好没人跟你争，你不就白白赢了一回吗，就算有人争，也许他们还不如你。当那些非常有自知之明的人还在苦苦计算得失概率的时候，过度自信者已经捷足先登了。这个模型很好地解释了为什么有那么多美女最后落在了各方面条件非常一般的男生手里。它也许还可以解释为什么在中国历史上汉族一而再、再而三地输给了野蛮的少数民族。

如此说来，这个世界属于爱冒险的人，它的运行规律是"撑死胆大的饿死胆小的"。虽然那些过度自信的人失败的次数会比一般人更多，如果要死的话也会死得非常快，但只要他们没死，只要他们还在继续尝试，那么他们最终成功的可能性要比一般人大得多。

苹果教主乔布斯小时候第一次开公司要卖电路板，他的合伙人沃兹尼克表示反对，因为他合理地判断根本没有那么多人会买，公司不可能赚钱。但是教主说[①]："好，就算赔钱也要办公司。在我们一生中，这是难得的创立公司的机会。"换句话说，乔布斯的创业决定根本不是精心计算出来的，而是为了创业而创业，为了冒险而冒险。这种玩法居然没死，这似乎不能说明乔布斯的目光远大，而只能说明他运气好。

而运气，本来就是成功的必要条件。

---

① 参见《〈身边人回忆乔布斯〉之苹果创始人沃兹尼克》，http://www.ifanr.com/55855。

夺魁者本色

我上初中的时候经常踢足球,大部分男生都参加,而且是一本正经地分队比赛。有一次,几个女生要求跟着一起踢。她们在场上几乎不起作用,但已足够让我们受宠若惊。比赛中一位女生问了我一个问题,这个问题令我终生难忘。

她问我,为什么球出界了要让对方掷界外球,难道不应该谁踢出界谁负责把球捡回来发球吗?

苍天啊!掷界外球是一种权利,你想怎么发就怎么发,你获得了一次进攻的机会啊!但是女生不这么看。她们也许认为踢球是一种社交活动,就如同舞会,在这种情况下一个人跑到场外捡别人踢出去的球的确不怎么公平。

但男生把踢球视为竞争。竞争,是一种非常特别的心理状态。这不是你好我也好的游戏,这意味着一定会有输赢。在竞争中我们可以争先恐后地做一些平时不愿意做或者做不好的事情,也可能因为过度紧张而发挥失常。如果没有竞争,哪怕像高空跳伞一样惊险的事,做过三次以后你就会慢慢获得平常心;如果有竞争,哪怕是舞蹈比赛,不管比过多少次你还是会感到同样的压力。

现在已经有很多关于勤学苦练的书了。比如我们知道,要想在某一方面达到世界先进水平,最好的办法是进行刻意练习。但有水平是一回事,遇到竞争的场合能不能把自己的水平发挥出来是另一回事。近年来科学家针对竞争做了不少研究,美国学者布朗森(Po Bronson)和梅里曼(Ashley

Merryman）于 2013 年出了一本书《夺魁者：关于输赢的科学》(*Top Dog: The Science of Winning and Losing*)，对这些研究做了非常漂亮的总结。我们在生活中经常能听到关于竞争的议论，但我敢说这本书中的有些研究结果，会大大出乎你的预料。

有的人特别喜欢竞争，哪怕本来不是个比赛他都想跟人分个高下；有的人特别不爱竞争，遇到正式比赛还想着跟对手聊天。有的人平时表现不错一到关键时刻就会被压力摧垮，有的人却能在压力下超水平发挥。是什么决定了这些人的不同表现呢？是文化传统吗？是家庭环境吗？是他们最近的心情吗？是星座吗？是手相吗？

有最多科学证据支持的答案是……手相。具体说来是无名指相对于食指的长度。想要彻底理解这件事，我们得从男女的竞争差异说起。有一个很有意思的研究，是中国人贡献的。

最牛女生宿舍

如果你经常看与教育有关的新闻，你可能会注意到一个"最牛女生宿舍"现象：

- 南开大学社会学专业某女生宿舍，四人中有两人专业第一，另有一人被保送至中国人大，还有一人申请出国；
- 南京邮电大学某宿舍八个女生全部考研成功；
- 郑州大学 118 宿舍四个女生全部考上英美名校金融专业研究生，而 616 宿舍的四个女生则全部考上国内名校；
- 西交利物浦大学某宿舍四个女生中三人考上剑桥，另一人考上帝国理工。

这类报道还有很多。一个宿舍的人互相激励共同进步，这听起来非常正常，可问题是，为什么没有"最牛男生宿舍"呢？

因为最牛的男生一般对自己的宿舍没什么好影响。中国大学给新生安排宿舍是强制性的，学生本人没有选择权，而校方安排宿舍的唯一标准是每个宿舍的学生尽可能来自五湖四海，完全不考虑入学成绩。对研究者来说这简直是个最理想的自然随机实验。哈佛和北大的两位研究者，韩丽（Li Han，音译，下同）和李涛（Tao Li），分析了中国某沿海省份著名大学2134个学生的高考成绩和他们在大学的平时成绩，并研究他们的成绩是怎么受室友影响的[1]。

两位研究者发现女学霸对其所在宿舍来说是一盏明灯。如果一个女生的入学成绩比较弱，但是她有成绩好的室友，那么她在大学的学习成绩会因此受益。她很可能被室友激励，甚至可能得到室友的直接帮助。可是男生宿舍里没有这样的效应。数据显示，那些学习最好的男生，甚至对自己宿舍其他人的成绩有负面影响！

这并不是因为男学霸压制室友，而是因为作为男人，跟学霸做室友的滋味并不好受。男孩什么都想竞争，每时每刻都想跟人比，而且还过度自信。在上一所好大学之前，女孩能清楚地估计到自己面对这么多好学生将不会具备什么优势，所以在大学遇到困难时能主动去寻求帮助，并且会得到帮助。而男孩从来没想过自己会输，如果输了他也不会去寻求帮助，他会拒绝承认自己输了，实在不行就干脆放弃这个项目。

男人在决定参与竞争之前并不在乎失败的风险，可是竞争中一旦遇到挫折就容易放弃。女人却总能合理评估竞争风险，一般不爱竞争，但是一旦参与了，就算遇到挫折也常常能坚持下来。

这样看来男人的竞争模式似乎比较愚蠢……但真实世界不只是大学生考研，过度自信和敢出手恰恰是男人的优势。

比如为什么大多数政客是男的，这不是因为选民有性别歧视。女候选人真参选的话，获得的政治捐款和得票率并不比男性低。女政客少，是因为女人不爱参选。女人不参选，是因为她们能合理对待自己当选的可能性。

---

[1] 参见 Li Han and Tao Li, The gender difference of peer influence in higher education, *Economics of Education Review*, 2009, vol. 28, issue 1, pages 129-134. http: //econpapers.repec.org/article/eeeecoedu/v_3a28_3ay_3a2009_3ai_3a1_3ap_3a129-134.htm。

有研究者对美国各州议员进行统计调查，问卷包括两个问题：1. 你是否打算参选国会议员？2. 你认为如果你参选，你赢的可能性是多少？结果非常有意思，关键数字是20%：

- 如果自己评估的胜率在20%以下，很多男性政客仍然要参选，而女性就不愿意参选了。有些男性不管概率多低都要参选。
- 可是如果自我评估的胜率在20%以上，女性甚至可能比男性更愿意参选。

对政治选举来说，20%可是个巨大的数字。美国政界中如果一个在位者竞选连任，他获胜的概率非常大，高达95%。女人不跟他争，是理性的选择。结果就是最后选上的都是男人。

竞争激素

了解进化心理学的人可能会立即指出男女的竞争差异是由两性生理特质决定的，男人的"性冒险"的代价并不高，而女人要是一旦怀孕了，事可就大了，所以女人必然不如男人爱冒险。很多证据显示，一个人喜不喜欢竞争或冒险，是由一种激素——睾酮——这个天然的雄性激素的分泌水平所决定的。男性有睾丸可以分泌睾酮，但别忘了肾上腺和卵巢也分泌睾酮。

人们早就知道睾酮可以增加人的体能和爆发力，而最新的发现表明，睾酮居然对国际象棋比赛的成绩也有影响。在一个研究中，参加比赛的棋手们被时不时地测量睾酮水平，结果发现他们的成绩居然可以用其在临近比赛开始时的睾酮水平来预测。赛前睾酮分泌得越多，就越有可能赢得比赛，哪怕排名没那么高都行。

这样说来，我们听运动员说今天状态出没出来，可能就是睾酮在起作用。人似乎可以通过分泌睾酮来使自己达到最佳比赛状态。另有研究发现医生做越高难度的手术，其手术当天早上分泌的睾酮就越多。还有实验发现使用睾酮药物甚至能提升数学成绩。

睾酮，可以让人在竞争中更敢于冒险，更乐意投入比赛，在比赛中更无私，更关心队友，更可能抗议对手犯规，甚至能更多地诉诸理性认知而不是感情冲动。如果一个人的睾酮水平不够，他就很难进入"来之能战，战之能胜"的兴奋状态。这何止是雄性激素，简直是竞争激素。

可是女人的基础睾酮水平只有男人的七分之一。基础水平低是一个因素，如果在赛场上能临时多分泌一些也不错，但很多研究发现，女人在比赛中的睾酮水平并不像男人一样增加，而这居然是因为女人喜欢在比赛之前跟竞争对手聊天！实验发现如果把她们隔离开来使之看不到对手无法做赛前交流，然后互相用自己的进度刺激对方，那么女人的睾酮水平也会增加。

但是不要低估基础睾酮水平的重要性。基础睾酮水平低很可能极大地影响了女性的冒险精神。有人统计发现在天使投资人中有15%的女性，而在风险投资人中女性只占不到7%。尽管有充分证据表明华尔街的女交易员的成绩不但不比男人差，而且还可能更好，但绝大多数股票交易员都是男的。那么，那些敢冒险的女性，她们拥有什么样的睾酮水平呢？

现在可以谈手相了。一个人的基础睾酮水平可以反映在无名指和食指的长度比上。胎儿在子宫中的发育同时受到睾酮和雌激素的影响，这两种激素在影响胎儿大脑的同时，也影响手指。睾酮水平相对雌激素水平越高，人的无名指相对于食指就越长。

2011年，两个意大利经济学家就此搞了个研究[①]。他们找人采访了超过2000名自己创办公司的企业家，给他们的右手拍了照片，然后用照片统计这些人的无名指和食指的长度比。结果发现越是成功的企业家，其无名指相对食指就越长，那些最成功的企业家的无名指要比食指长10%，甚至20%！更有意思的是其中有780名女企业家。通常情况下，男性的无名指比食指略长，女性的无名指比食指略短。可是这些意大利女企业家的无名指比食指长，而且其长出来的比例比男性还显著！也可能正是因为这个原

---

① 参见 Guiso, Luigi, & Aldo Rustichini, "What Drives Women Out of Entrepreneurship: The Joint Role of Testosterone and Culture," *European University Institute & EIEF Working Paper*, ECO 2011/2012 (2011)。

因，这些女企业家平均而言比男企业家更成功，她们的公司更大，成长更快，她们工作起来更猛。

如此说来，想要了解一个人适不适合参加竞争，得看无名指长度？！事实差不多就是这样。而且这个研究还不是孤立的。在《夺魁者》书后面的参考文献中，我还发现好几个正文没有提到的类似研究，不只是企业家，从高水平运动员到华尔街高频交易员，成功者都有更长的无名指。

对无名指不够长的人来，说这恐怕是个重大打击，但是像这样的打击还没完。

战士与颤士

台湾的国中升高中考试可能像大陆的高考一样重要，通过了的学生可以进入通往大学的高级中学，通不过的则只能进入职业学校或者专科学校。试题相当难，通过率只有39%，而且通过之后能去的最好高中和差一点的高中的录取分数线相差很小。参加这样的考试显然要面对巨大的压力，最吃亏的就是那些平时明明水平不错，一到关键时刻就不行的学生。

台湾师范大学的张俊彦率领的团队研究发现[1]，像这样的学生有一个同样类型的单个基因，叫作COMT基因。

人脑高速运行（兴奋起来）时要分泌多巴胺，它的作用是帮助神经细胞传递脉冲。我们赌赢了会高兴，看见美女会产生爱情，遇到大事会激动，面对压力会紧张，这些都与多巴胺有关。多巴胺少了人就兴奋不起来，多巴胺太多人又会兴奋过度。有一种酶负责在大脑的前额皮质中清除多巴胺，而COMT基因就是这个酶的编码。这个基因有两种变异类型：一种产生快酶，能够快速清除多巴胺，另一种则产生慢酶。多数人同时拥有这两种酶，但有的人只有快酶，有的人只有慢酶。

---

[1] 《文汇报》，台研究破解"抗压基因"，http://paper.wenweipo.com/2013/02/09/TW1302090001.htm，论文参见 Yeh, Ting-Kuang, Chun-Yen Chang, Chung-Yi Hu, Ting-Chi Yeh, & Ming-Yeh Lin, "Association of Catechol-O-Methyltransferase (COMT) Polymorphism and Academic Achievement in a Chinese Cohort," *Brain & Cognition*, vol. 71(3), pp. 300–305 (2009)，http://www.sciencedirect.com/science/article/pii/S0278262609001146。

如果你的 COMT 酶是快酶，那么你面对压力的时候就很容易保持一颗平常心。这并不是因为你定力过人，而是因为多出来的多巴胺会被迅速清理掉。有些学者把这样的人称为"战士"（Warriors），因为他们临危不惧。而如果你的 COMT 酶是慢酶，那么面对压力多巴胺就容易过多，导致自己惊慌失措，这样的人则被称为"颤士"（Worriers）。亚洲国家的颤士比例不高，大约只有 8%。

平时没有压力的时候，战士的多巴胺也被清理得很快，于是他们就会表现得缺乏干劲，不兴奋。而颤士则因为平时也能维持一个比较高的多巴胺水平而表现得很好。此前有很多研究表明，颤士的平均认知能力和智商都高于一般人。

总而言之，战士在战时的表现超过颤士，颤士在平时的表现超过战士。这正是张俊彦等人研究证实的结果：颤士们的成绩平均比别人低了 8%。对升学考试来说，这是一个足以决定命运的差距。

所以，决定一个人喜不喜欢竞争的重要因素之一，是睾酮水平。而决定一个人面对竞争压力时的状态，是 COMT 基因。原来竞争这件事，不是谁想玩就能玩好的。难道说，有的人天生就擅长竞争，他们特别适合上场比赛，有的人天生更适合安稳的生活，他们的位置就只能在观众席吗？

也不是！从对策论角度来说，竞争其实有两种。一种是有限博弈（finite game），这种竞争就好像体育比赛一样终会有结束的时候，你在比赛中必须全力以赴，比较强调爆发力，更适合男性或者战士参加。另一种是无限博弈（infinite game），竞争永远都在进行，讲究持续力，需要你能够在其中偷偷地自我调整和恢复，更适合女性或者颤士参加。

怎样训练女足

《夺魁者》这本书里最厉害的一个人物并非哪个长着超长无名指的企业家，而是一位女足教练。多兰斯（Anson Dorrance）担任北卡罗来纳大学女足教练超过 30 年，总共获得了 21 项全国冠军。他很可能根本不了解关于 COMT 基因的最新研究，但是他很了解女人。

大部分女孩不愿意竞争，尤其不愿意在队内搞竞争。她们害怕损害同伴间的关系，担心队友不喜欢自己。多兰斯的做法就是找一个典型的敢于竞争的女孩——她在训练的时候非常拼命，玩真的，别的女孩都抱怨甚至来告状——然后他告诉所有队员：每个人都应该像她这么踢。他要求队员不要反感竞争，要把竞争当成常事！

在平时训练中，多兰斯想尽办法给队员们加压。他搞了各种考核指标并把所有数据排名公布，让她们时刻面临竞争压力。注意，这个做法跟美国现在的校园文化格格不入，学校为了维护孩子的自信心从来不搞排名。从这个角度说，反而是中国学校的一年好几次的考试排名更能培养人的竞争力。

在比赛中，多兰斯给队员减压。球队落后，他在中场只对队员说一句话："现在你怎么想？"这句话一问，女孩们都非常自责，认为失败应该由自己来承担。女孩是重感情的，一旦你表现出对她很支持，她就会对你感恩戴德。这招通常只对女运动员管用。男运动员需要时刻被加压，多兰斯曾经带过男队，那时候他在中场总大喊大叫地刺激队员。不过鉴于中国男足特别害怕压力，我怀疑也许他们需要女足的训练方法。

竞争，是对人的提升。古希腊是先有奥运会才有民主制度的。奥运会是一个公平竞争的场合，人们习惯了这种公平竞争，政客们习惯了公开辩论，200年后，风气形成，才实行民主。不过，生活中大多数事情并不需要竞争，睾酮高也不总是好事。睾酮特别高的男人很难与人相处，有时候女人不竞争反而能把事办好[①]。

但无论如何，我敢打赌你在阅读本文过程中查看了一下自己的无名指。好消息是无名指的研究还没讲完。研究者认为生理因素大约只能解释40%～60%的竞争力，后天教育和文化传统仍然有作用。意大利大部分女企业家集中在文化宽容的东北部，在这里先天资质并不特别出众的女人也有出头的可能性。

可是，一个女人要想在意大利南部地区奋斗成功，她的无名指长度必须出类拔萃！

---

① 2013年《大西洋月刊》有篇文章专门谈这个问题：Kirsten Kukula & Richard Wassersug, The Modern Female Eunuch, Apr 1 2013。

打游戏的三个境界

当一个人玩游戏的时候，他玩的是什么呢？当然，现在中文论坛给的流行答案是"寂寞"。罗切斯特大学的研究结果[①]，说游戏之所以让人上瘾是因为它满足了人的心理需要：一个人的现实生活很平庸无聊，而在游戏中却可以呼风唤雨、横扫千军。不管是寂寞论还是心理论，言外之意，电脑游戏，是 Loser[②] 的天堂。

有调查显示，与中国玩家大都是大中学生不同，美国游戏市场的最大消费人群，是一帮 30 岁以上身体超重的宅男。可见游戏玩家的整体形象的确不怎么样。尽管如此，打游戏并不是一项特别愚蠢的活动。

我一贯敬重那些玩游戏上瘾的人。就如同干一项事业一样，他们忠诚于游戏，有承诺感。游戏为什么好玩？这个问题的答案不仅仅关乎游戏，更关乎我们对事业的追求。打游戏有三个境界。

游戏的第一个境界是好玩。首先是"现实感"或者是"超现实感"。一个游戏让人觉得好玩，凭的就是它能让玩家特别逼真地"做事"。《魔兽世界》的一句宣传口号是"做你从未做过的事"。我在现实生活中从来没有机会拿一把斧子跟人对砍，从来没使用过魔法，从来没骑过大鸟在天上飞，从来没指挥过军队，没灭过别人的国家，实际上，我从来没当过英雄。在游戏里我

[①] 参见 http://news.xinhuanet.com/newmedia/2007-01/01/content_5554401.htm。
[②] Loser 是个英文中的贬义词，直译为"失败者"，但实际指那些精神状态很差、毫无前途的人。

可以做这些事情，如同做了一个好梦。

但这种超现实感只能短暂地吸引玩家，再好看的电影，每天看一遍也会无聊。一个游戏要做到有趣，要让人一整天杀怪而不觉得烦闷，还有一个诀窍，叫作"随机"。杀死一个怪物之前，你不知道它会掉落什么。多数情况下可能只是一点布料和小钱，但存在某种可能性，它会掉落一件无比精良甚至史诗级的装备。人们沉迷于这种随机性，热爱这种小意外，好赌，真是人的天性啊！

一个沉浸在这种"好玩"境界中的玩家是快乐的。游戏是他们生活中的消遣和点缀。他们"玩"游戏，而不是"被游戏玩"。但这种浅尝辄止、走马观花的游戏者并不真正懂得游戏。这种低境界的玩家就好像在海边玩耍的小孩子，他们偶尔被几个好看的贝壳所吸引，而完全不能欣赏游戏世界的汪洋大海。"被游戏玩"，才是高境界。一个真正热爱游戏的人玩游戏时并不总是轻松快乐的。真正的游戏玩家有时候甚至是拼命的，因为他们知道不吃苦就永远不会到达顶峰。

游戏的第二个境界是追求成就感。

如果成就感仅仅是为了成为全服务器第一高手也就罢了。但为什么会有人为了凑齐一套装备反反复复地刷副本？为什么有人甚至仅仅为了"打钱"而不眠不休地在一个地方杀怪，不惜因为这种纯低端的体力劳动而被人嘲笑？更重要的问题是，他们为什么不把这种精神用在真实世界中的学习和工作上呢？

这是因为有两件事只存在于游戏之中：第一，"世间自有公道，付出总有回报"；第二，也是更重要的一点是，回报是即时的。

打赢一场仗，经验值立即上升，战利品立即到手。这个规则看似简单，在现实生活中却是非常少见的。即时的回报会给做事的人一个正反馈，使他更投入地继续工作，这种正反馈一旦运行起来，只有人的生理极限才能限制他的工作强度。我们经常看到一个政府职员在上班时间悠闲地看报纸，而一个小商贩却可能在工资更低的情况下拼命地加班加点，其根本的技术原因是这个小商贩的每一个动作都可立即转化为收益。即时正反馈，就是游戏上瘾动力学。

　　这个道理的应用是怎么从管理角度建立一个即时回报的系统。不过我觉得这种系统在很多情况下并不实用。这个反馈会把任何人置于连续的高强度工作中，似乎只适合于简单体力劳动。因为脑力劳动者需要自由的空闲时间来想事儿。一个科学工作者如果陷入这种正反馈之中，比如每一篇论文都能带来几万块钱奖金的话，将是非常可悲的事情，他会变成只会写论文的机器。而另一方面，体力劳动现在大多都是生产线，需要各人之间的配合，而不希望单独一个人凭借自身素质逞英雄。

　　一个玩家一旦陷入这种即时正反馈系统之中，他就成了游戏的奴隶。我尊敬这样的玩家，但有人可能会鄙视他们。另有一种玩家，却是值得所有人敬仰的。

　　这就是游戏的第三个境界，体育和科学的境界。进入这个境界的玩家不是"玩"游戏，而是"训练"，甚至是"研究"游戏。他们不再对升级和获得装备之类的事情兴奋，他们追求的是技艺。

　　几年前玩《魔兽世界》的时候，我看过很多这样的玩家写的技术文章。各种令人眼花缭乱的武器、技能和魔法的性质，对他们来说都是基础知识。他们对每一次升级后的技能修改都敏感。他们试练作战过程中最有效的攻击方向和步法。有些暴雪拒绝公布的细节，比如说"威胁值"的计算公式，他们用搞科研的精神，去野外找怪物做实验。然后他们把发现写成一篇论文。

　　达到这个境界的玩家把玩游戏变成了一项体育运动，甚至是一项科学研究。他们可以反复打某个单机游戏中的同一张地图而不觉得枯燥，因为他们追求的不是简单的快感，而是更高的技艺水平，是艺术。他们仿佛在游戏之中，又好像在游戏之外。

　　玩游戏实在是一个可大可小的事情。如果你随便玩，你只能体验一点小小的快乐情调。如果你陷入即时正反馈系统不能自拔，你会获得更大的乐趣或痛苦。只有当你进入更高的境界，你才可能成为游戏界的泰格·伍兹，甚至是矩阵（Matrix）里的尼奥。

穷人和富人的人脉结构

我们中国人非常喜欢谈人脉，有句现代谚语说"社会关系就是生产力"。"拉关系"，似乎很重要，但这种行为又被某些有志青年所不屑。可是不管你有多么不喜欢，许多事情的完成要依赖各种关系，求人未必可耻，孤独未必光荣。"拉关系"，是个正常的现象，而这个现象并不简单。很多人认为建立有价值的人脉的关键是寻求一种比较亲密的关系，比如"一起同过窗、一起扛过枪"，而社会学家们却恰恰不这么认为。

著名社会学家斯坦福大学教授马克·格兰诺维特（Mark Granovetter），曾经在 20 世纪 70 年代专门研究了在波士顿近郊居住的专业人士、技术人员和经理人员是怎么找到工作的，并把研究结果写成了他在哈佛大学的博士论文[1]。马克·格兰诺维特找到 282 人，然后从中随机选取 100 人做面对面的访问。他发现，通过正式渠道，比如看广告投简历，拿到工作的不到一半。100 人中有 54 人是通过个人关系找到工作的。这是一个相当可观的数字——当宅男们绞尽脑汁纠结于简历这么写好还是那么写好的时候，一半以上的工作已经让那些有关系的人先拿走了。

但这里面真正有意思的不是靠关系，而是靠什么关系。

---

[1] 后来这个论文被扩展成了一本书：Getting a Job。

弱联系的强度

所谓"多个朋友多条路",那么这条路更有可能是什么样的朋友给的呢?格兰诺维特发现,真正有用的关系不是亲朋好友这种经常见面的"强联系",而是"弱联系"。在这些靠关系找到工作的人中只有 16.7% 经常能见到他们的这个"关系",也就是每周至少见两次面。而 55.6% 的人用到的关系仅仅偶然能见到,即每周见不到两次,但每年至少能见一次。另有 27.8% 的帮忙者则一年也见不到一次。也就是说大多数你真正用到的关系,是那些并不经常见面的人。这些人未必是什么大人物,他们可能是已经不怎么联系的老同学或同事,甚至可能是你根本就不怎么认识的人。他们的共同特点是都不在你当前的社交圈里。

格兰诺维特对这个现象有一个解释。整天跟你混在一起的这帮人,很可能干的事跟你差不多,想法必然也很接近,如果你不知道有一个这样的工作机会,他们又怎么会知道?只有"弱联系"才有可能告诉你一些你不知道的事情。格兰诺维特把这个理论推广成一篇叫作《弱联系的强度》的论文[1],此文有可能是史上被引用次数最多的社会学论文,超过了两万次。这个研究的数据如此简陋,思想如此简单,然而其影响是深远的。现在,"弱联系"这个概念已经进入励志领域,2010 年有人出了本书,*Superconnect: Harnessing the Power of Networks and the Strength of Weak Links*[2],其中大谈弱联系的用处,此书中文版的名称更直接,叫《超级人脉》。

"弱联系"的真正意义是把不同的社交圈子连接起来,从圈外给你提供有用的信息。根据弱联系理论,一个人在社会上获得机会的多少,与他的社交网络结构很有关系。如果你只跟亲朋好友交往,或者认识的人都是与自己的背景类似的人,那么你大概就不如那些什么人都认识的人机会多。人脉的关键不在于你融入了哪个圈子,而在于你能接触多少圈外的人。这样来说,岂不是从一个人的社交网络结构,就能判断这个人的经济地位如何了吗?

---

[1] 参见 Mark Granovetter, The Strength of Weak Ties, *American Journal of Sociology* 78, 1360(1973)。
[2] 作者科克(Richard Koch)和洛克伍德(Greg Lockwood),我尚未读过此书。

2010年，3名美国研究人员，伊格尔（Eagle）、梅西（Macy）和克拉克斯顿（Claxton），做了一件有点惊人的事情来验证这个思想[①]。他们把2005年8月整个英国的几乎所有电话的通讯记录都拿过来了（涵盖90%的手机和超过99%的固定电话）。这些电话记录构成了可见的社交网络。研究者很难知道每个人的经济状况，但是英国政府有全国每个小区的经济状况数据，你可以查到哪里是富人区，哪里是穷人区。他们把通讯记录跟其所在的3万多个小区居民的经济排名进行对比。结果非常明显，越是富裕的小区，其住户的交往的"多样性"越明显。但是这个结果如果细看的话还有更多有意思的东西。

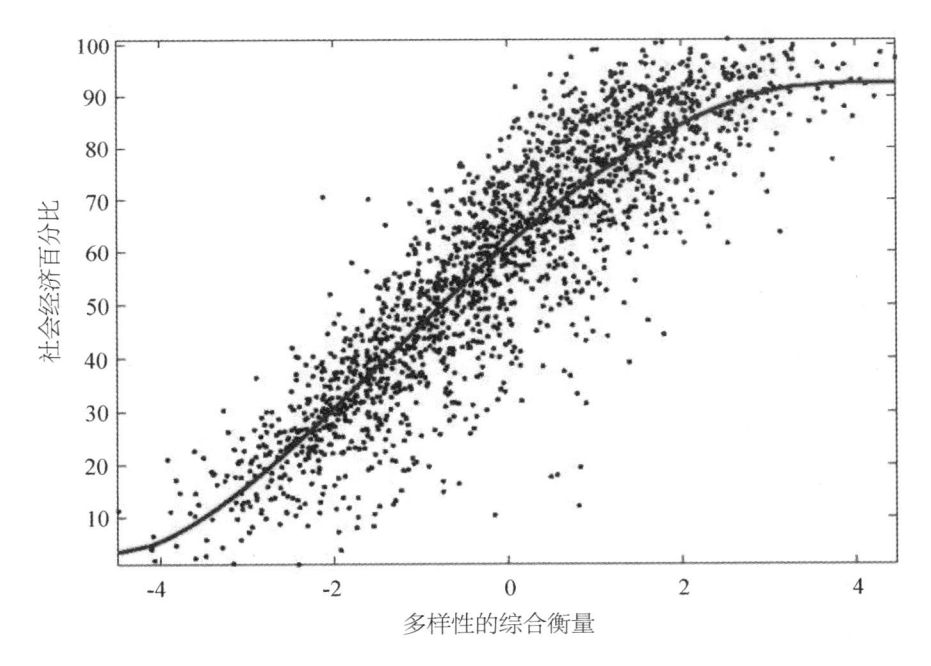

社交网络多样性越强，经济排名就越高

在统计上我们使用"相关系数"来表示两个东西之间的相关性，它的值在 -1 和 1 之间，越接近 1，就表示这两个东西越容易一起变大和变小，负值则表示二者变化的方向相反。这个研究发现，小区的经济排名与其社交网

[①] 论文发表在《科学》上：*Science*, 21 May 2010, Vol. 328 no. 5981 pp. 1029-1031。

络的"社会多样性"和"地区多样性"的相关系数分别是0.73和0.58。这意味着越是富人越容易跟不同阶层和不同地区的人联络，而且阶层多样性要比地区多样性更重要。正所谓"贫居闹市无人问，富在深山有远亲"。我们设想富人的联系人数也应该较多，因为他们认识的人比穷人多——这也是对的，但联系人数目和经济排名的相关系数只有0.44，并不太重要。最有意思的一点是，打电话时间的长短，跟经济排名的相关系数是-0.33，也就是说富人虽然爱跟各种人联系，但真正通话的时间比穷人短。

这种数据分析的问题在于它只能告诉我们社交网络跟经济地位之间有这么个关系，但不能告诉我们到底是谁导致谁。是因为你富有，才有不同的人愿意跟你接触呢，还是因为你愿意跟不同类型的人接触，才导致你富有？格兰诺维特的理论还有另一个问题。事实上，我们每个人认识的绝大多数人都是弱联系，强联系只是少数。如果让所有认识的人每人给我们一条工作信息，最后有用的这条信息当然有更大的可能性来自弱联系！马克·格兰诺维特在他1973年的论文里承认了这个问题，但他也提出了一个解释：生活中的强联系和弱联系跟我们交流的次数相差极大。我们跟强联系之间交流的信息，要远远多于弱联系。这种交流到底多多少，他没有办法量化计算，但是来自弱联系的信息总量可能并不比强联系多。那么，这样看来还是弱联系重要，因为它传递的有价值信息的比例更大。后来类似的质疑不断有人提出，但格兰诺维特的理论还是经受住了考验。

所以弱联系理论的本质不是"人脉"，而是信息的传递。亲朋好友很愿意跟我们交流，但是话说多了就没有新意了。最有效率的交流，也许是跟不太熟悉的对象进行的。这个猜想怎么证实呢？

谁给你的信息重要？

现在有了网络，研究人员可以更好地分析我们是通过什么联系得到新知识的，比如你在各种社交媒体上经常阅读和转发来自网友的各种推荐。那么，是亲密好友的推荐更有用，还是弱联系的推荐更有用呢？脸谱网（Facebook）

的数据团队于 2012 年针对这个问题做了一项设计得非常巧妙的研究[①]。研究者有个简单判断你跟各个网友之间的联系强弱的办法。比如说，如果你们之间经常互相评论对方发的"状态"，那么你们就是强联系的关系，否则就是弱联系。

这项研究统计人们在 Facebook 上分享的那些网页链接——如果你分享这个链接，你大概认为这个链接是有用的。这种分享有两种可能性。一种是你的朋友（不管是强联系还是弱联系）先发了这个链接，你看到以后转发；另一种是你自己独自发现这个链接。我们可以想象，前一种方式发生的可能性肯定要比后一种大，社交网络的作用就是让网友向我们提供信息。Facebook 的这个研究通过随机试验的办法来跟踪特定的一组网页地址，结果发现别人分享这个地址给我们，我们看到以后再转发的可能性（Pfeed），比我们自己看到这个地址直接分享的可能性（Pno feed），大 5 倍以上。这两种可能性的比值（Pfeed/Pno feed），也就是网友分享的放大效应。

我们的转发行为是亲疏有别的，我们更乐意转发"强联系"分享给我们的信息。统计发现，如果强联系发给我们一条信息，我们转发它的概率大约是弱联系发过来信息的 2 倍。这个理所当然，强联系之间本来就有类似的兴趣。有人据此甚至担心，社交媒体是否加剧了"物以类聚，人以群分"这个局面。我们会不会因为总跟志趣相投的人待在一起，而把社交圈变成一个个孤岛呢？

不用担心。我觉得这个研究最巧妙的一点是这样的：它不但比较了我们对强联系和弱联系的态度，还比较了两种不同联系的放大效应。强联系的放大效应是 6，而弱联系的放大效应是 9。也就是说同样一个网址，你看到一个弱联系分享给你，你再转发的概率，是你自己发现这个网址再分享的概率的 9 倍。再说白了，就是强联系告诉你的有用信息，你自己本来也有可能发现；而弱联系告诉你的有用信息，他要没告诉你，你恐怕就发现不了。

---

① 论文参见 http：//www.scribd.com/doc/78445521/Role-of-Social-Networks-in-Information-Diffusion 。

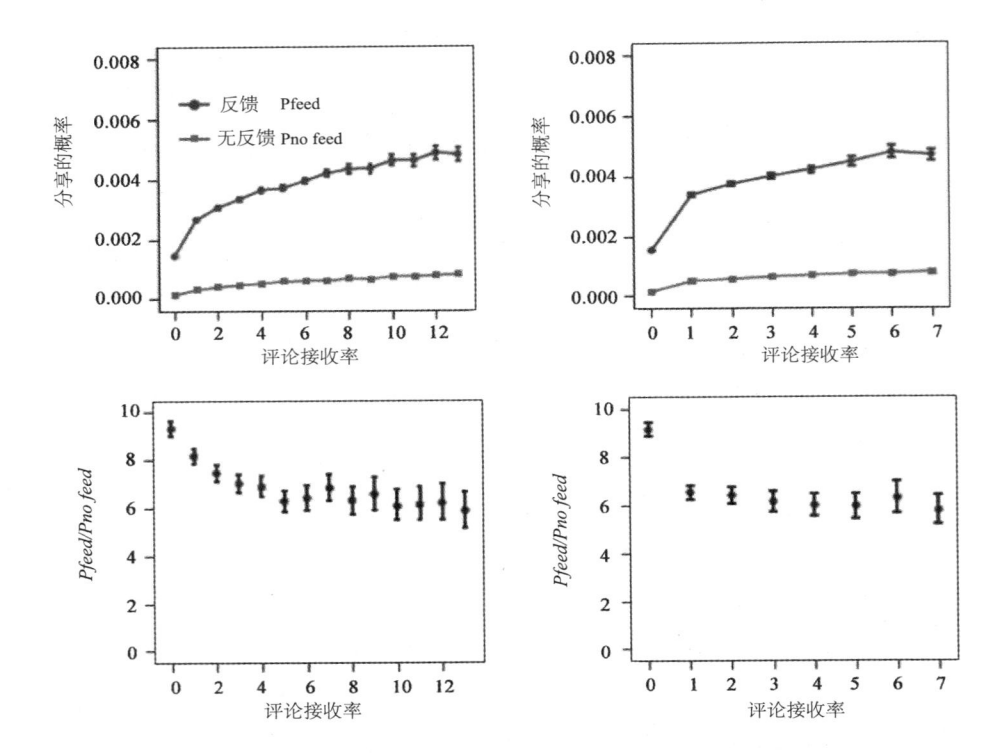

上面两张图是用两种不同方法（按评论数和按转发的消息数）计算联系的强度时，Pfeed 和 Pno feed 的对比；下面两张图则是 Pfeed/Pno feed。

然后再考虑到人们接收来自两种联系的信息总量，把它们用相应的分享概率加权平均之后，发现来自弱联系信息的影响力远远超过强联系。也就是说，虽然人们重视强联系，人们的大部分知识还是来自弱联系。

现在，"弱联系"理论已经被推广到许多领域，不管你是仅仅想学点东西，找工作，还是创业，你都应该避免陷在成熟的"强联系"中，你应该走出去追求"弱联系"。

别跟熟人合伙

已经有统计表明，从弱联系那里获得想法，乃至于与弱联系合伙创业，有利于提高一个公司的创新能力。社会学家吕夫（Martin Ruef）用问卷调查了 766 个在美国西部某大学（其实是斯坦福大学，尽管论文里并没有明确说明）获得 MBA 学位，然后又曾经至少尝试过自己创业的"企业家"，他想从中发现弱联系和创新的关系[①]。吕夫统计了这些 MBA 们所创办公司的人员构成和信息来源，并且使用各种办法评估这些公司的创新能力，比如考察其是否推出了新产品或者新的销售手段，是否打入国际市场，有多少专利，等等。

是从哪里来的想法直接刺激你创业的呢？吕夫发现，这个创业想法来自家人和朋友这些强联系的，只占 38%；而来自客户和供货商等商业伙伴这些弱联系的，则高达 52%；另一些人则是受媒体或专家启发。可见好想法来自弱联系这个定律从创业之初就管用。

看来经常出去参加饭局的确比在家待着强，但是那些连饭局都不参加的创业者有可能更强。现在我们再考虑公司开起来以后的信息来源。如果你在创业过程中的信息网络主要由弱联系构成，你的创新能力是那些指望强联系的公司的 1.36 倍。而如果你干脆不靠熟人，直接从媒体和不认识的专家那里获得信息，你的创新能力则是强联系公司的 1.5 倍。而从社交网络来看，跟前面数据的结果一致，你的社交网络越多样化，你的创新能力就越强。那些拥有极度多样化社交网络的企业家，他们既有强联系也有弱联系，还接受从未打过交道的人的意见，其创新能力是那些只有单一社交网络的人的 3 倍。

虽是如此，大部分创业团队仍然由家人和朋友构成。强联系团队和弱联系团队的数目对比差不多是 5 : 3。所以我们看到中国人搞家族企业，或者好友合伙创业，也能理解，就算是斯坦福 MBA 又能怎样。而吕夫使用一个创新评估模型发现，弱联系团队的创新能力差不多是强联系团队的 1.18 倍。更进一步，如果这个团队的成员在此之前彼此不认识，那么这个团队的创新能力还可以更高一点。

但是人们很难拒绝强联系的诱惑。比如我们认为风险投资这个行业的人应该是比较理性的，或者至少应该是比较冷酷无情的，但是就算是这帮人也会犯追求强联系的错误，而这个错误常使他们付出相当大的代价。

[①] 论文参见 http：//www.cs.princeton.edu/ ~ sjalbert/SOC/Ruef.pdf；另见《连线》上一篇相关介绍 http：//www.wired.com/2010/07/the-secret-of-successful-entrepreneurs/。

这是一项新研究。2012年6月，哈佛大学商学院的冈珀斯（Gompers）、慕克哈（Mukharlyamov）和轩于海（Yuhai Xuan，音译）发了一篇名为《友谊的代价》的论文[①]。这篇论文考察了3510个风险投资者，以及他们在1975年到2003年间的11 895个投资项目。有些人选择与自己能力相当的人合作，比如大家都是名校毕业；但更多的人选择与自己的"熟人"合作，比如曾经的同学、同事，或者仅仅因为两人是一个种族（少数民族）。这个研究发现，按能力搭档可以增加投资的成功率，而找熟人搭档，则会极其显著地减少投资成功的可能性。

这些人愿意跟什么样的人搭档呢？能力是一个参考因素：如果两个人都是从名校毕业，他们发生合作的可能性比一般人高8.5%。但更大的参考因素是关系：如果两个人是同一个大学的校友，他们合作的可能性会增加20.5%。而关系亲还不如种族亲！如果这两个人是同一个种族的，他们合作的可能性会增加22.8%。

那么，不同类型的搭档关系，对投资成败有什么影响呢？两个风险投资者中如果有一个是名校毕业的，其投资的这个公司将来能上市的可能性会提高9%。如果他的搭档也是名校毕业，则提高11%。所以按能力选搭档，哪怕你把能力简单地用学历代表，都的确能增加成功概率。可是如果选一个以前跟你在同一个公司干过的同事搭档的话，会让风投成功的可能性降低18%；如果选校友，降低22%；如果选"族人"，降低25%。

看来，风险投资的最佳合作伙伴，应该是一个从来没跟你进过同一个大学，从来没跟你在同一个公司工作过，而且跟你不是一个种族的高学历者。

所有人都喜欢强联系，哪怕是风险投资者和斯坦福MBA也是如此。我们愿意跟他们混在一起，我们愿意给他们打电话，我们愿意转发他们的微博。但是熟归熟，工作归工作。当我们考虑找人创业，找人合作，哪怕是找人了

[①] 论文参见http：//www.nber.org/papers/w18141.pdf，另见Freakonomics博客文章http：//freakonomics.com/2012/06/18/the-cost-of-friendship/。

解什么信息的时候,"弱联系"才是最佳选择。现在社会学已经有了足够多的证据证明,对工作来说,同乡会和校友会不是扩展人脉的好地方。

超强记忆力是邪道功夫

圆周率 π = 3.1415926535……我只能背到小数点后第 10 位,而很多小孩子都能背到几十甚至上百位。人们用圆周率来锻炼自己的记忆力,有些家长甚至认为圆周率就好像唐诗一样是孩子必背的。我的圆周率背诵成绩拿不出手,但我对此并不感到惭愧。

世界上有很多功夫可以把"简单"积累成"复杂"。比如你研究过很多数学问题,这些问题就有可能在你脑子中发生化学反应,让你思考的方式跟解过的每一道题都不完全一样,举一反三甚至上一个档次,正所谓"从量变到质变"。记忆力功夫可没有这样的效果。你背了很多位圆周率……也就仅仅是背了很多位圆周率而已。

但是记忆力可以用来表演。人们一提《最强大脑》,首先想到的就是记忆力。这种表演级别的超强记忆力有什么意义呢?对此我们需要知道三点。

第一,正常人要是愿意练,也可以练成这么神奇的记忆力。

第二,再强的记忆力,也不能——用一句王朔的话说——"把胳肢窝变成海参"。

第三,特别强的记忆力,反而有害。

1. 高人

2005 年 11 月,中国西北农林科技大学 24 岁的研究生吕超,在数台摄像机和众人的共同见证下，用 24 小时零 4 分钟，把圆周率背诵到了小数点后 67 890 位，而且中间没有出过错。这是当时新的世界纪录。吕超，一个非常普通的年轻人，把 67 890 个完全没有规律的数字，按照顺序一字不差地背诵出来了。

不过吕超的纪录并没有保持多久，紧接着 2006 年 10 月，一个 60 岁的日本人，心理健康顾问原口秋良，突破了 10 万位。这种一破纪录就提高 3 万多位的局面让我们有充分的理由相信我们离人类的记忆力极限还差得很远，如果吕超愿意，也许他可以在几年之后突破 20 万位[1]。

他们是怎么背的呢？

记忆数字的一个民间办法是所谓"谐音记忆法"。我国长期流传的一个背诵圆周率的方法就是把 3.14159 给谐音成"山巅一寺一壶酒"这种半通不通的顺口溜，就好像某些人喜欢把"918"想象成"就要发"一样。用这种方法记忆电话号码和车牌号肯定好使，也许有人能用这种方法把圆周率背诵到 100 位，但是到 1 万位，不可能。谐音出来的东西本身并不通顺流畅，背诵谐音诗未必比直接背诵数字容易。

专业选手的技术，是"形象化"。我先说一个最基本的例子。

假设有人用稍慢一点的语速念出如下一份有 10 种东西的列表，你能不能听一遍就把它记住，并且在 5 分钟之后还能按照原有顺序回忆出来呢？

1. 汽车
2. 苹果
3. 房子
4. 水杯
5. 铅笔
6. 乞丐

---

[1] 我看到新闻，说有个乌克兰医生把圆周率背到了 3000 万位，但我对此表示强烈怀疑。维基百科显示的纪录就是日本人的 10 万位。

7. 电脑
8. 气球
9. 炉子
10. 窗帘

对没经过训练的人来说这可能有点困难。但是我曾经亲自试过，只要经过简单的训练，你就能学会记忆所有这样的列表！

首先你要把1～10这些数字给形象化，让它们在你心中有一个固定的形象。比如你可以采用如下这个形象系统：

1. 油条（数字"1"长得像一根油条）
2. 傻子（东北口语"二"）
3. 山（与"3"谐音，以下都是如此）
4. 死亡
5. 我
6. 路
7. 妻子
8. 发财
9. 酒
10. 足球（10号球员最重要）

你可以选择任何最符合自己直觉的系统，但是这个系统要永远不变，固定在你的大脑里。以后每当你看到数字"1"，你脑子里反映出来的形象就是一根油条——这就是"1"的长相。

有了这个形象系统，再记忆任何清单就都简单得多了。你要做的就是编故事。你要把每个数字的固有形象和它对应的物品联系起来。上面那个清单，别人一边念，你一边在脑子里想象如下场景：

1. 一边吃油条一边开车，方向盘上全是油

2. 苹果电脑，傻子都会用

3. 山景房

4. 喝杯水中毒而死

5. 我用铅笔写字

6. ……

这些场景不追求合理，而且是越不同寻常、画面越刺激、越能带来情感波动越好。比如"7. 电脑"，与其想象成"妻子用电脑"，不如想象成"怎么才能说服妻子同意我买个高级电脑"。"5. 铅笔"也可以想象成"我用铅笔当武器"……最好是"我被铅笔刺中"。

从计算机的角度讲，形象画面显然比抽象数字占用多得多的内存，但是人脑就是这么一个特别善于记录形象画面的设备。这个方法的功效立竿见影，哪怕再过半小时，有人问你："2 是什么？"你马上就能回答："苹果。"

这个方法当然不是我发明的，它来自古罗马和古希腊人就知道的"轨迹记忆法"（Method of Loci）。其现在的这个形式也已经有 100 多年的历史了，最早可能见于约翰·萨姆布鲁克（John Sambrook）写的一本书中[①]。

吕超记忆圆周率的方法，以及任何专业记忆大师记数字和字母组合的方法，本质上都是把抽象的东西形象化。比如对吕超来说，23 就是乔丹，因为乔丹的球衣号码是 23 号；14 则是玫瑰花，因为情人节是 2 月 14 日。这样一来，"2314"这一串数字在吕超看来就是"乔丹拿着玫瑰花"这么一幅视觉图像。再把图像连接成为一个故事，最终吕超记忆的其实是一部长篇连续剧。

长篇连续剧当然比圆周率好背，但我们大多数人真的连长篇连续剧也记不住，而这就显示出训练的作用了。据说吕超每天练习 5 小时，用了整整一年的时间来背诵圆周率。

---

① 萨姆布鲁克的 *Phonographic System of Mnemonics, Summary of Class* Tuition 一书中讲到了这个记忆法，最早出版于 1923 年。但有人考证他 1889 年就已经发明了这个技术。

所有专业记忆力比赛，本质上比的都是想象力。参赛的记忆力大师大多都是普通人，他们只不过愿意艰苦地训练而已。而且他们除了记忆力这一个特长，几乎没有什么别的不凡之处。

除了极少数真正的天才。

2. 奇人

目前在世的，有超强记忆力的人中最牛的一个，可能是英国人丹尼尔·塔曼特（Daniel Tammet），他曾经在2004年把圆周率背到22 514位而打破欧洲纪录。但背圆周率只是他的能力之一。塔曼特擅长学习语言，据不完全统计，他至少会10种语言。曾经有人挑衅他能不能在一个星期内学会冰岛语，结果塔曼特7天之后就上电视用冰岛语做节目了。他的冰岛语老师说他"不是人类"。塔曼特写了两本书，自己还有个网站，是位学者型记忆大师。

塔曼特把数字通感发挥到了极致。在他的大脑中，从1～10 000的每一个数字都有自己的形状、颜色、材质和感觉。在需要记忆长串数字的时候，他的大脑可以完全自发地把这些数字的形象连接起来，形成有意义的图像和故事。

塔曼特有这样的能力，可能因为他是一个病人。他被诊断为既是"学者综合征"（Savant-Syndrome）又是"阿斯伯格综合征"（Asperger Syndrome）的患者。这两种病都是天生的，社交方面表现为自闭症，但是在某一方面的认知能力却超乎寻常。阿斯伯格综合征患者在视觉和背诵方面表现出色，学者综合征患者则擅长音乐和算术。因为媒体把这两种病说得很神，现在基本上一说某某是天才，就有人怀疑他是不是患有这两种病。人们怀疑的对象包括牛顿、爱因斯坦、《美丽心灵》的主角约翰·纳什，和破解了彭加莱猜想的数学天才佩雷尔曼（Perelman），等等。

所以有句话说，想要成为学术大师，最好有点轻微的自闭症。

那你想有点轻微的自闭症吗？先别急，还有一种比这更厉害的天生超强记忆力。

3. 病人

美国人金·匹克（Kim Peek）不是自闭症患者，他的病比自闭症严重得多。他的头很大，他的大脑中没有胼胝体——也就是连接脑两侧半球最重要的联合纤维，这使得他的左右大脑交流不畅。他的小脑也有问题，这使得他直到 4 岁才学会走路。他的情绪不稳定，很容易发怒。

但是匹克可以同时阅读两个书页，左右眼各读一页。这很可能与他没有胼胝体有关。他只读一遍，就能够完整地记住所读的内容，而且永远都不会忘记。他曾经在一个图书馆里向测试者背诵任意指定的书，据说他记住的书超过 12 万本。

匹克的故事被拍成了电影，这就是《雨人》。

鉴于《最强大脑》节目办了这么多年也没发现一位真正的"中国雨人"，也许是因为中国还没有这样的病人。不过我们不用感到特别可惜，因为这种天生的离奇记忆力并非好事。

匹克的智商只有 87 分，他缺乏基本的生活自理能力。更重要的是，雨人们虽然能过目不忘，但却不能理解自己所背诵内容的意思。他们读的书虽然多，但是并没有因为读书而增长智慧。他们把注意力集中在具体细节之中，而看不到大局。

匹克曾经靠超强的记忆力和心算能力在一个小公司当过会计，干了 10 年以后，他被一台计算机和两个真正的会计取代了。

我敢说，除了上电视表演，不管是记忆力的高人、奇人还是病人，都没什么大用。

4. 知识的高低贵贱

我听到关于《最强大脑》节目最奇特的说法是，选拔这样一批善于记忆和速算的人，为国家储备战略人才——虽然现在他们会的东西早都已经被计算机取代了，但是万一战争来了全国停电呢？

据我所知，历史上还无法利用电能的时候，国家并不是依靠一批"最强大脑"来解决计算和记忆问题的——我们用算盘和书本。哪怕在古代，没有计算机、没有搜索引擎，我们真正依赖的人才也是那些心智健全的人。

是，在书本匮乏且昂贵的时代，背诵是个基本功夫。你出口成诵，别人肃然起敬。而现在人人都有手机，能随时记录和查找任何东西，还有人投入大量时间和金钱提升记忆力，这就非常荒唐了。

有很多真正厉害的大脑自带强记忆功能，比如冯·诺依曼读书似乎就过目不忘，而且还会 7 种语言；数学家张益唐从来不需要手记电话号码，都是说一遍就记住。但记忆力只是这些牛人大脑的副产品，绝非安身立命之本。钱钟书在《谈艺录》和《管锥编》中炫耀自己扫描般的记忆力，结果现在有人竟然说他是"绝食艺人"①。

一般人的记忆力是有限的。给人看一张照片，过一段时间再回忆这张照片，他大概只能回忆起几个物体的轮廓，而不是具体的细节。想要让人记住细节，这个细节必须很不一般才行。

如此不精确的记忆为什么还能让我们生存下来了呢？因为这种不完美的记忆力恰恰是一个进化优势！忽略细节，才能抓住要点。女朋友的品貌很重要，她爷爷是否吸烟则不重要；去银行存钱，数字正确很重要，为你服务的营业员穿什么衣服则不重要；一本书的思想很重要，书的第 38 页第 12 行第 6 个字是什么则不重要。

你得把记忆力用在关键的知识上。

所以真正实用的人才读书不能钻牛角尖，得像诸葛亮那样"观其大略"。爱因斯坦说：

"我想知道上帝是如何设计这个世界的。对这个或那个现象、这个或那个元素的谱我不感兴趣。我想知道的是他的思想，其他的都只是细节问题。"

他可不太像自闭症患者。不成体系的知识没什么用处。把超强记忆力训练法用于背电话号码和火车时刻表毫无意义。真正的牛人把精力用于追求更

---

① 刘皓明《绝食艺人：作为反文化现象的钱钟书》，http://www.ideobook.com/113/qian-zhongshu-as-hungerkunstler/。

高级的知识。

"贵人多忘事"，是因为"贵人"更关注有更高优先级的事。π = 3.14 已经是一个很好的近似值了！你的想象力应该用在真正的创造上，而不是给小数点后面很远的数字编故事。

人们曾经担心，用电脑分担记忆，可能会损害我们的记忆力。但是最近有个研究[①]发现，把需要记住的东西上传到电脑，正好可以解放人们的大脑！实验人员让受试者记两组词汇列表，先记住，然后测验。结果发现，如果记完第一组词汇后允许受试者把这些词汇储存到电脑，受试者就能在接下来记忆第二组词汇的时候表现得更好——知道有电脑帮着储存，他们感觉自己的认知资源被解放了。

关键词是"解放"。把大脑从不重要的细节中解放出来，我们才能去想更重要的事。

事实上，超强记忆法不但对学习无益，而且可能有害。我们所学的知识往往有很强的结构性，知识点之间本来就有逻辑联系——正确的学习方法，是根据知识原本的逻辑和原理记忆。而正如我们前面介绍过的，超强记忆法追求的是用想象力另外建立一个联系！这等于是把已经搭好了的乐高积木先拆开再重新排列，不但多此一举，而且是破坏性的。超强记忆法用得越多，理解力可能就越差。所以练习超强记忆力不是做学问的正途，而是邪道。

有参加过记忆力训练的人表示自己因为记忆力提高，考试成绩也变好了——我说如果你把练习记忆力的功夫直接花在准备考试上，你的成绩会更好。

信息是有等级的。知识有高低贵贱之分。从理论上讲，所有的信息都有可能在将来的某个时候会有用处，但人的精力有限。如果你像保管钻石一样保管牙膏，你的钻石必然像牙膏一样容易丢失。谁敢保证上次去餐馆吃饭的收据一个月以后不会被用作自己不在杀人现场的证据？谁也不敢保证，但是我们就要敢于扔掉这个收据。

[①] 参见 Storm, B., & Stone, S. (2014). *Saving-Enhanced Memory: The Benefits of Saving on the Learning and Remembering of New Information Psychological Science*, 26 (2), 182-188。

最后我要讲一个费曼的故事——这个故事，值得你记住。

物理学家费曼念研究生的时候，曾经出于"玩票"的心理跟生物系的人一起上过一门课《细胞生理学》。这门课要求他读一篇关于猫的肌肉构造的论文，并且要在课堂上介绍这篇论文。费曼完全不知道论文中提到的各类肌肉位于猫身上的什么部位，自己事先找资料学习了一番。等到费曼做报告的时候，他先在黑板上画了一只猫，然后在图上标记出各部分肌肉的名称。生物系的同学纷纷告诉费曼，这些名称他们早就知道了。

年轻气盛的费曼，立即对全班同学说了一句话：

"你们都知道？难怪你们念了 4 年的生物，我却还是一下子便追上你们的程度了。"

费曼在自传[①]里说，这帮学生物的把大好时光都浪费在死记名词上，而那些东西只要花 15 分钟就能查到。

---

① 出自《别闹了，费曼先生》。

忘记是为了更好地记住

上一篇文章我们说了"超强记忆力是邪道功夫",我们反对拿圆周率之类根本不是知识的东西搞刻意的记忆力训练。但另一方面,学习的确需要记忆。那么正道的记忆力,应该怎么用呢?咱们来说说怎么记住有用的知识。

学习方法得讲科学。《纽约时报》科学作家本尼迪克特·凯里(Benedict Carey)在《如何学习》(*How We Learn: The Surprising Truth About When, Where, and Why It Happens*)这本书里,介绍了有关记忆力和学习的最新研究。这些研究会让你对记忆力有全新的认识。

咱们先从一项经典实验说起。

1. 一个神奇的效应

100多年前,伦敦有个叫菲利普·巴拉德(Philip Ballard)的中学英语老师,他拿自己班上的学生做了一个实验。巴拉德让学生阅读一首诗,并且要求尽量把诗背下来。读完之后休息5分钟,马上进行默写测试,结果成绩都一般。巴拉德老师没有要求学生继续学习这首诗,学生们以为这件事儿就算过去了。

两天后,巴拉德突然要求学生再次默写那首诗。在这期间学生们都没有进行任何复习,所以我们设想,这一次的测试成绩应该更差。

结果恰恰相反。成绩反而比两天前的当堂测试平均提高了10%。

根据人们熟知的"记忆曲线"(或者叫"遗忘曲线"更合适)的原理,

人对事物的记忆应该随时间的延长不断衰减，而且最初几天遗忘的速度还特别快，那怎么可能还加强了呢？

心理学实验经常不靠谱，现在很多心理学的研究结果都陷入了"结果不可重复"危机。巴拉德这个实验听着就不太靠谱。后来有好几个研究者又做实验，证明了巴拉德这个所谓"记忆增强"的效应根本就不存在。可是偶尔又有些研究者说他们重复验证了巴拉德发现的效应。这件事反反复复，困扰了心理学家好几十年。

一直到 20 世纪 80 年代，人们才算理出一点头绪。原来这个效应的关键在于，你让受试者记忆的东西是什么。一般心理学家搞记忆力研究都是让人记若干组没有规律的字母组合，在这种情况下记忆的衰减的确符合遗忘曲线，"巴拉德效应"不存在。但巴拉德本人在实验中用的素材不是随机字母组合，而是一首诗——诗歌的词句彼此之间有联系、放在一起是有意义的——在这种情况下做实验，巴拉德效应就的确存在。

这可是个好消息。要知道，我们在学习的过程中要记忆的知识，可不是杂乱无章的字母组合，而是有结构、有联系的，更像是诗歌。

那么这背后是个什么原理呢？

2. 两种记忆强度

美国加州大学洛杉矶分校的一对教授夫妻，罗伯特·比约克（Robert Bjork）和伊丽莎白·比约克（Elizabeth Bjork），据此提出了一个非常漂亮的记忆力理论模型。我真是特别喜欢这个理论——它能完美解释各种关于记忆和遗忘的现象，它能为我们的学习提供指导，它非常简单而又非常反常识，你听一遍就永远忘不掉。

记忆到底是怎么回事呢？我们心目中的记忆，大概就如同写在沙滩上的字，随着时间流逝会慢慢模糊掉……而这个比喻是错的。

比约克夫妇的理论说，人的记忆，其实有两种强度：存储强度（storage strength）和提取强度（retrieval strength）。存储强度，决定了这个东西是否进入了你的大脑；提取强度，决定了你能不能把它回想起来。

存储强度，不会随时间减弱！我们每时每刻都在接收大量的信息，而其中的绝大部分都被大脑自动忽略了——这些被忽略的不算。那些剩下来的，你主动希望记住的东西——比如说一个人名、一个电话号码、一个英语单词——一旦进入记忆，就永远在那里了。下次再见到它，它在你大脑里的存储强度会增强，但是哪怕你再也不见它了，它的存储强度也不会减弱。存储强度只增不减。

那么为什么我们会忘记一些东西呢？那是提取强度出了问题。如果没有复习，提取强度就随着时间延长慢慢减弱。

咱们打个比方。比如现在让你回忆 20 年前的一位同学的音容笑貌，你肯定想不起来什么——这就是提取强度变弱了。但是如果你跟她突然见面，俩人一聊天，当初种种事情就呼啦一下全想起来了——这就是因为存储强度其实没有减弱。

记忆一直都存在那里，只是不好提取了。

"你的笑容这样熟悉，我一时想不起。"

你对一个东西接触的次数越多，存储强度就越高。你对一个东西想的次数越多，提取强度就越高。我们再用一个表格来列举我们对几类人的两种记忆强度比较：

例子	存储强度	提取强度
父母	高	高
多年不见的小学老师	高	低
新认识的邻居	低	高
几年前只有过一面之交的人	低	低

心理学家经过研究后的一个关键结论是，提取强度越用越高。每一次提取记忆，提取强度都会增加；而且因为这个记忆在你脑子里又过了一遍，所以存储强度也增加了。

这就是为什么会有巴拉德效应。学生们第一次测试的时候，他们要提取刚刚得到的记忆，这个提取动作把那个记忆给加强了。虽然此后两天学生们没有刻意地复习，但是他们等于在课堂上已经复习了！两天后再测试，上次就已经默写出来的诗句这次就毫不费力,而且他们还有时间去想想上次没写出来的诗句。而因为诗句之间都是有联系的,学生们也许就能联想填空,还能多写出几句。

这个理论对我们的学习方法有巨大的启发。

3. 考试是最好的复习

想要记住一个知识,你得注重"提取"。比如背单词,我看有的人背单词其实是在念单词,拿本单词书从头到尾反复念——这里面你没有提取动作!正确的做法是自己反复考自己,盖住一个单词的解释,想想它是什么意思,实在想不起来了再去看答案。

科学家还发现,提取这个动作越困难,两个强度的增加值就越大。

既然如此,最有效率的学习方法就不是天天复习,而是故意把它放在那里等几天,等到提取强度慢慢变弱了,我们已经有点"忘记"了,再搞一次测试式的复习。如此一来你不但用最少的时间学习,而且还能通过遗忘过滤掉一些不必要的信息。

还是以背单词为例,科学的做法是多复习,但是每次都增大复习的间隔——

- 第一次复习放在一天之后;
- 第二次复习的间隔就要拉长,比如说再等一周;
- 然后是一个月之后;
- 然后等几个月甚至更长时间。

当然这只是一个示意——具体间隔多长时间最有效可能因人而异,但是早就有人搞了各种软件,用专门的算法来设定回忆间隔,比如有一个这样的软件叫"Fresh Memory"。

关键是你得有间隔。有实验证明,哪怕第一次复习是在两个月之后,你感觉什么都不记得了,其实还是能找到一点印象的,这种学法还是有效的!

所以要想记住，最好先"忘"了。

4. 突击式学习和间隔式读书

我上大学的时候曾经觉得一门课学一个学期实在效率太低了。我用突击的方法学完了好多课程。我的做法就是拿本教材直接读，读完一章就做做习题，然后读下一章。读完一本书总共用不了多少时间，而且考试成绩都挺好。大学毕业以后我才意识到，这种学法其实是不对的。

学得快，忘得也快。突击式学习应付考试很方便，可是将来如果真要用到这些知识，还得重新找书来看。因为学得太快，这些知识没有很好地"长"在大脑之中——毕竟大脑不是硬盘，是肉长的，而长肉需要时间。

用记忆力的理论来说，就是突击式学习的存储强度和提取强度不够高。

慢慢学才是好办法。这周学了一点就放下，下周拿起来接着学，得先提取一下前面的记忆，这样多次提取，记忆就加深了很多。那么在同一时期内交叉学习几门课程，比学完一门再学另一门的记忆效果会好很多。

其实读书也是这样。我们应该随时都有好几本书在读。一本书拿过来读一章就放下，明天换另一本书读，然后过几天再回到这本书接着读。这样每次读的时候都要先提取一下上一次的记忆，最后能记住的东西是最多的。

如此说来，学习和工作还是不一样。工作应该强调专注，每次最好只干一件事儿，一个团队最好先彻底干完一个项目再去干别的项目，因为不同事情、不同项目之间的转换成本太高；然而如果是学习，是你想要记住什么东西的话，一定程度的多任务——当然也不是说每隔几分钟就切换一次——反而是好事，因为转换就要提取，而提取能增强记忆。

"创造性思维"的三个迷信

现在还有谁不重视创造性思维呢？从总理讲话到小学生家长会，从官方媒体到微信朋友圈，今日中国就算还没到"全民创新"的高境界，至少也是"全民谈创新"。如果对别的时政话题还有争议甚至禁忌的话，面对创新我们则无比宽容：这可是一个高中生写个手机聊天应用都有可能卖几十亿美元的时代。

创新，宁有种乎？手机应用根本不能满足我们的想象力需求，中国有很多人想玩更大的。凭什么初中学历的"诺贝尔哥"郭英森就不能发现引力波？凭什么农民就不能在自家后院制造飞碟？凭什么退休工会干部就不能证明哥德巴赫猜想？就算他们都失败了，我们难道不应该对这种创新精神加以鼓励吗？

如果你想办点实事，而不仅仅是想展示自己的宽容姿态的话，你就真不应该鼓励。这不是创新，这是行为艺术。这不是生产知识，这是摆姿势。"创新"成了文化符号，人们还根本不理解"创造性思维"到底是什么，就已经对其过度崇拜了。

我认为，人们对"创造性思维"的认识有三个谬误，甚至可以说是迷信：

1. 第一，我们以为创新行为的最关键一步，是某个绝妙的想法——也就是灵感。

2. 第二，我们以为灵感非常难得。

3. 第三，我们以为越是离奇、越能打破禁忌、越大胆的想法，越值钱。

我想谈谈真正的创造性思维是什么样的。

1. 尤里卡时刻

我曾经收到过一张美国物理学会寄来的明信片，画面上是一个装满水的浴缸，而有一些水溅到了浴缸之外。明信片上写着：阿基米德洗澡的时候想出了怎么测量体积，你的尤里卡时刻在哪里？

据说阿基米德曾经受命测量一个王冠的比重，可是他不知道怎么精确计算王冠的体积。阿基米德一边想着这个问题一边去公共浴池洗澡，他刚一踏入浴缸，水正好溢出来——在这电光火石的一刹那，阿基米德福至心灵：王冠的体积就是王冠排出的水的体积！想到这里阿基米德大喊数声"Eureka!"

尤里卡，这个希腊语单词的意思是"我发现了"。从此凡是只能用神秘灵感来解释的重大发现就不只叫"发现"了，这个时刻叫"尤里卡时刻"。

牛顿因为看到苹果落地而发现了万有引力；魏格纳偶然看世界地图注意到南北美洲和欧亚大陆海岸线相似，提出了板块漂移学说；凯库勒梦见蛇咬住自己的尾巴，想出了苯环的结构；门捷列夫梦见一张张的扑克牌被放进一个大表中，醒来制成了元素周期表……尤里卡时刻，真是人类历史中最美好的瞬间啊！

这就是我们对"创造性思维"的传统认识，认为这是一种神秘的思维。悲观的人认为创造性根本就不能用常理解释，它可能是上天对幸运者的恩赐，浴缸中的阿基米德得到了天使的亲吻，一般人想学也学不会。乐观的人则认为"创造性"和"用性创造"一样，原本是人人都有的天性，只是我们后天所学把这个美好的天性给掩盖了。不管是悲观派还是乐观派，都认为辛苦工作只是细节，那一刹那的灵感才是关键。

然而事实是，伟大发现其实都是"慢慢地"得出的。

阿基米德的故事已经不可考，但牛顿看苹果落地发现万有引力，则完全可以说是个世人一厢情愿的传说。真实历史是，早在牛顿之前就有多人有过万有引力的设想，而与牛顿同时期，则至少有哈雷和胡克都提出引力与距离的平方成反比。我们有充分的理由推测牛顿的引力思想是"学"来的——他借鉴了他人的想法，使用了他人的数据，然后又做了无数计算进行验证，才能提出那个看似横空出世的万有引力理论。

在门捷列夫做了那个著名的梦并提出元素周期表之前，给元素分类已经是当时的一门显学，很多人都在进行各种尝试。英国化学家纽兰兹甚至已经发现用原子量大小进行排序具有明显的周期性，并把这种周期性称为"八音律"，这已经非常接近门捷列夫的周期表了。门捷列夫不可能不知道纽兰兹的工作，因为他为了研究周期表曾经深入调查过当时给元素分类的所有文献。

至于魏格纳看地图的故事，连他自己一开始都没把这个想法当回事。后来有了更多证据，他才慢慢提出这个，要在很多很多年以后才能被证明的——大陆漂移理论。

美国科学作家史蒂芬·约翰逊（Steven Johnson）在《伟大创意的诞生》(*Where Good Ideas Come From: The Natural History of Innovation*)这本书中提出了一个叫作"慢直觉"（slow hunch）的概念。约翰逊说，你考察那些伟大发现的真实过程，其实并不是来一个尤里卡时刻一蹴而就的，而是一系列小想法慢慢连接起来积累的结果。你研究一个问题，一开始仅有个模糊的直觉，选择一个方向往下走。很多情况下一个好想法并不是一开始就好，它必须随着研究的深入能跟新想法连接起来，有新的事实支持，慢慢长大的。

所谓"尤里卡时刻"，其实是慢直觉积累到一定程度导致突破的时刻。你必须脑子里一直想着这个问题，把所有有用的东西都备齐了，才有可能发现这个关键的新连接。人们关注这个高潮，却没有注意到这个高潮是怎么铺垫出来的。这有点像"渐悟"和"顿悟"，其实没有"渐悟"就没有"顿悟"。

如果你采访一个刚刚做出重大发现的科学家，他告诉你的很可能是其中最关键的一步。事实上他为了这个发现做出过大量艰苦的努力，可是只有这令人兴奋的最后一步才值得一提。就算科学家不厌其烦地叙述了发现的全过程，记者们也会专注于最有戏剧性的一步。就算记者仔仔细细地描绘出发现的全过程，读者们也往往只记住了尤里卡时刻。

灵感就这样被高估了。

2. 汗水重要还是灵感重要？

如果你对真正的科研工作感兴趣，我推荐一本讲科研方法的书，美国生物学家克雷格·罗勒的《怎样成为成功的科学家：科学发现的战略思维》(*Becoming a Successful Scientist: Strategic Thinking for Scientific Discovery*)。这本书名气不大，但是充满了第一线科学家的真知灼见。罗勒提出的一个关键策略，就是**别指望灵感，应该指望汗水**。

爱迪生有句话说"天才就是99%的汗水加上1%的灵感"，有人对这句话的解读是那只占1%的灵感比占99%的汗水重要得多——然而事实却是，爱迪生真的是靠汗水搞科研的。罗勒介绍，爱迪生大部分工作其实是在试错和累积性的，他的秘诀在于使用简单的、步骤少的、并行的和可以反复修改的科研方案。然后他在实验室里泡很长很长时间。他还有庞大的助手团队帮着干。爱迪生发明电灯，并不是从梦境、音乐或者某个美女身上找到的灵感，他只不过花功夫测试了几千种材料而已。

爱迪生这样搞科研，发现电磁感应的物理学家法拉第也是这样搞科研的。法拉第每周能做好几十个实验，其中大部分想法都被证明是错的——但这没关系——架不住他做得多！

韩非子有句话说，"上古竞于道德，中世逐于智谋，当今争于气力"，这句话用在科学发现这个工作上特别合适。今天的科研工作不能指望才子佳人的浪漫情怀。罗勒说，在科研中依赖一两个关键的"创造性思维"，是错误的策略，会大大降低效率。正确的办法是，多做试验，而且最好手里一直都有好几个项目。跟过去相比，今天的物理实验费时费力，但很多物理学家仍然这样工作。所有的生物学家也都是这样工作的。现代科研，在很大程度上是个劳动密集型行业！

我在自己的工作中对这个策略深有体会。如果你仔细想想，读论文、综述理论、听报告、跟人讨论、写论文……这些日常工作都不是搞科研，只有"想法—验证"这个动作才是搞科研。这个动作做得越多越快，工作效率才能越高。

我的工作是用计算机模拟物理过程，用不着整天待在实验室做实验，但我们这也是一种实验。我最喜欢的就是有个什么想法能快速得到实验结果。我最怕的是提交一个计算任务，等好几天才能出结果——在这个等待期间内，工作实际上完全没有进展。

灵感并不值钱。不管是科学家、艺术家还是创业的企业家，他们每时每刻都在产生各种想法，也许100个想法里面只有一个想法最后能被证明是有用的。所以对创新者来说，成功的反义词不是失败，而是平庸，是安全，是什么都不做。只要你愿意把想法一个个拿来尝试，失败就是你的日常生活，**成功其实是失败的副产品**。

然而历史将只会记住那些最后被证明是有用的想法。

只有最后成功的被记住了，这就形成了一种偏见。其实不但灵感是个偏见，天才也是个偏见。在科学史上几乎所有重大发现都是一代科学家共同努力的结果，往往一个理论或思想同时有几个人提出，而历史却只记住了他们中一个幸运儿的名字。比如进化论，当时一个叫华莱士的植物学家，就几乎跟达尔文同时独立地提出了进化论的思想，只可惜华莱士身体不好动手慢。这就好比说现在世人只知道成吉思汗铁木真特能打仗，却很少有人知道在铁木真的时代，蒙古草原上尚有他的义父王罕、他的义兄札木合，也都是特别能打的人物——铁木真的脱颖而出不能说完全没有偶然的因素。

因为只有一个名字被记住，而其同时代的众多竞争者被忽略，使得公众进一步认为创新是一种只有极少数天才才有的稀缺能力。

天才和奇思妙想，被高估了。

汗水，被低估了。

"普通"的想法，也被低估了。

3. 小孩的创造性和专业的创造性

从"想法—验证"这个策略来看，创造性思维虽然不怕"离奇"，但也不应该以"离奇"为追求。因为越是离奇的想法，失败的可能性就越大。

离奇的灵感有更大的戏剧性。公众常常只记住那些最后被证明有用，而且还有点离奇的想法。于是人们误以为一个想法如果不离奇就不配称为"灵感"。人们以为要想创新，就必须刻意追求各种离奇的想法。再加上小孩经常喜欢问一些不怎么合逻辑的问题，公众据此进一步以为宝贵的灵感，来自我们宝贵的"天性"——所以我们应该向孩子学习创新！

这就是为什么"创造性思维"现在已经被一些"教育思想家"给彻底庸俗化了。这些"教育思想家"把创造力归结于"能想"——能产生奇思妙想，只关注这个想法是不是够新颖，而不关注这个想法有没有道理。他们心目中的学术界存在着各种条条框框乃至"禁区"，他们以为职业选手都畏首畏尾教条僵化，只有天性未泯的孩子们才能蹚出一条血路。

在这些人眼中，创造力等同于想象力，又进一步等同为"What if？"式天真烂漫的低水平想象力了。

低水平想象力非常容易测出来。一个典型的办法是"砖头有什么用"测试法。在这个广泛流传的测试中，孩子们被要求在两分钟之内写下自己所能想到的砖头（或者曲别针，或者别的什么常见物品）的各种用途。如果你想了半天只写了砌墙、垫脚和拍人，你就会被判断为没有想象力；如果你进一步写下砖头可以用来写字、雕刻，作为古董收藏，甚至吃，你就会被判断为有想象力。我曾经听一位想象力大师说，砖头当然可以吃，因为你题目又没说砖头不能是巧克力做的。这位大师认为，对于真有想象力的人来说，两分钟能写下多少种砖头的用途完全取决于他写字的速度。

没错。如果你每次都写可以吃喝，可以当武器，可以当工具，可以当艺术品，你肯定每次都写不完。只不过这样一来你对"曲别针有什么用"的答案想必会跟"砖头有什么用"的答案几乎相同。这就叫有想象力吗？还是让我来贡献一个砖头的独特用途吧——砖头可以用来给这帮"砖家"当脑子。

真正的创造力不但要求新颖，更要求正确和有用。新颖有时候要求发散性的思维，而正确和有用则一定要求汇聚性的思维。从砖头测试中我们看到，所谓的发散性思维其实没有多少技术含量。这就好比平淡的日子使得每个宅男都向往上梁山落草的生活一样，循规蹈矩的教育使得每个教育专家都崇拜发散性思维。

但也仅仅是崇拜而已。基层教师更关注学生的考试成绩，大学科研和企业研发的第一线则更关注能不能做出实质的成果。这样一来，我们的局面就是"创造性思维"成了教育思想家和媒体整天呼吁，实际上却没有人真正去为之付诸实践的一个口号。

真正的职业选手是怎么创新的呢？

现代世界中大部分日常的创新，不管是科学家的研究、企业的科技进步、音乐戏剧的创作，都是在当前水平基础上的一个改进，是"量变"。比如说英特尔公司把计算机处理器架构从 Haswell 升级到 Skylake，微软把操作系统从 Windows 8 升级到 Windows 10，这些改进都不是开天辟地式的突破。可能一般人都觉得像第一次发明互联网这样的"质变"创新更了不起，但事实是，量变创新要求投入的资金和高端人才的人力都比质变创新要多得多。质变创新往往是少数几个人冒险的结果，一般反而花不了多少人力物力。

所以对现代人来说，创新其实是个普通工作，并不神秘。各种新产品、新技术，甚至科学上的新学说，都是暂时的。今天这个东西出来大家都说牛，可能过不了两年就会有一个更好的东西出来取代它。像这样的创新思想怎么可能是神赐的呢？神真要赐怎么也得赐个能用 100 年的吧！一个合格的科研人员每天都要有新想法去验证。

即便是那些看似横空出世的"质变"创新，其实也是当时技术条件孕育的结果。生物进化学说有个新概念叫"邻近的可能"（adjacent possible），现在经常用来比喻创新。真正对创新有意义的新想法，其实都是在现有的各种已经被证明实用的好想法的基础之上生长出来的，它必然与当前现实"邻近"，否则就不"可能"。爱因斯坦能提出相对论，是因为当时刚刚有人做了证明光速不变的实验，刚刚有人准备好了洛伦兹变换这个数学工具。如果爱因斯坦根本不看最新物理论文，一个人坐在专利局办公室里瞎琢磨，他怎么可能搞出相对论来呢？

所以有价值的创造性思维，必须是"生之有根，长之靠谱"——它必须是现状的一个邻近的可能，它必须能被付诸验证。

在计算机编程领域，因为有很好的工具和教学手段，技术门槛比较低，高中生创业并不荒唐。但是高端科技研发的门槛要高得多。一个没有受过专业训练，没有机会接触到第一线研究结果，不了解当前技术水平的"民间科学家"，又怎么能发现"邻近的可能"？他根本就产生不了靠谱的想法，更不用说对这些想法进行验证了。

鼓励创新的正确做法是鼓励入门、鼓励尝试、鼓励失败，而不是鼓励天马行空的妄想。

至于说今天拿几个高大上的科学名词组合一番，幻想一个根本无法实现的"新东西"，等若干年后万一别人真做出来了就说："哈，这其实是我发明的！"——我觉得这不是有荣誉感的人会做的事儿。

到底什么是发散思维

咱们说个有点神秘的东西——发散思维。

你肯定听说过这个词。很多教育家呼吁培养小孩的发散思维。比如说一个小孩数学题做得中规中矩，并且性格不活泼，特别老实，教育家就可能认为他缺乏发散思维。另一个小孩说话天马行空、思路离奇，教育家就可能认为他很有发散思维。能在 2 分钟内写下砖头 50 种不同用法的"发散思维"，是不是就比老老实实把数学题做对的"普通思维"高级呢？

从常识判断，我们总觉得能把题做对的人更有用。可是你考察各种发明创造的传说会发现，最后关键的那一步，似乎又的确是发散思维的作用。蒂姆·哈福德在《混乱：如何成为失控时代的掌控者》这本书中提出了一个概念，叫"任意的震动"，说的就是偶尔的分心有利于发挥创造力。

那么发散思维和把题做对的这种思维——我们不妨称之为"集中思维"——到底是个什么关系，这就是我这里想说的内容。

美国奥克兰大学的工程学教授芭芭拉·奥克利（Barbara Oakley）是个传奇人物。她小时候并不喜欢数学，但是她 20 多岁的时候居然从一名俄语翻译转型到理工科，最后还成了工程学教授。这段不寻常的经历让奥克利对"怎样学好理工科"这个话题特别感兴趣，她采访了上百位科学家、心理学家和教育专家，总结了一套方法论，并且写成了一本书，叫《学习之道》（*A Mind For Numbers: How to Excel at Math and Science*）。

奥克利特别总结了有关发散思维和集中思维的新研究。这些内容还没有变成人人皆知的常识，但又能代表科学家的共识，尤其值得我们了解。

两种思维

咱们先说集中思维。这也就是老老实实做数学题的思维。一个外部信息进来，你立即在大脑中给这个信息定位，专注思考，快速处理，这就是集中思维。比如让你做一个两位数乘两位数的乘法，你根本就不会分心，拿过来就算。你头脑里已经有现成的乘法口诀——也就是套路，你把这些套路自动使上，很快就能得到答案。

再比如你读书看到一个从未听说过的新名词，为了理解这个名词的意思，你就不得不一字一句地读书中的内容。这时候你的思想集中在这个概念上，根本没有什么余地分心，这也是集中思维。

集中思维需要专注。在处理抽象的问题，或者按照一定的规则做事，或者对什么东西进行解码，进而探究事物背后的本质的时候，我们的大脑就是一台单进程电脑，任何分心都会降低效率。

专注，可以说是大脑的基本功。不能专注思考就不能掌握操作规则或理解抽象概念。想要在某一脑力领域有所成就，就非得从小训练专注的功夫，在理工科上更是如此，就好像古代先贤们"养气"一样。人长时间专注做一件事会感到劳累，除非你特别厉害，能进入"心流"的状态——但即便如此，大脑集中思考时总是更消耗能量，就好像一台发热到让风扇嗡嗡作响的电脑。功夫浅的人需要意志力来强迫自己专注。

但是集中思维有个很大的局限性，需要用发散思维来弥补。奥克利画了两张图来说明这个问题。

想法　　　　　　　　　　　想法

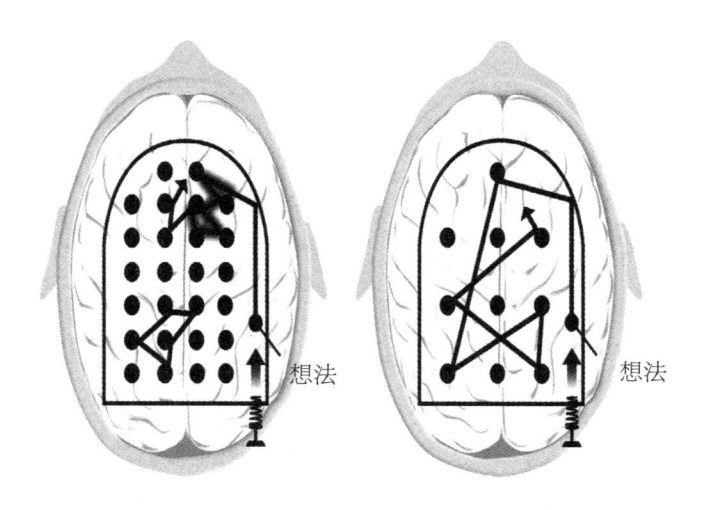

（左边是集中思维，右边是发散思维）

我们把人脑处理新想法的过程想象成一个弹球游戏。上面两张图中的大脑边上有个弹簧，新想法就好比是一个球，弹簧把球弹入大脑。

左边这个大脑进行的就是集中思维。球进来以后迅速到了大脑前方的区域，那里有些路线是加亮的，表示是高速公路，相当于大脑中现成的套路，比如说乘法口诀。集中思维是把新想法集中在大脑中的一个特定区域处理。小球就一直在那里打转，如果问题的解决方案也在那里，那大脑很快就能解决它。

专业水平越高的人，越容易发生这样的集中思维。这是因为你的大脑中有很多现成的高速公路，什么新想法进来马上就能被这些高速公路传递到特定的区域里去，这就是"套路深"的好处。

而集中思维的弊端就在于，如果问题的答案不在小球一开始进入的区域，你就很难找到答案了。比如还是这张图，左下方黑色线条围起来一个区域，答案其实在那里。如果我们头脑中的高速公路一上来就把小球送入正上方的区域里打转，那就怎么也找不到正确答案。

发散思维就如同右边那个大脑。没有那么多高速公路，大脑对新想法的限制是很松散的，小球进来以后到处乱窜，哪个区域都可能去，那么有时候就有可能路过正确答案所在的区域。所以发散思维是一种全局思维，的确有点天马行空甚至是胡思乱想的意思。

集中思维的这个弊端，有个专门的名词，叫"定式效应"（einstellung effect）。说白了，定式效应就是当局者迷，我们头脑里边已经存在很多定式，一个想法产生后，我们首先会把它直接放到我们那个定式区里，用现有的套路去琢磨它。但可能琢磨半天也找不到答案，因为这个答案其实在"灯火阑珊处"。

举个例子，给你两个等腰直角三角形，让你把它们拼成一个正方形。答案很简单，把两个三角形的斜边拼接在一起就是个正方形。

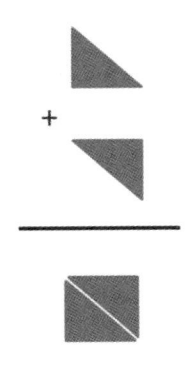

如果你做这件事做得很熟练了，那么"把斜边拼在一起"，就成了你头脑中的一个套路。给你三角形，你首先就想到拼斜边。这就是集中思维，它能保证你下次遇到类似问题时能快速找到答案。

现在新问题来了，四个三角形，怎么拼成一个正方形呢？如果你使用集中思维，根据套路还是去拼斜边，你就无法得到正确答案。

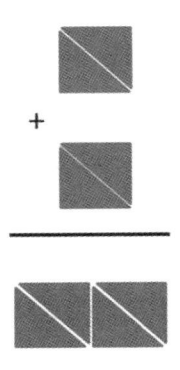

这时候你就需要运用发散思维，从定式里面释放出来，让小球去别的区域找找答案……换个角度，这时候应该把直角边拼在一起。

这就是"跳出思维定式解决问题"。所谓"发散"，所谓"跳出"，前提是你已经有了一个思维定式。在这个简单例子里，"拼斜边"这个思维定式其实并不强，我们一眼就能看出来四个三角形的解法。但是对更难的题目，特别是实际工作中遇到的问题，专家往往会有很强烈的思维定式，那么主动进行发散思维就是非常有必要的了。

你可能需要放下手中的工作出去散散步，你可能需要找个人讨论，总之就是要主动停止集中思维，先把想法放下，去期待发散思维。

好，现在我们再想想，所谓发散思维其实一点都不神秘。发散思维和集中思维无非就是人脑的两种工作模式，都需要下功夫训练才能发挥作用。

让我说的话，集中思维才是脑力工作者的本钱。只有集中思维才能掌握套路和抽象概念，才能让你的脑子里事先有一个"答案区"。如果根本就没有这个答案区，小球就算走遍全脑也没用。

我们平时的学校教育，或者自己读书自学，的确都是专注于集中思维，可以说练的都是基本功。教育系统这么做也有道理，因为基本功特别容易考核！只要有大纲、有套路，老师就容易出题，学生就容易备考，大家都方便。

学校教育的缺陷在于，如果只有这一身基本功，而不会灵活运用，到了实际工作的时候，可能就发挥不出来。这就好像一个人的身体特别好，各种武术套路都会，但是没打过仗！一旦真跟人交手就可能缺少想象力，不会应对突发情况和不熟悉的局面。

可是话说回来，到底有多少人会在工作中随时面对突发情况和不熟悉的局面呢？大多数工作无非就是循规蹈矩而已。也许只有从事创造性工作的人，才需要发散思维。而且只要有了集中思维的基本功，想要发散一下其实并不难。

发散思维，不应该指望在学校学，而应该自己主动实践。而最重要的一个教训是，每个人都应该学会合理使用自己的大脑。不要把大脑当成黑箱，不要以为大脑有多神秘，要把大脑当成工具，根据不同情况主动切换集中思维和发散思维。

接下来我们说说怎样发挥发散思维的作用。

怎样发挥发散思维的作用

在 2004 年的一场国际象棋快棋赛中，世界最著名的国际象棋大师卡斯帕罗夫，对阵一位当时只有 13 岁的神童，马格努斯·卡尔森（Magnus Carlsen）[①]。电视转播中，人们看到一个非常有意思的画面——卡斯帕罗夫正在非常专注地盯着棋盘思索，而卡尔森起身离开了座位，他似乎想走两步散散心。

大师老老实实地坐在棋盘边上思索，而你一个小孩居然要散散心？但是卡尔森可不是在搞什么心理战术，也不是因为坐累了要走动走动，他是在主动使用发散思维。这场比赛的最后结果是平局——而且是卡斯帕罗夫求和。

卡尔森的做法，非常符合发散思维的原理。

1. 什么都不想

前面我们说了，集中思维有个定式效应，容易陷在一处，造成"当局者迷"。而这时候如果主动使用发散思维，跳出圈外来换个思路，最后往往能创造性地解决问题。

那怎么跳出来呢？蒂姆·哈福德在《混乱：如何成为失控时代的掌控者》这本书里提到一个办法叫"任意的震动"，也就是随机地从外部寻找一个方向想问题。而奥克利总结的一个办法，是干脆什么都不想。

[①] 后来卡斯帕罗夫成了卡尔森的教练，卡尔森是 2013 年、2014 年和 2016 年的国际象棋世界冠军得主，2019 年他的等级分排名全球第一。

发散思维有个重要特点，它可以在后台无意识地运行！我们知道人的意识其实只是大脑中各种活动的一小部分，大脑中的神经元随时都在做你没有意识到的连接。有时候你明明没有在想那个问题，却突然获得了灵感——也就是头脑中的"小球"自己就跑到答案所在的区域去了。

比如数学家张益唐，他想出孪生素数猜想的证明的关键一步的时候，可没有趴在桌子上做计算。根据报道，张益唐当时是在朋友家做客，朋友问他能不能帮忙去后院看看有没有鹿进来。张益唐就到后院边抽烟边散步，他想的是看看有没有鹿——可是突然之间灵感就来了！

张益唐没把这个灵感神秘化。他说"好的灵感离不开长期思考的积淀"——这其实就是必须先有大量的集中思维在大脑中做好各种储备。储备的想法多了以后，大脑自动就会做各种连接，也许某一个连接就把问题解决了。那一刻张益唐可能没有主动思考，但是他的大脑从未停止思考。

这就是为什么我们经常听到创新者说他们在散步、洗澡、看电影这些与工作无关的事情中突然获得灵感。这也就是我们前面介绍过的史蒂文·约翰逊说的"慢直觉"——这个灵感不是轻易产生的，它要求你之前必须在这个问题上已经花费了大量的集中思考的时间。

我们在从事创造性工作的时候，应该交替使用集中思维和发散思维。集中思考一段时间后就去做点别的，主动停止思考，把问题交给潜意识一段时间。

奥克利打了个比方，这个的思考的过程就好像是用砖头砌墙。集中思维是让各种新想法、新概念，各种套路在你的大脑里生根发芽，是形成砖头。而发散思维则是用水泥把砖头连接在一起。只有水泥没有砖头，或者只有砖头没有水泥都不行。

比如你可以借鉴爱迪生的做法。爱迪生搞发明创造需要灵感，而且他主动寻求灵感。他发现自己在半睡半醒之间时——这个时候相当于停止思考——最容易出灵感，可是真睡着了又容易把灵感忘了，怎么办呢？爱迪生的做法是半躺在椅子上小睡，手里拿个球，一旦真的睡着了，手就会松开，球就会掉到地上发出声响唤醒他！这时他就赶紧把刚才要睡还没睡那一刻的想法记下来。

主动的发散思维，其实就是主动的"不思考"。我们可以随时进行这样的发散思维，比如说在开会途中需要调整思路，像卡尔森下国际象棋那样起来走几步也可以，实在不行哪怕闭会儿眼睛也能有点帮助。

2. 给点时间

发散思维其实就是给大脑时间去建立新连接的过程。我们学习新知识也需要把新东西和大脑里已经有的东西连接起来，这也可以说是一种发散思维，也需要时间。大脑不像电脑的存储器能瞬间记录信息，它是肉长的。这就好像砌墙，你有了砖头和水泥，总要再给点时间让水泥风干了，墙才能结实。

这就是为什么我们第一次学习新技能的时候总觉得很别扭，过段时间，哪怕是睡一觉或者隔一天不练，再拿起来感觉反而好多了。

这一小段不练的间隔期对大脑非常重要。奥克利说这就好比练举重，如果你每时每刻都举重，你的肌肉没有办法生长，总要停一段时间长肌肉。

我们学习各种技能，有时候会遇到一个短暂的"平台期"。比如我记得当年学开车，一开始进步神速，过了一段时间，就感觉这几天虽然一直在练，但是水平不但没提高反而还下降了，怎么开都别扭——这就是"平台期"。这个"平台期"其实是大脑内部正在忙着建立新连接的时期，不是没有进步，而是后台正在重组！我看奥克利的书中提到，有人说他学钢琴就有这样的体会，一首很难的曲子练了几个小时怎么练也练不好，结果睡一觉第二天自动就会了。

据此我们知道，学习知识并不是越快越好。复杂的技能需要时间间隔帮助掌握。

3. 两种工作记忆

现在心理学认为，人有两种工作记忆。短期工作记忆相当于电脑内存，是完成一项具体工作时大脑随时使用的记忆；长期工作记忆相当于硬盘，是我们平时的知识储备。

人的短期工作记忆能力非常有限，现在的公式是一般人只能同时考虑4个东西。这4个东西最好都是跟当前要解决的问题有关的，这就是为什么要专注。

所谓学习，就是把进入到大脑的短期工作记忆的内容强化吸收，写进长期工作记忆之中的过程。所谓创新，就是把长期工作记忆中的相关内容调出来，放在短期工作记忆里跟新信息形成配合的过程。

集中思维，就是在此时此刻的短期工作记忆里强化这个新信息。而发散思维，就是短期工作记忆和长期工作记忆之间的通道。

我们有个说法叫"劳逸结合"，其实对脑力工作者来说，"劳逸结合"这个词根本不适用。如果你以科研为生，你可能早就意识到了，科学家根本没有真正休息的时候，我们每时每刻都在想问题。如果你不搞科研，但是经常跟科学家聊天的话，你可能会发现他有时候说着说着就走神了——他又想到他的问题上去了。我有个朋友就有个说法，说搞物理的人不应该开手动车，因为我们在路上太容易走神了。我到现在还有这个问题，有时候不由自主地沉默，引起妻子不满。

如果你真的深入到一个问题中去，你表现出来就是心事重重。就好像正在经历什么人生巨变一样，你不想这个问题都不可能。也只有进入这样的状态，灵感才可能来找你。

所以今天说的主动切换集中思维和发散思维，对普通人来说，难处也许在于怎么专注于集中思维；对职业选手来说，关键却在于学会暂时不思考。

Part Three
在现代生存

现实世界中富人财富增长的秘密正是如此：更有钱是因为已经很有钱。

世界上绝大多数人和事都是平庸的，而且最好的东西还都挤在一起。

想要提高效率，就得不公平

假设让你来模拟上帝，给世界上所有人分配财富。你必须按照什么原则分配，才会得到一个与真实世界差不多的结果呢？

首先，你不可能均匀分配，否则世界上就不会有穷人和富人的区别。你可能会考虑随心情分配，今天看到这个人心肠好就给他多分点儿，明天看到那个人太可怜再给他多分点儿。但谁都能找到个需要钱的理由对吧？或者你干脆搞随机分配，让世人完全凭运气获得财富。可是这样也不对。根据统计学，如果你是随机分配的话，那么人群的财富应该是个正态分布（normal distribution），就好像身高和智商一样，人与人之间有差异，但是特别高和特别聪明的人是极少的。这很容易理解，如果抽奖结果完全随机，一个人几乎不可能反复抽中头奖。

可是财富不是这样，非常有钱的人有很多，人与人之间财富的差异要比身高的差异大得多。身高是正态分布的，财富却是幂律分布（power law distribution）的。

1. 幂律

下面这张图表现了正态分布和幂律分布的区别。

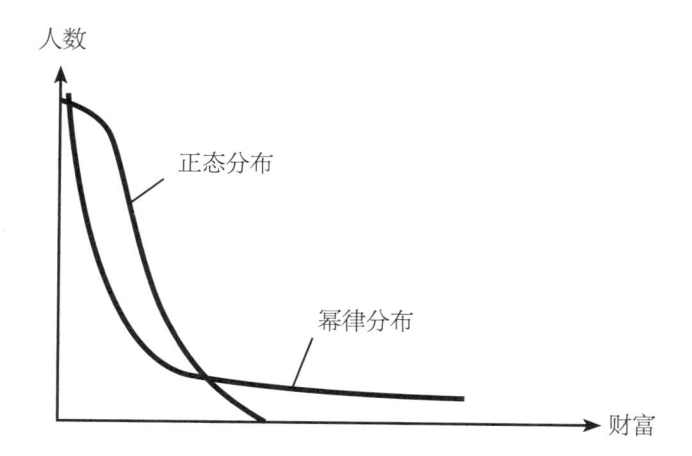

图中我们用横坐标代表每个人的财富,纵坐标代表有这么多财富的人数。两种分布最大的差异在于横轴上距离原点很远,也就是财富特别多的地方:在这里,幂律分布预言的个体个数比正态分布要多很多。

咱们再说得更直观一点。人的身高是正态分布的,所以世界上最高的人的身高,并不会比世界上最矮的人高 10 倍。但是因为财富是幂律分布的,世界上就有很多千万富翁和亿万富翁。我记得有统计说千万富翁的人数大约是百万富翁人数的 1/6,而亿万富翁的人数又是千万富翁人数的 1/6。这就是幂律分布的特点,整体是一个数学上的"分形"结构:百万富翁看千万富翁,就如同千万富翁看亿万富翁。

要怎么分配财富,才能得到这样的效果呢?

答案是,看谁钱多就给谁多分一点。

等到他的钱更多了,你就再给他分得更多。

这当然就是所谓马太效应——"凡有的,还要加给他,叫他有余!"现实世界中富人财富增长的秘密正是如此:更有钱是因为已经很有钱。真正让人进入富豪排行榜的不是按小时计费的高工资,而是投资创办企业。越是有钱的人,越容易在投资中赚到更多的钱,这是一个正反馈过程。从一万赚到十万很难,而从一亿赚到一亿零十万元则根本就不算赚钱。

幂律分布,最早是在 1897 年被经济学家维弗雷多·帕累托发现的,他正是在考察人群中财富分配情况的时候发现这个分布的。他当时就认为之所以会有这样的分布，是正反馈造成的，越有钱的人越容易赚钱。

现实世界中有很多东西是幂律分布的：公司的大小、城市的大小、病毒感染的人群、商品畅销程度，等等。甚至有些自然现象也是如此：地震强度、油田大小等。

那这么多符合幂律分布的事实到底是什么原因造成的呢？我看了很多文献，可以说现在没有一个统一的理论，正反馈过程只是其中一个可能的原因[1]。但我们更关心的是，这种分布意味着什么呢？

它意味着这个世界上的资源分配非常不均匀！

1%的美国人拥有美国34%的财富。Netflix一家公司的在线视频服务占据了美国每晚35%以上的网络下行带宽。1726年—1800年间发表的全部数学和力学论文中的1/3，是莱昂哈德·欧拉一个人写的。

时至今日——科学研究已经不怎么讲英雄主义的时代——大多数重要科学发现也是由少数精英科学家做出的，85%的科学论文从来没被引用过[2]，只有1%的论文在发表后一年内能被引用5次以上。很多人号称给维基百科和自由软件做过贡献，但大多数页面、大多数代码，是极少数人完成的——一半以上维基百科的编辑行为是0.7%的用户（大约500多人）做的[3]。Kindle用户读书时可以高亮标记自己喜欢的句子，亚马逊统计，所有图书中被高亮最多的前100名句子中，苏珊·柯林斯的《饥饿游戏》占了29句[4]。

如果你觉得世界上的资源分配很均匀，那只不过因为你所见的范围太小。我小时候第一次坐火车离开哈尔滨时感觉很激动，特意准备了一个笔记本想写点日记。结果我的笔记本上只写了一句话："原来中国大部分土地是田野，城市只不过是田野中的孤岛特例啊！"

---

[1] 参见 http://ethanfosse.blogspot.com/2012/03/zipfs-law-unzipped.html。

[2] 参见 *Becoming a Successful Scientist: Strategic Thinking for Scientific Discovery* 一书，作者为 Craig Loehle。更新的数据并没有这么离谱，但也很离谱：http://blogs.lse.ac.uk/impactofsocialsciences/2014/04/23/academic-papers-citation-rates-remler/。

[3] 参见 http://www.businessinsider.com/2009/1/who-the-hell-writes-wikipedia-anyway。

[4] 参见 http://www.solidot.org/story?sid=28767。

其实中国也是个特例，中国人均占有可用耕地数值很低，有人希望下辈子不要生在中国，但中国在世界上已经很不错了，随机选择出生地的话，可能结局差很多。地球上大部分区域是海洋，陆地是个特例。放眼宇宙，能有这么一个适合生存的地球更可能是绝无仅有的特例。如果你知道暗物质和暗能量，那由可见物质构成的这一切东西，又是极少数……

世界上绝大多数人和事都是平庸的，而且最好的东西还都挤在一起。

有了这个正确的世界观，我们才能有正确的方法论。这个方法论就是既然世界上的资源分配这么不均匀，我们就不应该"公平"对待世界上的各种东西。

2. "80/20 法则"

学术上的叫法是幂律分布，民间的叫法则是"80/20 法则"。这个名词可能来自 IBM 公司。1963 年，IBM 公司发现，用户在一台电脑上所花的 80% 的时间，是在使用其 20% 的功能[①]。这跟我们现在的经验很吻合：买个什么花哨的电器，时间长了就知道其中大多数功能根本用不上。功能和功能之间的使用率是不平等的。

所以 IBM 公司的做法就是立即重写操作系统，让那 20% 的核心功能更好用。

这就是"80/20 法则"的关键：重点照顾好那 20%。

比如，一个公司 80% 的利润可能来自 20% 的客户，只要服务好这 20% 的客户，公司的利润问题就基本解决了。而对这其中一个具体客户来说，把他所有需求中 20% 最重要的需求解决好，就能得到他 80% 的满意度。

所以，最好的策略不是把所有客户都当成上帝平均用力，而是把主要精力放在服务好那 20% 的关键客户上——在服务这些客户的时候，又要服务好他们那 20% 最关键的需求。

当然不同场合的数值肯定不一样。也可能是 90% 对 10%，也可能是

---

① 这个典故来自 *The 80/20 Principle: The Secret of Achieving More with Less* 一书，作者是 Richard Koch。

70% 对 30%，但这个思想是一样的。

投资也是这样。假设有两个投资方向，A 方向投入 100 块钱能够赚 120 块钱，B 方向投入 100 块钱能赚 200 块钱。如果你手里有 200 块钱，要怎么分配呢？当然是应该把钱都投到 B 方向上去。我们应该在最可能获利的方向上集中投资，而不是在每个方向上都投。大公司在很多方向上投资，是为了分散风险。但是对个体来说，手里只有这么一点钱，到处都投的话还不如把钱直接存银行拿利息，应该重点研究一两个方向，在有充分把握的时候再去投资。巴菲特说，"我这辈子挣的绝大多数钱，都是来自少于 10 个决定的"。

做事最关键的战略，就是做好最关键的。

不管是当初做 Mac 电脑还是后来做 iPad，乔布斯的做法一贯都是首先用一个小的精英团队秘密开发核心功能[①]。选拔年轻的天才，激励他们每周工作 90 个小时，只专注于最关键的部分，把细节留给将来，让大团队去慢慢补充。

iPhone 推出后一鸣惊人，但是连最起码的复制/粘贴功能都没有，而 iPad 甫一推出居然不支持多任务工作。也许市场上的每一台智能手机都有复制/粘贴功能，每一台电脑都支持多任务工作，可它们全都没法跟苹果的产品相提并论——因为在 iPhone 和 iPad 上能做其他所有产品都做不到的事。乔布斯不追求大而全，而是先把最有核心竞争力的东西做出来，因为他知道这才是消费者最关心的东西。

数年前我在某国家实验室当博士后，研究中遇到一个小问题，问老板是否需要花时间专门搞一下。老板给我回复了一句霸气的话："让别人去关心这种没意思的现象吧，我们要专注于有意思的大问题！"那是我科研生涯中特别愉快的时刻之一。

所以我很反感的一句话是"××无小事"。事情当然有大小之分，无小事就是无大事。

质量控制无小事吗？"80/20 法则"最早的应用方向之一，就是质量控

[①] 这个故事来自苹果公司第 66 号雇员，软件设计师 Bruce Tognazzini，http://www.asktog.com/columns/082iPad&Mac.html。

制。20 世纪 50 年代，美国一位电气工程师和一位统计学家发现，产品质量问题的来源，总是集中在少数几个地方。于是他们先把所有可能出问题的地方都列出来，然后按照重要性进行排序，优先解决最容易出问题的地方。结果解决了第一个，就已经排除了很多质量问题。然后有多余精力，再去解决第二个。按优先级处理，结果事半功倍。这个方法影响深远，留传至今，而记录了这个方法的著作成了管理学经典，那就是《朱兰质量手册》。反过来说，那些对所有问题可能都平等对待的公司，反而什么都没解决好，产品质量远远不行。

所以说效率的关键就在于不公平。

人与人之间当然应该平等相待，"看人下菜碟"非常不好，可是我们的直觉经常要求我们对"事"也平等对待，我们倾向于把资源均匀分配，那就不对了。要想把工作做好，就必须学会"不平等对待"。

那怎么在个人生活中实践"80/20 法则"呢？

3. 极简主义

有一个给要做的事情分类的著名方法，按照重要程度和紧急程度把事情分成四类：重要而紧急，重要而不紧急，不重要而紧急，不重要也不紧急。一般人的想法都是要先做重要而紧急的事，最后做不重要也不紧急的事。

"80/20 法则"告诉我们应该怎么做事呢？应该追求只做"重要而不紧急"的事！

这就是现在很多人谈论的所谓"极简主义"的生活哲学。整天被一些所谓紧急的小事推着走，疲于奔命，这种生活最没效率。一个忙于琐事的 CEO 不会对公司长远发展有什么洞见，一个被老板支来支去的员工干不了什么大事，一个永远在准备下一次考试的学生成不了什么大器。

要事优先，尽量只做最重要的事，少干或者不干那些不重要的事，才是出类拔萃的关键。

要做到要事优先，第一，你得有自由意志，知道自己有选择的权利，不能别人让你做什么就做什么，而要强调主动性；第二，你得学会判断哪些重要，哪些不重要；第三，你还得有勇气、有能力拒绝自己不想干的事，敢跟人说"不"。

比如读新闻，你可能觉得这个也重要，那个也必须读，订阅了一大堆公众号，在微博上关注了一大堆人，每天被江湖风云牵着走，实际上那大都是没有用的。你应该有所侧重，勇于删除和忽略不重要的信息。正确做法是以我为主，变被动为主动，在一段时间内对某一方面的事情下功夫研究透彻。

现代社会中有很多"完美主义者"，他们多是不懂轻重缓急的"焦虑症患者"。他们关注各种细节，经常能指出别人的小错误。比如给他们看个PPT，他们很容易注意到上面有哪些标点错误，却不知道你说的核心观点是什么。这其实是种特别浪费时间的性格。

衣着考究整洁，东西摆放井井有条，对什么事情都有记录存档，这样的作风并不值得学习，这种人设定了错误的优先级。达到这样的状态势必要花费很多时间去整理，这些时间完全可以用来做些更有意思的事。如果你从未错过航班，那么说明你在机场浪费了太多时间；如果你从未丢过东西，那么说明你在整理上浪费了太多时间；如果你从未做错事，那么说明你做的事不够大。

有个新闻报道说，一位北大毕业的"虎妈"，为自己9岁的孩子制定了一个很强硬的作息时间表，一天有18个小时在学习，内容包括跆拳道、游泳、钢琴、拉丁舞、英语、围棋、奥数、古文、练字，以及看《新闻联播》。网上对她的批评意见，都说孩子学习的时间太长，没有玩和休息的时间了。我认为这些批评没有说到重点，重点并不在于时间长，问题的本质是什么都想要。

人的精力有限，什么都想要是不可能的。如果真想培养人才，"全面"发展其实是一个错误的思想，"天赋树"不能乱点。"极简主义"要求我们培养核心的竞争力，在他喜欢的东西上加大力度学习。用20%的时间就可能实现这个小孩80%的天赋开发，剩下80%的时间几乎都是浪费，还不如让他去玩。

玩很重要。"极简主义"的核心思想就是把最关键的事情做好，省出来时间去玩。这也符合塔勒布在《反脆弱：从不确定性中获益》一书说的"杠铃原则"：做事要注重两端，不管中间。——我要么做最难的事，要么玩或者什么都不做。

我没时间做简单的事。

今朝有酒今朝醉，也是一种理性

中国文化一向推崇勤俭持家，非常看不起那些及时行乐，有点钱就全花完的人——而科学家完全赞同这一点：所有研究都表明，能够从长远打算和推迟享乐，是通往长久幸福生活的必备素质。

可是为什么有些人做不到呢？

大概很多人听说过一个"棉花糖实验"。研究者给小孩们一人一个棉花糖，说我现在要出去一下，如果你能等到我回来再吃这个棉花糖，我就会再给你一个。所有小孩都喜欢棉花糖。有的小孩能克服暂时的欲望，等一会儿得到更多，有的小孩忍不住就把棉花糖吃了。结果过上若干年后再看，那些当初忍住没吃棉花糖的小孩，不论学习成绩还是生活质量都比那些忍不住的小孩要好很多。

据此，美国有的学校甚至专门给学生印发T恤衫，上面写着："别吃那个棉花糖！"

连个棉花糖的诱惑都抗拒不了，那些小孩有毛病吗？有的NBA球星赚了很多钱，退役后居然没几年就把万贯家财全部败光，这些人天生都是非理性的吗？

大多数人只知道别吃那个棉花糖，而我要说一个更有意思的道理：为什么有人会吃那个棉花糖。

两个进化心理学家道格拉斯·肯里克和弗拉达斯·格里斯克维西斯写了一本书，叫《理性动物》，这本书从进化心理学角度分析，得出这样一个结论：

人的很多行为看似非理性，其实是理性的，自有一番道理。

进化心理学中有个"生命史"理论，研究个体怎么分配有限的资源。简单地说，每个动物一辈子其实就干两件事：积累和花费。所谓积累，就是补充营养，锻炼身体，充实自己——相当于人类攒钱；所谓花费，就是通过性关系把自己的基因传播出去，争取有多个后代——相当于人类花钱。

生命史理论说，动物们的积累和花费有两种不同的策略。

像大象这样的动物，食物充足而且没有天敌，可以无忧无虑地生活好几十年，所以它的策略就是"慢策略"：花很多时间积累，花费很少。大象生育的孩子不多，但是它会精心呵护自己的每一个孩子，它追求的是养育质量。

而绝大多数动物没有这么幸运，它们一般很早就性成熟，之后马上就开始繁殖生育，然后可能很快就被捕杀，寿命很短就死了。它们所采取的就是"快策略"。它们没有条件追求质量，只能以数量取胜。

这两种策略都是对的。环境好当然可以慢慢享受生活，少生优生；如果环境险恶，自身寿命短，不早生多生行吗？不用"快策略"基因根本传不下去。

更进一步，生命史理论认为，在同一物种之内，也有"快策略"和"慢策略"的区别。人类就是这样。

在稳定的家庭环境里长大的孩子，青春期来得晚，结婚生子也晚，寿命更长。而如果家庭环境不好，家庭成员不稳定，这种家庭出生的女孩青春期往往来得早，会很早生育。

而那些采取"快策略"的人又会吸引同样采取"快策略"的人，他们很随便就生孩子，生了孩子也未必结婚，就算结婚了也很容易离婚。现在让美国低收入人群无法脱贫的最重要的因素就是单亲妈妈太多。

如果生活在一个这样的家庭中，有个单亲妈妈和若干个不同父亲的兄弟姐妹，生活很不稳定，今天运气好，得到一块糖，你会把它留到明天吗？

对这样的人来说，现在不享受以后就没有机会享受了。他的糖可能会被抢走，他甚至可能活不到明天。拳王泰森 13 岁之前就已经入狱好多次了。

立即吃掉棉花糖，是这些人的生活习惯。

后来有人重新做了一遍"棉花糖实验"。这一次实验人员还是跟孩子们说,如果你不吃,等我回来就再给你一块糖——而不同的是,这次有的分组里,实验人员回来说,哎呀对不起,我搞错了,没有第二块糖了。经历了这种失望的孩子,再给他做一遍"棉花糖实验",通常连3分钟都等不了就把糖吃了。

换句话说,孩子能不能推迟享乐,不仅仅跟孩子自身有关,也跟孩子生长的环境有关,而且孩子能够迅速适应新环境。

后来又有人拿猴子做类似的实验,发现如果小时候妈妈总能从固定的地方得到食物,猴子长大后就能推迟享乐,做决定做得很好;如果小时候食物来源不确定,即使仍然能获得食物,长大以后它的自控能力也不佳。既然吃了这顿还不知道下一顿在哪里,这一顿肯定要任性猛吃。

我们通常认为细水长流才是安身立命之本,而有人追求的就是那短暂的灿烂,而且他们是有缘由的。

身处全民追求稳定的中国社会,对这个理论的体会可能没有那么深。如果你生活在美国,同学中有个女孩16岁就怀孕,高中没毕业就退学回家带孩子了,你可能会对这个生命史理论有更深的体会。

一些其他的研究表明,对于行为策略的选择,基因跟环境的作用大概各占一半。也就是说如果这个孩子的家长是"快策略"类型的,他可能天生就有"快策略"的倾向。不过从前文中我们看出环境也有用,甚至可能自由意志也有用,所以绝对不能说采取哪个策略是固定的。至于像某些NBA球星,环境很好了,还是退役几年就破产,我们只能说他未能战胜自己的基因。

这个理论可以解释很多现象。比如说战争时期的飞行员都很花心,很少打算跟一位女性保持长期稳定的关系,这就是因为此时飞行员的死亡率非常高。

这个理论还能很好地解释为什么现代人都自动晚婚晚育了——因为所有人的环境都变好了。

由此可见:

第一,教育小孩一定要给他一个稳定的环境。偶然有什么特别好吃的不寻常的东西也不要一次吃完,要分几次慢慢吃。高兴了不要连着几天光玩不学习,不高兴了也不要连着好几天不让玩。

第二，看似荒唐的行为，背后可能有不得已的苦衷。表面上人人有自由意志，其实身上都不知道背着什么基因和环境的枷锁——有的人能战胜这些枷锁，他们就是英雄。

贫困病

我们说个比较沉重的话题：贫困。能读到本书的读者大概没有人是深陷贫困的，大家都对富裕比较感兴趣，对贫困可能不感兴趣。但是我认为这个内容对每个人都非常重要，我们要说的是科学家对贫困的一个最新理解。了解这个内容，你的世界观可能会发生一点点改变，你可能会成为一个更好——至少是更明智的人。

这个最新理解就是，贫困不仅仅是一种社会经济条件，贫困还是一种生理疾病。

有个金融界的名人叫克里斯蒂安·H. 库珀（Christian H. Cooper），曾经担任过投资银行的经理，现在管理某个基金，经常在媒体上发表文章，还涉足政治。库珀40岁的时候年薪就超过了70万美元，但是他不敢要小孩，因为他总觉得钱还没攒够——他有一种非常强烈的不安全感。有这样的收入和地位，竟然还被不安全感左右，常常自我质疑，充满焦虑，这不是有病吗？

没错。而且库珀非常了解这一点。2017年，库珀自己写了一篇文章[①]，说明了自己的病。库珀本人就有生物学的背景，他做了大量关于贫困对人的生理影响的研究。我们可以从这些研究里学到东西。

库珀这个病，就是贫困病。

[①] 参见 Christian H. Cooper, *Why Poverty Is Like a Disease, Nautilus*, APRIL 20, 2017。

1. 什么叫贫困？

咱们先说说什么叫贫困。如果按发达国家的标准，今天中国恐怕还有很大比例的家庭收入在贫困线以下，但绝对收入并不能说明问题。几十年以前，几乎所有中国人的绝对收入都很低。现在三四十岁的许多人，大概小时候有过物质贫乏的经历：好吃的不常吃，新衣服很少买，游乐场没去过……这些，都不叫贫困。

虽然家里有冰箱，但是食物储备只够48小时的，2天之后吃什么还没有着落，这个才叫贫困。本来有手机，但是因为欠费停机了，结果没接到电话耽误了工作，然后连锁反应导致失业，这个才叫贫困。

贫困，不在于一个人享受的物质水平不高，而在于他的生活面临着很大的压力和不确定性。

本书前面有篇文章叫"今朝有酒今朝醉，也是一种理性"，说的就是真正贫困家庭的小孩，因为生活充满不确定性，规划未来毫无意义，所以他们最理性的选择就是，今朝有酒今朝醉，有什么好东西应该马上享受。

几年前有一本书叫《稀缺：我们是如何陷入贫穷与忙碌的》，说的不是经济学上的稀缺，而是物质贫乏给人带来的心理压力，结论是贫困会让人陷入一个思维陷阱，不能自拔。

这就是说，贫困最可怕的，不是物质的贫乏，而是对人的思想的影响。陷入贫困的思维模式，才是真正的贫困。

但这只是以前的理解。现在的科学家最新的理解是，生活压力和不确定性给穷人带来的不仅仅是落后的思维模式，更是生理上的问题，而且是非常严重的生理问题。

2. 生理疾病

过去10年以来，各方面的研究表明，贫困会减少人的大脑的表面积，会增加得肥胖症的可能性，会让人更愿意冒不必要的风险，还会缩短人体细胞的线粒体端粒——而这意味着寿命缩短。这些就是贫困病。

以前有句话叫"人穷志短，马瘦毛长"，大概是说贫困对人的影响是心理上的，可是现在我们看看这些研究就会发现，贫困对人的影响其实也包括生理上的。人穷不但志短，而且端粒也短！

这还不是最可怕的。最可怕的是，贫困病，还有一种可遗传的机制。

贫困会导致人的压力增大。如果人持续处在高压状态，他的 DNA 的甲基化水平会受到影响。甲基化水平会影响基因表达，基因表达决定了一个人身上有哪些特性能发挥出来，哪些特性发挥不出来。也就是说，也许你的基因里有绘画天赋，可是你的基因表达不到位，结果你的绘画天赋就发挥不出来。

如果一个人小的时候因为贫困而持续处于高压状态，他的基因表达受到影响，那么他成年以后，哪怕经济状况发生了很大改观，他还是会继续感到压力太大。说白了，就是他的身体已经得了贫困病。这个病不是外部环境好就能治好的，这是一个生理问题。

这还没完。科学家对这个问题的研究还在持续进行中，但已有证据表明，基因表达是可以遗传的。这就意味着这个人的后代，一出生就有贫困病——哪怕他一天苦日子都没过过。

实验室里已经发现，从小缺乏母爱的老鼠和斑马，不但自己负责处理压力的荷尔蒙水平异常，而且他们的后代——两三代之内——这个荷尔蒙水平都异常。

对人的研究当然要复杂得多，但是这种研究也有。荷兰近代历史上发生过严重的饥荒，结果科学家就发现，经历了那次饥荒的荷兰人，他们后来所生的后代，遗传了他们的心理高压。

当然，所有这些研究还在起步阶段，结论也有争议。也有人认为这个遗传机制不是通过表现基因遗传，而是通过"细胞型"（cell subtype）效应遗传，我不是生物学家，对这些也说不好，但是总结来说，有两个结论现在看来比较有把握：

第一，贫困带来的压力有一种生理作用，可以持续一生；

第二，这种生理作用是可遗传的。

什么叫压力遗传？压力遗传就是这个人天生就容易对生活中的困难反应过度。他无法考虑什么长远打算，特别容易把注意力集中在短期的事情上。

咱们想想生活中有没有这样的人。最近网上一个热点，说很多女大学生，为了买手机、买化妆品跟人攀比，会去借利息高到离谱的高利贷，不惜用自己的裸照做抵押。我看到这样的新闻就想，这些人脑子有问题吗？现在看来真有问题，可能就是天生的生理问题。

3. 人真的能凭自己的努力脱贫吗？

说到这里，你可能已经感到非常难受了。穷人生活本来就不容易，现在科学家居然又给他们扣上一个遗传了贫困特质的帽子。难道有的人天生就该受穷吗？！

对这个问题，我们有个更让人难受的答案——如果你坚持认为人人生来都是平等的，你可能更对不起穷人。如果你认为一个人受穷是因为他努力程度不够，你就犯了美国普通人常犯的错误，你就是被"美国梦"这种神话给洗脑了。

库珀是在非常贫困的环境中长大的。他出生在经济落后的田纳西州，家乡贫困到什么程度呢？上课都没有老师，也没有课本，校长发下来几张复印笔记让学生自学！

可是库珀现在生活得很好啊，这难道不是穷人奋斗的典型吗？库珀说，你千万别觉得我是典型。我的成功完全是一系列好运气的结果——我的确也很努力，但关键还是我得到了好几个贵人的帮助——这些好运气完全在我的控制范围以外。库珀说我能举出20个例子，来证明我当年的好朋友们跟我一样努力，一样积极主动，但他们现在境遇都很差。

所以根本就不能、也不应该指望穷人靠自己奋斗摆脱困境。美国所有城市里的黑人和墨西哥裔的学生，能跟上自己所在年级水平的比例，都不到25%。这难道是他们自己的错吗？所以库珀呼吁，让陷入贫困的人摆脱贫困，政府必须帮扶。

如果贫困真的是一种可以遗传的生理疾病，这对我们思想上的冲击就太大了。我还看到一个新闻，说很多老人被骗，以为交 10 元钱报名费，然后自己到北京鸟巢体育场就能领到 5 万元，结果全国各地很多老人就真的去了，怎么辟谣都没用。

做出这种明显不理智的行为，是不是早年贫困的经历给身体留下的痕迹造成的？还有一些贪官为官时巧取豪夺，被审判时，辩解说是"穷怕了"——这是不是贫困遗传的结果？

好在表现基因遗传未必能永远传下去，也许两三代就能终止——那么是不是说，中国未来的一代人，会比现在强得多？

这个"脑洞"还可以开下去，但是我觉得我们更应该往上看一代。中国过去是非常贫困的，那么为什么现在的中国人之中，也有很多格局宏大、气度恢宏的人呢？我想这得感谢中国的文化传统，特别是应该感谢父母。

上一代人苦是苦，但是他们总是尽量给孩子创造一个稳定和温暖的环境。别忘了我们前面说的贫困的定义，压力大和不确定性高，才是真贫困。也许这些人的父母一代，把自己变成了"防火墙"，没有让压力和不确定性影响到他们。

依照一些美国人的思维，要脱贫必须有政府干预。在我看来，美国政府再厉害，也没有带"防火墙"的中国父母厉害。

由此可见，贫困的本质是生活压力和不确定性。贫困带给人的坏影响不仅仅是心理上的，也是生理上的，而且新研究似乎表明，这种影响能够遗传。

让下一代人摆脱贫困的关键不仅仅在于物质供应，更在于提供一个稳定而又温暖的家庭环境。

低收入者重视集体，高收入者强调个人

不知道你注意到没有，过去这些年，中国的人与人之间的关系似乎比以前疏远了一些。过去两个人关系好，能好到不分彼此，干什么事都要在一起。现在不论是在学校还是在公司，乃至邻里和亲戚之间，这种亲密关系已经很少了。过去还有结拜异姓兄弟、认干爹干妈的事，现在也几乎没有了。

还有很多过去的谚语现在也不说了。我小时候经常听到的谚语，什么"一个好汉三个帮""多个朋友多条路""远亲不如近邻"，现在可能连中小学生写作文都不用，这些句子显得太老、太土了。

我有个感觉，中国社会正在变成个人主义越来越强的社会。

最近加拿大和美国的研究者有一项研究，跟这个现象很有关系[1]。他们想知道穷人和富人都会出于什么原因捐款。

研究者对富人的定义是个人年收入在9万美元以上的人。这是一个什么概念呢？美国家庭年收入的中位数是6万美元。个人年收入9万美元，就相当于一个普通美国人收入的2～3倍左右。这差不多是高科技行业一个有硕士学位的工程师的收入水平，要是在其他行业则是管理层的收入水平。

以前有很多研究发现，富人，通常是比较自私的。如果你有个爱心项目需要募捐，你最好找收入不是特别高的人。不但富人不愿意为了爱心捐款，

---

[1] 《纽约时报》, How to Get the Wealthy to Donate, 作者是来自加拿大不列颠哥伦比亚大学和美国芝加哥大学的三个研究者 Ashley V. Whillans、Elizabeth W. Dunn 和 Eugene M. Caruso, 实际上是他们自己做的几项研究的一个综述。

连富人家的小孩都比别的小孩更不愿意捐款。

2015年有人在幼儿园里做了一项研究。研究者给孩子们组织了一个活动，小孩做了些事情，挣到了一些代金券，这些代金券可以用于购买非常好的礼物。研究者问孩子们，另外还有一个孩子，生病了，在医院里躺着，不能参加这个活动，你们愿不愿意把你们挣到的代金券分给生病的小朋友一点呢？结果家庭富裕的孩子捐出来的代金券反而更少。

所以千万别对富人的爱心抱太大幻想。富人真要捐款也可以很大方，但有很大可能，不是出于爱心，而是为了自己。

那如果你想让富人掏钱捐款，话应该怎么说呢？

研究者做了几个实验，结果非常一致。其中一个实验是跟一家救助孩子的慈善机构合作，在他们的捐赠网站上测试两句广告词：

1. 让我们一起来救一个孩子
2. 你 = 救命者

结果是对于那些年收入9万美元以上的高收入者来说，第二句广告词的效果大大好于第一句广告词。这个结果很有深意。

一般搞捐款活动，我们直观的想法，都是众人合力去做一件好事，为的是一个共同的目标。可是你要想说服高收入者捐款，说"共同的目标"他根本不感兴趣。你得强调这个捐款行为是他的一项"个人成就"。

换句话说，高收入者救孩子不是为了那个孩子，而是为了给自己增加一项"曾经救过人"的成就。

还有一个实验是在美国一所非常著名的商学院进行的——没有透露到底是哪个商学院——募捐的对象是商学院的校友。测试的广告词也是两句：

1. 向前一步，开始你的个人行动
2. 让我们支持一个共同的目标

可想而知，第一句广告词大获全胜，它得到平均每个人的捐款数比第二句广告词多了 150 美元。

所以你看,哪怕是募捐,都得给用户赋能啊。

这项研究结果不是孤立的。研究者之前还做过别的研究。让一些受试者回顾,自己曾经在经济上获得过的一次重大成功是怎样的?比如获得一份高收入的工作,或者说挣了一大笔钱。那次成功,是什么因素促成的呢?是因为家庭的因素,还是教育的因素?

结果发现,越是高收入者,越强调成功是因为他自己的努力和天赋。

好,现在关键来了。高收入者之所以不喜欢为了爱心捐款,也许不是因为他们特别自私和小气。研究者说,这可能是因为高收入者的思维模式跟低收入者不一样——

低收入者更愿意依靠集体的力量,更愿意互相依赖;高收入者更愿意靠自己解决问题。

比如说搬家吧。如果你是一个低收入者,你搬家肯定得请亲朋好友过来帮忙。这意味着,下次朋友搬家的时候,你也得去帮忙。这也就意味着,你为了将来有人来帮你,就算现在还没有搬家需求,看见别人需要搬家,你也应该去帮忙。

当然,我们也可以说朋友之间本来就要互相帮助,哪有那么多算计?但是也许,或者说至少对某些人来说,这是一种理性行为,是为了未来依靠别人做一个人情储备。

但如果你是个高收入者的话,那你就完全可以用钱来解决搬家问题。想搬家,直接请一个专业搬家公司就解决了。你平时就没必要处心积虑地积累什么"搬家的人情储备"。

这是两种完全不同的思维模式。研究者说,在做捐款实验的时候,他们曾经试图教育这些高收入者,你们也应该为了集体的共同目标做贡献啊!但是研究者的说服工作都失败了,高收入者根本不买账。高收入者就是只相信自己。

高收入者和低收入者教育孩子的方式也是不一样的。以前有人做过深入研究,发现高收入者教育孩子时更强调个人:孩子你一定要想办法去实现自己的目标。而低收入者更强调集体，让孩子把集体需要放到一个更优先的位置。

听说了这两种心态的教育思想，我心里面真有点不是滋味。我从小受的教育，就是应该把集体的需求放到第一位，人应该具有高尚情操和无私奉献精神。咱们中国人从小都是受这个教育长大的。而现在居然有人说，这样的教育是低收入者的特征？

可是你仔细想想"搬家"这个例子，也许还真有不同的思维模式这个因素。当一个人说愿意为集体做贡献的时候，可能他完全出于一片公心，但是也许有些人就是有一些理性的考虑，今天我为集体做贡献，将来我有需求的时候，集体也会来帮助我。

这种算计，在一群人长期生活在一起的熟人社会中很有效，但是对于流动性很大的陌生人社会就不起作用了。如果经济不增长，流动性越大的人群越需要用亲密关系建立安全感，比如说跑江湖的最爱拜个把兄弟，离家在外的人最爱弄个同乡会。而如果经济增长快，这些就没必要了。

中国这些年来人与人之间的关系变得更疏远了一些，也许就是经济增长带来的社会进步。当一个人有了更强的经济实力，他就获得了更大的独立性。过去人与人的关系之所以那么近，是因为那是一种互助关系。而现在更多的是合作关系，尤其是跟陌生人之间的合作。

我有个想法，"人脉"这个概念，在现代社会根本就是一个伪命题。我大胆说一句："人脉"其实是弱者"意淫"出来的概念。人们幻想高水平的人也是靠今天我帮你一个忙，明年你帮我一个忙这种"人情账"的逻辑办事。

这个逻辑在现代根本不存在。现代社会是陌生人之间能够合作、能够迅速建立互信的社会。如果这件事对咱俩都有利，那咱们根本不需要积累什么"人脉"关系，以前不认识现在可以认识。如果这件事对我有利，对你不利，那我怎么忍心让你做呢？

什么"人脉"，什么人情储备，其实是没有明确权益的账，不但不利于良好合作，还污染了真诚的友情。表面上温情脉脉，背后却是可耻的算计。这大概就是为什么现代社会中的人们越来越反感这些所谓的人情往来。

把利益瓜葛都排除在外，轻装上阵地交往，这样的亲情和友情，难道不是更值得追求的吗？

想明白这些就会认同，高收入者的独立精神，可能就是更健康的人际关系的基石。要么是真诚的友谊，要么是公平的合作，实在不行干脆就谈交易，搞什么"人脉"啊。

优等生、奇人和猛人：
斯坦福商学院都招什么人？

现在"多样性"这个词是越来越流行了。我们希望人才应该不拘一格，最好什么样的都有。比如说公司招聘，就应该像职业足球队买人一样，不但要全面考察，而且得招不同类型的人，千万不能只看单一指标。

这个道理是如此简单，又是如此难以操作。比如大学生考研吧——中国目前的考研制度，就基本上是只看总成绩这个单一指标。

所以我想介绍一种更先进的做法。咱们讲一个最极端的例子：斯坦福商学院的研究生院的招生。

美国私立大学的录取标准往往不对外公开，你甚至可以说根本就没有固定标准。私立大学，没有义务"为国家培养人才"，有很大的办学自主性。哪怕有的学生纯粹是因为他爸爸给学校捐了几千万美元而被录取的，外人也无话可说。没有分数线，没有什么一定好使的"考研攻略"，甚至有点像是暗箱操作，这就让申请者非常困惑——我到底要做到什么，才能进名校呢？

有本书叫《混沌冲动：概率和扰动如何推动创新、效率和成功》（书名为中文直译）[①]，这本书的作者和斯坦福商学院的一位招生负责人是多年好

[①] 参见 Judah Pollack and Ori Brafman, *The Chaos Imperative: How Chance and Disruption Increase Innovation, Effectiveness, and Success*, 2013。

友，我从这本书里得知了一些有趣的内部信息。

斯坦福商学院招生的方法，跟咱们中国的研究生录取的办法完全不同，更像是一个球队在招兵买马。

基本上，斯坦福商学院录取四类人。

第一类是优等生，占招生总数的 50%～60%。这类学生需要优秀到什么程度呢？首先得是名校本科毕业，比如哈佛大学、达特茅斯学院之类。他们可以先学习自由技艺（liberal arts），毕业后还得有 2～4 年的知名企业工作经验——比如高盛那样的投资银行或者麦肯锡那样的咨询公司，他们的大学成绩单和 GMAT 成绩必须出类拔萃，他们还得有有力的推荐信，证明他们不但成绩好，而且具有优良品质……用句单田芳的话说，这些就是"挑了又挑选了又选，拔了又拔拣了又拣"出来的人。

优等生给商学院提供安全感。如果招生是买股票，录取优等生就相当于持有低风险的绩优股。名校毕业，成绩好，还有过大公司的工作经验，品学兼优，这样的人再差也差不到哪儿去。

第二类是特长生，占招生总数的 5%～15%。特长生给商学院带来天赋。

如果你的成绩没有优等生那么好，那你最好具备某种"特别突出"的专长。什么叫"特别突出"呢？如果你的特长是拉小提琴，那必须是世界级水平；如果你的特长是体育，那必须拿过奥运金牌；你也可以是个物理天才，比如斯坦福商学院就曾招收过美国国家航空航天局（NASA）的火箭科学家。

第三类是"提供多样性"的人，占招生总数的 25% 左右。所谓"多样性"，就是来自不同国家、不同民族，有不同宗教信仰的人。不管你是来自新兴经济体，还是来自老少边穷地区，还是信仰一个非常奇特的宗教，你都能提供多样性。

这些人存在的目的之一，是让斯坦福的学生学会和不同背景的人打交道。把一批想法一致的聪明人聚在一起，是非常糟糕的情况——你还以为世界上所有人都跟你一样，根本不知道真实世界是怎么回事！有了多样性，你才能学会站在不同的立场上考虑问题。

最后一类被称为"秘密调料"。这部分人的数量不多，但都有极不寻常的人生经历。

可能这个人在阿富汗和伊拉克执行过特殊任务；可能这个人是一位单亲妈妈，一边抚养孩子一边完成了一项难度非常高的工作；可能这个人来自一个非常冷门的行业——比如说钢铁行业——而不像其他同学那样都来自投行和咨询公司。这些人，提供的是特别的视角。

对后面这三类人，并非没有学历和考试成绩要求。他们必须也有很好的成绩——否则怎么证明你的学习能力足以完成研究生的课程呢——只不过不必像优等生那么突出。你的 GMAT 成绩没必要比 99% 的人强，但也得过硬。

我们可以想想，一个在阿富汗打过仗，回来还在 GMAT 考试中取得了不错成绩的女生……这都是什么人才能进斯坦福商学院。

把这帮人聚在一起，就非常有意思了。

书中举了个例子。比如课堂上讨论一宗收购案。如果学生都来自华尔街，他们看问题的角度就都是站在大公司的立场上，去研究怎么和小公司谈条件。但如果学生中有一些来自边远地区或者冷门行业的同学，他们就可以提出小公司是怎么想的！他们能提醒其他同学，用不同的视角看问题，他们经常能说出一些连教授都想不到的观点。

斯坦福商学院的招生负责人说，他其实是在构建一个社区。学生们在这个社区里互相配合，取长补短。可能几个学生吃午饭的时候一商量就开了家公司或者非营利机构。

在很大程度上，人们去斯坦福商学院不是冲着老师，也不是冲着文凭去的，而是冲着同学去的。

当然，多样性归多样性，录取过程中有一个价值观却必须是一以贯之的——那就是所有人都得愿意为母校和同学服务……换句话说将来你发达了，别忘了回来捐款。

关于多样性的好处可以专门写一本书[1]。在此咱们先说一个问题，如果你是个优等生，在斯坦福商学院这种地方，你是希望身边都是跟你一样的优

---

[1] 事实上的确有这么一本书，斯科特·佩奇的《多样性红利》。

等生呢，还是希望有不同背景的同学？

可能坐在你身后的那位大哥学习成绩很差，但人家是沙特王子，你平时把作业借给他看，下次说不定他老爸的公司就能和你做生意。如果遇到什么困难，你也许能从坐在你左边的单亲妈妈那里学到一些生活的智慧。这样的学习经历，是不是比和一帮好学生在一起整天研究怎么应付考试有用得多呢？

我有两个感慨。

第一个感慨是为什么很多人抱怨，说华裔学生正在被美国名校排斥呢？为什么一个华人孩子的各项成绩都比一个黑人好，可是名校不要他，非得录取那个黑人？这是歧视吗？

中国一直以来的考试文化，让我们有一个错觉，那就是认为被名校录取，是社会对我们辛苦学习的回报和奖励。我做到了，你就得给我，不给就不公平。

但是美国名校，并不是什么公共的政府机构，它没有义务给你回报。其实在我看来，就算是政府公共机构也没有义务因为你学习好就给你回报——你学习好都是为了自己，你为别人做什么了，凭什么要别人给你回报？

大学录取你，不是给你发的回报，而是对你的投资。

我有个朋友的儿子，现在自己创业了，但是当初一度想去斯坦福商学院。他和负责招生的人聊天，对方跟他说："名校有个很奇怪的特点——如果上名校对你来说很重要，那我们就不愿意录取你；如果上名校对你来说无所谓，我们反而更愿意录取你。"

如果你拿名校当光环，你可能就配不上名校；如果你自己很厉害，不拿名校当回事儿，名校反而更把你当回事儿。这和中国的高考和考研，是不是完全不同呢？

我的第二个感慨是咱们中国有些"优等生"的格局不行。比如说，你可能经常听说，有一个中国女生，学习成绩非常优秀，一路上名校，结果嫁了一个有钱的丈夫，然后辞职做了家庭主妇。你当然不能说她对社会毫无贡献，但这种贡献是不是有负于名校对她的栽培呢？

与此同时，另外一个女生可能成绩稍微差些，但她曾经只身前往阿富汗当志愿者,或者当过战地记者,可以说是能文能武,有勇有谋！任何人都知道,这个女生将来一定会为社会做出更大的贡献,给学校带来更高的声望。名校当然更愿意录取她。

学业上的差别,其实没有我们想象得那么大——你不就比别人多背了几个单词吗？在标准化考试上多考了几分,有什么了不起的呢？

公司招人,名校录取,怎么做才叫公平？在只看分数的时代你可以谈公平；在强调个人能力的时代,你只能谈价值。

哈佛商学院是门特殊生意

说完斯坦福商学院咱们再说一个哈佛商学院的事儿。其实这两个商学院没有本质的区别，只不过这次要说的事儿正好落在哈佛商学院头上。

提起哈佛商学院，那是令世人仰望的地方，很多很多有能力的人，削尖了脑袋都想从那里拿一个 MBA 文凭。但我今天想说的不是哈佛商学院有多牛，也不是怎么获得哈佛商学院水平的教育，我想说的是咱们能不能从另一个角度看看这个充满精英感的地方。

咱们能不能不仰望，改成平视，甚至是俯视。

现在我们中国人对国内的商学院有时候并不买账，但是对哈佛商学院、斯坦福商学院这样的地方大概还是仰望的。而在美国，很多有识之士对这些所谓的精英俱乐部是持批评态度的。哈佛商学院也好，哈佛大学也好，它们的光芒并没有"亮瞎"所有人的眼睛。

商学院，到底是个什么地方呢？

是个学本领的地方？这是天真的说法。

是个拿文凭毕业以后好找工作的地方？这是"草根"的说法。

是个混圈子的地方？这才是精英的说法。

不过今天我们既然是平视和俯视，那就有另一个说法——哈佛商学院，其实是门生意。

2017年的一期《经济学人》杂志，爆了哈佛商学院的一个料[1]。这期杂志全文刊登了一份哈佛商学院内部只给高级教职员工看的保密的备忘录，还给起了个题目叫《从卓越走向优秀》(From great to good)——这是一个调侃，把"从优秀走向卓越"这句俗话给反过来说了，意思是哈佛商学院正在堕落。

这件事的背景是当年4月底出了一本新书，书名直译成中文叫《黄金护照：哈佛商学院、资本主义的局限和MBA精英的道德堕落》[2]。这是一本持强烈批判态度的书，认为哈佛商学院已经背离了创立者的初衷，成了一个加剧社会不平等、让资本主义走向没落的利益集团的代表。

而《经济学人》刊登的这份备忘录，就是在这个背景之下，商学院内部管理人员写的战略分析。备忘录是怎么被捅到媒体上来的，后面有什么故事，我们不得而知。但是备忘录的内容非常直白，可以说是该说的、不该说的都说了。

1. 声望的价值

我们要知道，世界上最重要的资源，除了财富和关系，还有声望。而像哈佛这样的顶级名校，真正经营的东西就是声望。声望，是真的可以实实在在地变现的。

备忘录列举了哈佛商学院的收入来源，咱们看看声望在其中的作用。哈佛商学院现在的年收入是7亿5000万美元，而且年增长率高达8%，总资产更是高达50亿美元。在这些收入中——

17%来自学费。哈佛商学院总共有大约2000个学生，每个学生每年的学费高达71635美元。你交这么多学费，当然不是完全为了读书，更是为了加入哈佛校友的社交网络。

23%来自面向企业家的短期培训班。备忘录说得很实在，企业家们从这些培训班里获得了两个好处——一个是让头脑获得一点"适当的刺激"，

---

[1] 参见 Harvard Business School risks going from great to good, *The Economist*, May 4th 2017。

[2] 参见 Duff McDonald, *The Golden Passport: Harvard Business School, the Limits of Capitalism, and the Moral Failure of the MBA Elite*, 2017。

一个是……从此可以自称是哈佛校友了。

29%来自版权。哈佛商学院卖很多书，还有著名的《哈佛商业评论》杂志，但最重要的版权收入来自商学院教授们编写的"案例分析"。这是哈佛商学院首创的MBA教学方式，让学生通过真实的商业案例学习实战经验

31%，也是最大的收入来源，是捐款。

哈佛校友的牌子、哈佛出品的案例，更不用说捐款，这些背后都是声望。短期培训班的学费收入比正规军学费收入高，教材版权收入比短期培训班学费收入高，捐款收入则是最高的——看来在金钱、关系和声望这三个资源中，真是金钱不如关系，关系不如声望啊。当然也只有顶级名校才谈得上"经营声望"，一般的办班授课，别人只会问你我能学到什么干货。

以前我写过一期专栏叫《有一种声望很值钱》，说了顶级学术期刊怎么靠声望赚钱，但是哈佛商学院把用声望赚钱玩到了更高的高度。

2. 捐款的门道

咱们就说这占31%的捐款收入。本书前面说了，富人给名校捐款、给博物馆交款，和普通人资助失学儿童，可是两个完全不同的概念。普通人捐款是出于爱心，富人捐款则在很大程度上是出于私心——或者叫"理性"。给著名大学和博物馆提供巨额捐款，是你，甚至包括你的家族，进入上流社会的标志。捐款是门票，慈善拍卖会是富人联谊会。

对比之下，国内的大学做得就很不够了。比如我的母校中国科技大学，每次向校友募捐，都是搞些特别实在的项目，比如说定点资助一名贫困大学生、给优秀教师设立一项奖金之类。这些事才能收到多少钱？

那美国的学校和博物馆是怎么做的呢？它给你提供一个社交网络，甚至还提供社会地位。只要你捐了钱，你就是"朋友"；如果你捐到一定的数目，你就是"合作伙伴"；如果捐得再多，还可以享受"创建者"待遇，有发言权。当然还有一个不成文的"习惯"，那就是给名校提供巨额捐赠的人的子女，将来是一定可以进入这个名校学习的。

当然，按中国大学的道德观，这应该叫腐败。不过如果是私立大学，你

不好说这算什么。

但这些还都是常规的，而哈佛商学院却将接收捐款玩到了一个新高度。有些捐款的目的，是对商学院编写的那些"案例"施加影响，比如，我们企业有个大好事儿，我希望你们写进案例里；你们有个案例说的是我们企业的一次失败，我希望你们不要再说那件事儿了。

哈佛的案例很权威，全世界都要用，都要买，这是用声望赚钱。哈佛案例的影响力太大，以至于别人要"捐款"请你修改案例——这是用"声望的声望"赚钱。

可是声望如果这么卖的话，是不是有点过头了呢？

3. 声望的危机

备忘录说，哈佛商学院现在面临三个战略问题，需要请各位资深教授一起想想应该怎么办。

第一个问题是利益冲突，其中最主要的就是捐款人的利益和哈佛商学院声望的利益是冲突的。如果你的案例都是由某某公司赞助播出的，谁还在乎你的案例呢？

第二个问题是哈佛商学院在学术上的领先地位正在遭遇竞争。过去几年内最有影响力的一本商业经济著作，《第二次机器革命：数字化技术将如何改变我们的经济与社会》，是隔壁麻省理工学院的教授写的。硅谷边上的斯坦福大学商学院发展得如火如荼。如果最厉害的人物不在你这里，最厉害的思想不是出自你这里，你的声望生意怎么办呢？

第三个问题是社会对哈佛商学院的批评声音的确不能不重视。人们认为你是个精英俱乐部，校友都是只关心赚钱，一心想往上爬，不关心国家进步和百姓疾苦的人，你的"校友会"盛行裙带主义。

备忘录说，因为这三个问题，现在哈佛大学和哈佛商学院的关系也开始变得很微妙了。哈佛商学院并不"隶属于"哈佛大学，财务和教学都是独立的。哈佛大学给哈佛商学院的其实就是"哈佛"这个牌子，而哈佛大学从哈佛商学院得到的则是，哈佛商学院毕业生既然自诩是哈佛校友，将来就可能会直接向哈佛大学捐款。

可是现在的情况是哈佛大学内部也对哈佛商学院持有批评意见，并且至少在名义上，有可能对哈佛商学院采取措施。

而这个备忘录说的也很是有意思，说万一不行，干脆我们就从哈佛大学脱离出来，办一个价值50亿美元的实体公司算了。我对他们这个想法不太理解。没有了哈佛的声望，你一个"波士顿商学院公司"，还能有多少人买账呢？

哈佛商学院未来的命运如何我完全不在乎，但是我们可以从中了解一点这个世界运行的道理。

哈佛商学院完成了一个每年7亿5000万美元的大生意，这说明顶级大学的声望很可能比公司的品牌更容易变现。当你仰望的时候，你只是个声望的消费者，只有平视甚至俯视，才能让你看清这个生意。

拥有名校校友资源的MBA们当然是一股很厉害的力量。但我们一旦平视甚至俯视，就知道这股力量其实也不值得被高估。

权力带来的脑损伤

咱们先来做个小测验。假想你现在是跟一屋子人在一起，每个人都要在自己的额头上写一个字母，要让彼此都能看见各人头上的字母是什么。

你要在自己额头上写的，是一个大写的英文字母"E"。当然这只是一个假想的实验，你不用真拿笔写，自己用手指比画一下就可以。现在给你 3 秒钟时间。

好，写好了。

这个"E"，其实有两种写法。一种写法是用自己的视角看，那么"E"的那一竖就写在你的左手这边。另一种写法是考虑到别人的视角，那么那一竖就要写在你的右手边。你是怎么写的呢？

如果你用的是第二种写法，说明你非常善于从别人的角度考虑问题。这是一个可贵的品质。我们知道，能够考虑他人的观点，跳出自己的视角，恰恰是有智慧的特征。

但如果你用的是第一种写法，那可就厉害了，可能你是个"有权力"的人，也许是个领导。2006 年一项研究发现，感觉自己有权力的人，按照自己视角写"E"的可能性，比一般人高 3 倍。

但是你先别高兴，这可不是什么好消息。

最新的研究表明[①]，权力感，可能会给人带来脑损伤。权力，哪怕仅仅是一点"权力感"，都会妨碍我们大脑的一项重要功能，那就是从别人的角度考虑问题的能力。

对别人的情感和想法感同身受，是人的一项重要社交能力。比如给你看一张照片，你能不能判断出照片里人物的喜怒哀乐；让你主持一个会议，你能不能猜测同事们会怎么理解你说的某一句话。有这样的能力你才能把人协调好，你显然也更适合当领导。

可是问题在于，等你当上领导，获得权力以后，你就会慢慢失去这个能力。下面这张照片是2008年北京奥运会的一个场景，当时的美国总统小布什到现场观战。他展示了一面美国国旗，表示自己非常爱国非常自豪——但是从我们的角度看，他把国旗拿反了。身为总统，小布什只考虑了自己的角度。

这就是权力的傲慢——或者从脑科学角度来说，这是权力的愚蠢。

人类和其他灵长类动物及一些鸟类的大脑中，有一种镜像神经元。这些神经元的作用是让我们在大脑中模拟别人的行为。比如看到别人做一个动作，我们会不自觉地把自己当成他，在大脑里假想自己也做相应的动作。

镜像神经元是我们能对别人的遭遇、情感感同身受，以及互相模仿学习的关键。你快乐所以我快乐，你痛苦我也痛苦，你做一个什么技术动作我看

---

① 参见 Jerry Useem, Power causes brain damage, The Atlantic, July 2017。

一遍也会了，这些基本上就是心理学家说的"共情"。正因为我们有这样的能力，我们才能良好地合作。

但是权力感会损害这个能力。有人做实验，事先把受试者分两组。第一组受试者先回忆各种自己说了算的场景，第二组没有这个回忆过程。然后让全体受试者观看一个人用手挤压一个皮球的视频，同时扫描他们的大脑。结果第二组受试者的镜像神经元工作正常，他们大脑中做挤压球动作的相关区域有强烈活动——请允许我打个比方，这就好像你看一段色情视频，自己大脑中的相关区域也会有反应一样。而第一组，也就是事先调动了"权力感"的这一组，就没有这么强烈的反应。

请注意，这两组人在实验之前并无区别，分组是随机的。也就是说，哪怕仅仅用回忆唤醒自己的有限的权力感，都能妨碍我们共情能力的发挥。

如果一个人长期拥有权力，他的大脑就有可能受到决定性的损伤。《大西洋月刊》记者尤西姆据此举了个例子。2016年，美国富国银行的前任CEO约翰·斯顿夫（John Stumpf）因为纵容员工制造假账户，被叫到国会作证。面对多个议员的质询，这位CEO完全没有表现出歉意和懊悔，也没有表现得特别自信和傲慢，而是一副……很茫然的表情。他好像根本不明白自己哪里做得不对。

这种情况一点都不罕见。普林斯顿大学心理学教授苏珊·菲斯克（Susan Fiske）说，权力会让我们不再关注别人有什么微妙想法。当然这在某些情况下是必须的，你要做的是大决策，肯定要忽略一些无关的信息，正所谓"杀伐决断"。但是时间长了，你可能就什么信息都听不进去了，自己想怎么干怎么干。你会越来越冲动，越来越盲目，做决策不顾风险。

前面那位CEO斯顿夫，要求员工给每个银行顾客做8个账号——因为"eight"和"great"押韵！这不就是中国暴发户们喜欢的"8就是发"的美国CEO版吗？

说白了，"当官当久了会让人变傻"。

那怎么才能避免这个脱离群众的情况呢？我能不能既拥有权力，还明察秋毫呢？

这比较困难。加强一下思想政治学习，提醒自己时刻不忘本色，似乎根本没用。有人做过类似的实验，特别提醒受试者镜像神经元的重要作用，让受试者主动体察别人的想法，但实验结果并无好转。只要你有权力感，你就会有相应的毛病。

想要有敏锐的感知，你就必须去掉权力感。

一个办法是回忆自己经历过的无助时刻。比如说有一项研究发现，那些小时候经历过生死攸关的自然灾难，身边有人死了而他幸存下来的人，一旦当上 CEO，做事会更谨慎一些。不过另一项研究更有意思——如果你经历过灾难，但是没有什么人死，那你当上 CEO 之后反而会更愿意冒险！

最好的办法，是身边能有一个人时刻提醒你，你只是个普通人。

百事可乐的一位女 CEO 说，当年她第一次进入公司董事会，非常自豪，赶紧回家告诉妈妈这个消息。结果她一进门，妈妈看见她这一脸得意的样子，说："家里没有牛奶了，你去买桶牛奶回来。"她灰溜溜地去买了牛奶，回来妈妈跟她说，别把你那个王冠带到家里来。

罗斯福总统有个幕僚也扮演了这样的角色。别人都管总统叫总统，他坚持对总统直呼其名，叫他"富兰克林"。丘吉尔的提醒者是他老婆。大权在握的丘吉尔表现出一点傲慢无礼，老婆就给他写信，说："亲爱的温斯顿，我注意到你的举止越来越坏，不像是以前那么好的你了。"

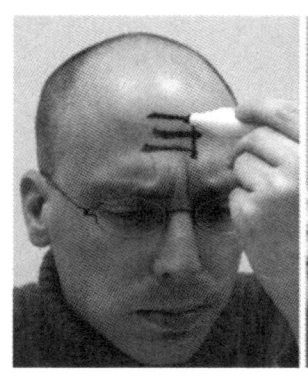

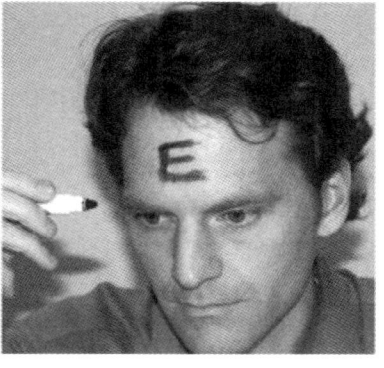

我们平时观察，有些领导的决策简直不可理喻。一开始你可能觉得他这

么做肯定另有深意，是我们普通人不能理解的。但是时间长了，你发现最合理的解释就是他真的不知道自己在干什么。他想一出是一出，有多少反对意见都置之不理，逼急了还跟你直接对抗。

现在我们知道，其实是这人的脑子坏了。

Part Four
霍金的答案

哪怕这个问题是全新的,在大多数情况下我们也能用旧的知识解决它。掌握科学知识的人有凭借理论推导就能破解世界的力量。

物理学的逻辑和霍金的答案

明星物理学家霍金的新书《大设计》（*The Grand Design*）和当年的《时间简史》一样受到公众和媒体的热烈追捧，成为又一本能够连续占据畅销书排行榜的"物理书"。很多媒体关注的重点都是霍金在这本书里排除了上帝存在的可能性，但其实这本书说的是比上帝存不存在更重要的事。它说的是为什么会有这么一个恰好适合人类生存的宇宙。

这大概是人类所能提出的最大问题了。宇宙为什么存在？宇宙是怎么起源的？我们这个宇宙的性质非常精妙地符合人类需求，那么它是被"设计"出来的吗？很多人认为物理学家跟哲学家及宗教人士一样，追问这些问题是为了获得"内心的平安"，但物理学家跟他们不一样。物理学有一套非常不同的逻辑。

我曾经在一次聚会上跟一位牧师聊天。这是一位非常虔诚的牧师，走到哪里都带着一个破旧的随身听（里面有有声版的《圣经》）。我以为我的知识足以挑战他的信仰，我问他你怎么可能相信地球是在六千多年前被上帝创造的呢？我们有充分的证据表明地球上有很多东西的年龄超过一百万岁。不料这位牧师说了一个几乎让我目瞪口呆的理论。他说上帝创造万物的时候可以创造各种年龄的万物。这就好比说假设我现在可以创造出一个人来，这个人的年龄看上去是20岁，可是他是什么时候被创造的？现在被创造的。

这真是一个完美的理论，我无法从逻辑上质疑它的正确性，这位牧师靠这个理论获得了内心的平安。可见获得内心的平安是容易的事情,如果你相信上帝无所不能,上帝安排了一切,你就可以解释任何现象,你就获得了内心的平安。可是物理学家对自己有比内心的平安更高的要求。我对这个牧师说,我的理论不但能解释各种化石的年龄,我还能对尚未发现的化石做出预言,你的理论也能解释,可是你的理论能预言吗?

判断一个物理理论的好坏不在于这个理论是否符合人的直觉,或者是否够漂亮,而在于它能不能做出预言。

与哲学家们整天为了坚持自己的学派和"信念"跟人吵架不同,物理学家从不执着于任何一个物理理论,堪称最彻底的革命者。但物理学家也有一个可以称作"信念"的东西,这个信念就是世界应该是合"理"的。也就是说,物理定律应该适用于所有时间和所有地点,所有事件都必须精确地符合物理定律的数学方程。

正是这个信念使得物理学家可以不断地做出预言。如果有一个侦探发现1月1日有人被杀,2月1日又有人被同样的方法杀死,3月1日还有人被同样的方法杀死,他就会得出一个理论:罪犯在每月1日杀人。这个理论不但能解释过去的三起杀人案,而且能做出4月1日会有人被杀的预言。物理学家的思路与之类似,只不过对他们来说,4月1日必须有人被杀——不允许物理定律像犯罪一样有被停止的可能。过去,电磁相互作用和弱相互作用被认为是两种不同的力,而萨拉姆和温伯格在1967年用一个统一的理论把这两种力统一了起来。这个理论不但能解释已知的现象,还预言了在这个框架内必须存在的三个新粒子,后来果然被实验证实。反过来说,有人试图把强相互作用也给统一进去,结果得到了几个所谓的"大统一理论"(GUT)。这些理论都预言质子应该会衰变,然而目前为止所有的实验都表明质子就算真的会衰变,其半衰期也比任何 GUT 预言的都长,所以 GUT 就算再精妙也不能被接受。

既然所有事件都符合物理定律,上帝还有什么用呢?如果上帝不能违反物理定律(比如说制造奇迹),他存不存在还有什么意义呢?牛顿就提出了一种意义。

牛顿在解出行星轨道方程之后发现引力会对这些轨道做出扰动。而这种扰动一旦累积起来就会导致轨道的不稳定，使得行星或者坠入太阳或者脱离太阳系。据此，牛顿认为上帝必须存在，只有上帝才能时不时地对地球轨道进行微调，确保稳定。要不是拉普拉斯后来证明这种轨道扰动是周期性的，不可积累，物理学家大概也只好接受上帝存在的观点。

牛顿认为上帝必须存在的另一个理由则不需要他的直接干预，这就是地球在太阳系的位置实在是太幸运了。方程表明一个行星的轨道在一般情况下应该是椭圆形的，圆形是非常特殊的情况。如果地球轨道是椭圆形的，哪怕"椭"得不是特别厉害，其近日点和远日点的温度也将会非常不同，而不会有像现在这样一年四季温度相差不算太大的环境。而地球的轨道几乎就是圆的！地球四季的温差几乎完全来自自转和公转的倾角，而与距离太阳远近无关。地球的另一个幸运之处在于这个距离与我们这个太阳的质量正好搭配合适，哪怕太阳质量有 20% 的不同，地球也将因为过冷或者过热而不适合生存。牛顿考虑到这些巧合，认为这一定是上帝安排的，就好像一个连续买彩票中大奖的人认为这是上天的眷顾一样。要不是后来我们发现宇宙中有那么多的行星系统，其中有一个适合生存的也不算意外，物理学家大概也只好相信这个巧合是安排的。

相对于那些因为自己"信仰"无神论而否定牛顿的人而言，像牛顿这样的较真精神反而更了不起。现在，与牛顿遇到的这些问题类似的问题仍然困扰着物理学家。这些问题的特征就是我们这个宇宙实在太幸运了，差一点都不行！

第一个问题是宇宙起源的初始条件。天文观测和经典理论都表明宇宙起源于大爆炸，而量子引力学的进展则表明大爆炸比此前想象的要快得多，称为"暴涨"。对宇宙微波背景辐射非均匀性的发现证实了暴涨理论。然而要想实现足以形成我们这个宇宙的暴涨，宇宙起源的初始条件必须满足无比严格的要求。这就好像你要做一个炸弹，这个炸弹的形状必须是一个绝对精确的球形它才能实现预期的爆炸效果一样。除了上帝，谁还能准备这样精确的初始条件？

第二个问题是各种物理参数为什么如此地恰到好处。计算表明如果把强相互作用的强度改变 0.5%，或者把电磁相互作用的强度改变 4%，碳和氧这两个对生命至关重要的元素就不会出现；哪怕把质子的质量增加 0.2%，它也会迅速衰变从而使得宇宙中根本不会有任何化学现象。另外，空间还必须是三维的，否则行星轨道就不会稳定。现代物理学无法从逻辑上解释为什么这些物理参数是这样的，就好像一个网络游戏玩家不能用物理定律解释某些超强 boss 的武力值一样，唯一的解释似乎是它们是被"设计"成这样的，否则这个宇宙或者游戏就不好玩。

霍金在书里给出了一个不需要设计者的解释。霍金首先用所谓的"无边界条件"来取消了"宇宙创生之前发生了什么"这个问题。即在早期宇宙的极端条件下，时间维被扭曲得好像一个空间维，也就是说那时候有四维空间而没有时间，也就不存在"之前"的问题了。进一步，早期宇宙处于量子态，而它的历史则是所有满足"无边界条件"的历史叠加的结果。一个量子的宇宙可以自发地诞生。

正如量子力学中的一个粒子可以有多种不同的状态，创世之后也可以产生多种不同类型的宇宙状态。每一个可能的宇宙中都有自己的一套物理定律和物理常数，我们只不过恰好生活在其中一个允许星系和人类出现的宇宙中而已。这个道理就如同既然有非常多的行星系统存在，我们恰好得到一个适合人类生存的地球就并不奇怪。

霍金在书里使用物理学的一些最新进展，比如 M 理论和他本人在量子引力方面的研究成果作为论据，给了这些大问题一个相当说得过去的答案。然而在专业的物理学家看来，这个论证很不严谨。书中用到的很多物理理论，比如说超引力，在数学上并不严格，更不用说 M 理论还远远没有得到实验证实。霍金的做法几乎等于宣称物理学家一直追求的"统一理论"已经成型，大问题的答案已经有了，可是很多物理学家不会同意他的看法，比如中科院理论物理研究所的李淼就不买账。

不过，霍金也解释了为什么 M 理论是最佳选择。首先，如果你的宇宙是一个连续系统,它的物理定律不随时间改变,那么其中必定能量守恒。其次,这个守恒的总能量必须等于零。这是因为如果能量大于零,宇宙就无法被凭空创造出来;而如果能量小于零,它就可以在真空中的任何地方出现。更进一步,既然宇宙的总能量为零,而在其中制造星球需要正的能量,那么它就必须包含引力,因为引力提供负能量。最后,这个引力必须用超引力理论来描述才能消除无穷大项,而 M 理论正是超引力的最一般理论。

霍金甚至提出了这套理论的一个预言:如果宇宙真是这样诞生的,那么在微波背景辐射中应该能观测到某种精微的特征,这种特征目前的观测手段还看不到,但将来或许可以看到。

物理定律必须处处管用,以至于上帝就算存在也无事可做;而一个好的物理理论必须不但能解释已知的现象,还能对未知的现象做出预言。这就是物理学的两个逻辑。霍金的学说显然符合第一个逻辑,只是不知道它能不能符合第二个。

摆脱童稚状态

中国民间有一个"七十三,八十四,阎王不请自己去"的说法,说在这两个年龄上的人更容易去世。这个定律从直觉上就不太可能是对的。我们设想,应该是因为孔子和孟子分别死于这两个年龄,人们认为这是人生中的两道大关,然后每当听说有人在这个年龄去世都会进一步加深印象,以至于总结了这个纯粹是错觉的定律。但有人不满足于直觉分析。

一篇网上流传的文章[①]认为这是一个"科学家验证"了的规律:"科学家的回答是肯定的。"这篇文章说"科学家们经过了反复的研究",发现"人的生命有一个周期性的规律,大致是 7~8 年为一个周期",而 73 岁和 84 岁正是这个周期的低潮。我不知道这个周期学说是哪个科学家的理论,也许来自某人解读的《黄帝内经》[②]吧。问题是,这篇文章把"能找到一个理论解释",当成判断一个学说是否科学的标准——如果能用理论解释,它就是被科学验证了的吗?

绝学与证据

不管你用来解释的理论对不对,这都是一个错误的判断标准。能用理论解释的结论未必正确,不能用理论解释的结论未必错误。古代文人的思维习

---

① 参见 http://sunjinping.blshe.com/post/1214/347604。
② 七星的博客:《73 84 阎王不请自己去》,http://blog.sina.com.cn/s/blog_68ddf9650100ogzy.html。

惯，是遇到无法判断对错的局面就查经典，想获得理论上的指导。而科学家的方法则要朴素得多：你直接用事实验证一下不就行了吗？我们根本不需要任何学派的任何医学知识，甚至不需要什么逻辑推理，只要随便找个死亡年龄分布数据就会发现 73 岁和 84 岁并不比其临近年龄更容易让人死亡。这个工作是如此简单，据说[①] 连北京电视台都做过。

古人说"为往圣继绝学"，很多现代人也追求用某种特定理论来指导实践，好像不用这个理论就对不起别人一样。科学家不从绝学出发，而选择从证据出发的根本原因不仅仅是科学尚未达到找到绝学的程度（物理学家仍未找到统一理论），更是因为就算有绝学也无法解决所有问题。就算我们完全知道人脑中每一个原子，进而到每一个大分子，进而到每一个细胞是怎么回事，也无法从中计算出心理学来——因为这是不同尺度上的问题，这种跨尺度的计算量大到了即使是科幻世界里也不可能的程度。

科学家强调事实。科学放弃了从一套最基本的哲学出发推导所有结论的尝试，改为在每一个领域内就事论事地搜集事实。有人指责科学家说你们相信现代科学理论难道不也是一种迷信吗？但科学家其实不迷信任何理论——很多情况下他们完全用不上什么绝学，唯一做的事情就是把事实搜集在一起，就好像集邮一样。只要有证据，反驳一个理论是非常简单的事情。

但是要想用证据建立一个理论，则要困难得多。只有运气好的时候，科学家才能在大量事实中发现一些有趣的规律，以至于可以向形成科学理论的目标前进一步。

相关性思维

最简单的规律叫作"相关性"。人是如此复杂的东西，我们根本没办法精密计算各种物质致癌的概率，比如说吸烟对肺癌的作用。科学家常用的是没有什么技术含量，不需要任何高科技仪器，更谈不上什么门派的办法：他们直接调查吸烟人群和不吸烟人群的肺癌发病率。

---

① 健康树网站：《73、84，是老年人的"坎"吗？》，http：//www.jktree.com/oldman/article/52f3.html。

这种研究要把被调查的人分组，比如分成两组：得了这种病的患者一组（病例组，case），没有这种病的人一组（对照组，control）。然后考察这两组人在生活习惯、饮食、吃药方面有什么不同。如果你发现患有肺癌的人中烟民比例显著地高于没有肺癌的人中烟民的比例，你就得到了肺癌与吸烟的一个正的"相关性"。这个方法很简单，得到的证据却是强硬的。睡眠时间与判断力的关系，孕妇焦虑与小孩任性的关系，出生季节与平均寿命的关系——我们看到的大量科学新闻本质上都是相关性研究。

相关性研究只是科研的初级阶段。但就是这样它也已经超越了我们的思维本能。某些人只要被某地区生产的产品坑过一次，就会认为这个地区的所有产品都不好，他们的发现连相关性都算不上。我们每天看到铺天盖地的各种营养品的广告往往都能找到几个用户出来现身说法，可就是没有一个疗效相关性的数据。"一朝被蛇咬，十年怕井绳"，是人这种动物最自然的思维，而使用大规模统计发现实在的相关性这个最简单的科学方法，是我们摆脱童稚状态的第一步。

绝大多数人没有相关性思维。比如在一篇讨伐网瘾的文章[①]中，作者援引"戒网专家"陶宏开的数据说：

中国80%的青少年犯罪与网瘾有关，中国20%的网瘾少年有违法犯罪行为。

在另一篇文章[②]中则有人进一步指出：

济南在押的1500名少年犯中，80%的犯罪是"网瘾"造成的，北京更是有90%的青少年犯罪案与"网瘾"有关。

我们能否根据这些数字得出结论说网瘾人群比没有网瘾的人群更容易犯罪呢？

不能。我可以构建这么一个国家，这个国家80%以上的青少年有网瘾，

---

① 参见 http://www.360doc.com/content/11/0116/16/818794_86922038.shtml。

② 参见 http://www.jiechuwangyin.com/weihai003.html。

而这个国家的所有青少年，不管有没有网瘾，都有 20% 的犯罪概率。这个虚拟国家完美符合以上数据，但是它的犯罪与网瘾完全无关。实际上，如果你把"网瘾"改成"钱"，甚至"空气"，那么我们可以说"中国 XX% 的青少年犯罪者都缺钱/需要空气,中国 YY% 的缺钱者/需要空气者有犯罪行为"，而缺钱和需要空气不是毛病。

这个错误就是没有建立对照组。我们缺少的关键数据是没有网瘾的青少年的犯罪率，以及没有犯罪的青少年的网瘾率。这是一个非常常见的错误。这就好比说列举再多"发达的民主国家"，也不能说明民主与发达的相关性，你还必须统计那些不发达的民主国家、不民主的发达国家，以及既不发达也不民主的国家。

怎样发现因果

发现相关性，已经是一个足够发表的科学成就，但相关性结论并不能指导实际生活。假设我用无可置疑的统计事实告诉你"吸烟的人更容易得肺癌"，而你不想得肺癌，那么你能否推论出应该因此戒烟呢？

还是不能。因为你无法从"吸烟的人更容易得肺癌"和"肺癌患者大部分都爱吸烟"这两个统计中得出"吸烟导致肺癌"这个结果。也可能肺癌导致吸烟，比如说也许癌变的肺会使人对烟产生需求；也可能存在某种基因，这种基因会使得一个人天生就容易得肺癌，而这种基因同时还让一个人天生就喜欢吸烟；也可能吸烟的人往往是喜欢深夜工作的人，是深夜工作导致肺癌；也可能吸烟的人往往是经济状况比较差的人，其居住环境和营养不行，是贫困导致肺癌。

有相关性未必有因果关系，这是一个非常重要的思维。中国青少年网络协会和中国传媒大学调查统计研究所发布的《2009 年青少年网瘾调查报告》是一份值得发表的研究[1]，因为其中给出了一些明确的相关性数据，比如：

对自己学习成绩评价越不好的在校学生中，网瘾青少年的比例越高。认

---

[1] 参见 http://mat1.gtimg.com/edu/pdf/wangyinbaogao.pdf。

为自己"成绩较差"的学生中，网瘾青少年的比例达到28.7%，认为自己"成绩一般"的学生中，网瘾青少年的比例为14.5%。而自我评价"成绩很好"和"成绩较好"的学生中，网瘾青少年的比例均在11%左右。

那么，根据这份报告我们能否得出结论说网瘾是个坏东西呢？

不能。也许并不是网瘾导致青少年成绩差，而是那些成绩差的青少年更容易得网瘾。报告没有统计网瘾与犯罪率的关系，但就算真的是越有网瘾的人群越容易犯罪，我们仍然不能说网瘾导致犯罪。比如我可以提出这么一个假说：

我认为网瘾是个好东西，因为它可以减少青少年犯罪。在任何国家的任何时候，都有一帮青少年对学习不感兴趣，整天无所事事。他们喜爱在街上游荡，都是潜在的犯罪者。因为网络游戏的出现，相当一部分这样的人被留在了家中和网吧里，他们的野性在游戏中得到了发泄，以至于减少了出去犯罪的欲望和时间。

报告和前面提到的所有统计数字都无法反驳我的这个假说。我甚至可以用这份报告支持我的假说。报告中提到一个有意思的统计是"在社会经济发展水平低的城市，网瘾青少年的比例更高"，这正好可以说明无所事事的人更容易得网瘾。

想要明确证明吸烟导致肺癌，唯一的办法是做实验。找完全相同的两组健康的人，让其中一组吸烟，另一组不吸，其他各方面生活都完全一致。20年之后如果吸烟组中的肺癌患者数高于不吸烟组，那么鉴于这两个组的唯一区别就是是否吸烟，我们就可以断定是吸烟导致了肺癌。

可是现实世界中根本不存在"完全相同"的两组人，这种理想实验无法进行。好在科学家有一个退而求其次的巧妙办法：找一群人，然后完全随机地把他们分为两组去做实验。在样本数足够大的情况下，随机性可以保证任何不同因素都大致均匀地分配到两个组里。这就是在关于人的研究中最重要，也是最可靠的办法。然而世界上不存在绝对完美的随机实验，比如为了让实验结果具备推广价值，样本应该尽量多样化，男女老幼、各种收入状况、各个种族都有才好、但这其实很难做到。很多实验心理学家选择的样本全是在校大学生，他们的结果能推广到所有人吗？有人对此讥讽说他们研究的心理学应该叫"大学生心理学"。

更大的困难在于，大多数情况下你不能拿人做实验，比如不能逼人吸烟。这时候就只能被动地集邮，而通过纯粹的被动调查来做研究的方法叫作流行病学（epidemiology）研究。最容易的流行病学研究是所谓回顾性（retrospective）的问卷调查：先找到病人，然后询问并比较他们的生活方式。这种调查的难度在于病人对自己以往生活的回忆常常不准确，甚至是有偏见的。他们可能会自己推断出一种病因，然后刻意地强调这种病因。就好像想要讨好医生一样，那些得了肺癌的人可能会夸大自己的吸烟史。一个更可靠的办法是前瞻性（prospective）调查。比如说科学家想知道核辐射对人体的损害，现在日本地震导致核泄漏之后哪些地区的哪些人受到了辐射是非常明确的，根本不用对他们进行问卷调查，自然也就没有偏见。有了干净的初始数据，科学家只要长期跟踪这些被打了核辐射标签的人群，再跟正常人对比，就可以知道核辐射对人体的影响。可是这里的困难就在于"长期"，核辐射的影响也许几十年才能看出来，那时候也许病人还没死科学家已经先死了。

比如"孕妇焦虑与小孩任性的关系"这个研究，唯一可行的办法就是流行病学研究，你不可能拿孕妇做实验。一篇2008年的论文[1]是回顾性的，研究者找到一家治疗儿童多动症（ADHD）诊所的203个6~12岁的孩子，询问他们的妈妈怀孕的时候是否有过心理压力，结果发现怀孕时心理压力较大的妈妈，其孩子的症状更明显一点。这就是一个不太可靠的研究，有谁准确记得自己6年前的心态？多动症儿童的妈妈很可能会为了配合一个理论而高估自己当初的焦虑。

---

[1] 参见 Natalie Grizenko et al., Relation of maternal stress during pregnancy to symptom severity and response to treatment in children with ADHD, *J Psychiatry Neurosci*. Jan 2008; 33（1）: 10-16。

而一篇 2011 年的论文①则是前瞻性的。研究者先锁定了澳大利亚某地的 2900 名孕妇，在怀孕的时候记录下离婚、搬家之类容易让人产生压力的事件。等她们的孩子长到 2 岁以后，再看其中哪些孩子有多动症。这个研究就可靠得多了，而可靠的代价是研究要进行多年。

要想从流行病学研究中发现因果性，就必须尽可能地统计各种影响因素。怀孕压力与小孩多动症的相关性数据并不能直接说明压力导致多动症——也许那些在怀孕期间离婚的女人本身生活就不靠谱，是她们的不靠谱导致了孩子的多动症。所以这两篇论文都统计了一些其他的因素，比如孕妇是否吸烟喝酒啊，怀孕年龄啊，收入状况啊这些数字，然后使用统计方法把这些因素考虑进去，最后的结果才更有参考价值。可是你不可能统计所有的可能性，实际上两篇论文统计的项目就并不一致。这就需要把一系列论文放在一起综合分析。

不管调查到什么程度，都只是对真实世界的管中窥豹。科学研究的是有限的真理。当一篇论文说什么东西可能或者不可能导致什么疾病的时候，它说的其实是在这次研究所调查的这帮人里面有这么一个结论。这个结论能推广到所有人群吗？记者一定比科学家更乐观。

科学的目标

得到因果性远远不是科学家的目标，科学不是一本写满什么东西会导致什么现象的菜谱。好的科学除了能证明因果关系，还必须有一个机制，得能解释为什么会有这种现象。比如二氧化碳增多导致全球变暖，其机制是二氧化碳是一种温室气体，它能够吸收从地面反射回空中的红外线，再把这个能量辐射出去，促使大气温度升高。

相关性思维和因果性思维只是思维方式的转变，科学研究的真正关键在于发现机制。你必须说明是吸烟导致肺变黑，而变黑的肺容易得癌症，还是烟草中有什么化学物质可以直接致癌（正确答案是后者）。机制提出来之后，

---

① 参见 Angelica Ronald et al., Prenatal maternal stress associated with ADHD and autistic traits in early childhood, *Front. Psychol.*, 19 January 2011。

这个机制中的每一步也必须是可以验证的，一个课题只有做到这个程度才算超越了集邮①阶段。也只有到了这个程度，才真正谈得上把各种不同机制综合在一起建立模型去预测未来。

有时候这个过程会反过来，也就是用现有的机制理论推导一些现象，再去寻找证据证实。但探索未知最基本的科学方法是证据，然后谋求建立因果关系，然后是提出机制。仅仅是对其中一步做出很小的贡献，就可以发论文。大部分这样的论文事后会被证明没有太大意思，甚至是错误的。比如研究孕妇焦虑与儿童多动症的论文虽然有好几篇，但它们说的其实是一个非常微弱的效应，也许将来我们会发现儿童多动症的真正原理根本就不是孕妇焦虑。但科学就是这么一个不断试错的过程。

每一篇论文都是我们从个人感觉到客观事实，从客观事实到因果关系，从因果关系到能推广使用的机制这个过程中的一小步。这个过程的每一步都不是完美的，但只有这么做，我们才能摆脱童稚状态。

***

谨以此文标题纪念王小波。他曾经在这个标题下讲述过类似的道理。可惜大多数人只记住了他文章的结论和价值取向，而没有学会他使用的方法。

---

① 卢瑟福说，全部的科学就是物理学和收集邮票。我用"集邮"科学泛指任何尚未找到原理，只是搜集事实的科研结果。

怎样才算主流科学？

"主流科学"在很多情况下并不是一个好词儿。科学记者眼中的主流科学界也许是一座可以威慑众生的殿堂，而对那些敢想敢干的年轻人来说，你跟他说主流科学认为这件事应该是这样的，他的第一反应是怎么证明这是错的。主流科学，在某种意义上是故步自封甚至以权压人的代名词。比如2011年诺贝尔化学奖得主谢赫特曼，在做出其获奖工作（发现准晶体）后相当长的一段时间内，就曾经饱受"主流科学"的打击。据新华社一篇文章[1]报道：

他面对的是来自主流科学界、权威人物的质疑和嘲笑，因为当时大多数人都认为，"准晶体"违背科学界常识。"当我告诉人们，我发现了准晶体的时候，所有人都取笑我。"谢赫特曼在一份声明中说。

这个报道不能算说错。谢赫特曼本人的一个采访视频[2]说的可能没有这么夸张，但仍然有点悲愤的情绪。准晶体被发现了，主流科学界却没有接受。既然如此，那么现在主流科学界拒绝接受的很多东西，将来是否也都有可能被证明是正确的呢？"主流科学"到底是不是一个贬义词？

---

[1] 《以色列科学家谢赫特曼获2011年诺贝尔化学奖》，http://news.xinhuanet.com/world/2011-10/06/c_122122065_2.htm。

[2] 参见http://www.sciencebase.com/science-blog/dan-shechtman-discusses-quasicrystals-nobelprize.html。

本文试图通过仔细分析这个事件,来说明一个关于科学进步的道理。当然根据孤证不举的精神,你不能讲一个故事就说明一个道理,所以我们讲三个故事。

在谈论诺贝尔奖之前,我们先看主流科学是怎么让一个著名理论得不了奖的。

大陆漂移学说的故事

在《难以忽视的真相》纪录片的一开头,戈尔说了一件相当令人感叹的事。他说他六年级时候的一位同学,曾经在课堂上面对世界地图当场指出南美洲大陆似乎曾经跟非洲大陆是一体的。这其实就是大陆漂移学说,现在已经成了科学常识。然而戈尔上小学的那个年代这个学说还没有被"主流科学"接受,以至于他的老师立即告诉学生这纯属无稽之谈——根据戈尔说的戏剧性结局,后来这位具有非凡眼光的学生成了一事无成的毒瘾者,而老师却成了布什政府的科学顾问。

也许某些教育专家会痛心疾首地说:"你看,天才就这么被扼杀了。"可是如果你是一个科学老师,你会怎么样呢?不管别人提出什么新奇的想法,你都鼓励"是啊,这真是个有意思的想法,我认为它有可能是对的"吗?可是这样一来你所能提供的有效信息其实等于零。"一切皆有可能",就是一切都不太可能。真正的科学家应该敢于直截了当地告诉别人哪些想法不可能正确——总统科学顾问更得有这个气质。哪怕最粗暴的判断,也比廉价的鼓励值钱。

早在1912年,也就是戈尔的小学同学出生之前,魏格纳(Alfred Wegener)就提出了大陆漂移假说,认为地球大陆最早是连成一片的。传说他也是看地图得到的灵感,但魏格纳并不是用小学生思维搞科研。除了各个大陆的形状看上去似乎能合在一起,他还有其他证据。一个很有说服力的论点是各大陆发现的古生物化石惊人地相似,乃至一些现代生物也是如此。鉴于这些生物不太可能渡海走那么远,唯一的解释似乎就是原始地球上这些大陆本是连在一起的。更进一步,人们发现几个不同大陆上有相同的岩石构造。

不但如此，大陆漂移假说还可以解释一些此前人们想不通的问题，比如说南极大陆上为什么会有煤——要知道煤是古代植物累积形成的，南极那么冷怎么会有这么多植物？

面对这么多证据，一般人也许会认为大陆漂移是显然的。但科学家不是一般人。卡尔·萨根说："超乎寻常的论断需要超乎寻常的证据。"（Extraordinary claims require extraordinary evidence.）生物化石最多只能算间接证据。而一个论断想要被科学界全面接受，除了要有超乎寻常的证据，还必须有一个机制。

关键是，科学家想不通大陆是怎么漂移的。比如分裂大陆需要极大的能量，这些能量从哪里来？魏格纳曾经提出几个假说，都被一一否定了。结果大陆漂移学说在半个世纪内都是被主流所否定的。一直到后来人们发现地质板块边缘火山喷发和地震可以提供能量，并且的确发现了火山曾经在不同时期喷发的证据，再加上其他证据，比如发现海底岩石比陆地岩石年轻，才以"板块构造理论"承认了大陆漂移。这时候魏格纳已经死了。如果今天论功行赏，魏格纳提出的东西只能叫作"假说"，甚至连科学理论都不算。

这还是听起来合理的理论。那些听起来不合理的理论，就算你有证据也不太容易被接受。当然，好消息是这样的理论一旦被接受，没准就是诺贝尔奖。

诺贝尔化学奖的故事

历史就好像《非诚勿扰》舞台上的女嘉宾。你离着很远看，和把她领回家细看，看到的东西都是真实的，但你可能会有不一样的人生感悟。新华社的报道相当简略。我们如果把谢赫特曼的讲话视频、一篇被广泛转载的英文报道[1]、一个背景知识的介绍[2]及以色列某杂志的一篇写得非常牛的长篇报道[3]放在一起看，就会看到一个更有意思的故事。这个故事的每一

---

[1] 参见 *International Business Times*：Scoffed Crystal Work of Israeli Scientist Wins Chemistry Nobel 2011 - By Anthony Myers on October 08 2011。

[2] 参见 *Before It's News*：Quasicrystals Discovery Wins Nobel Prize For Chemistry, October 5, 2011。

[3] 参见 *Haaretz*：Clear as crystal, by Asaf Shtull-Trauring, Apr. 1, 2011。

步都值得深思。

谢赫特曼1982年在国家标准局的本职工作并不是去探索晶体科学的新突破，而仅仅是为航空工业寻找合金材料。不但如此，当时晶体理论已经相当成熟，什么样的原子对称结构能形成晶体是明明白白地写在教科书上的。人们根本没指望发现新的晶体形态，就算发现也轮不到谢赫特曼。

某天上午，谢赫特曼用电子显微镜测定了他自己合成的一块铝锰合金的衍射图像，发现是一个正十边形的对称结构——对寻常晶体来说这是一种不可能的对称性，因为从数学上很容易证明你不可能用正十边形（或者简化到正五边形）去周期性地铺满平面。谢赫特曼认为这是一种全新的晶体，它的特点就是只具有准周期性，也就是"准晶体"。

如果我们只看简单的新闻报道，下面的故事就是谢赫特曼跟每一个同事通报这个新发现，但是没人相信他，人们都认为晶体就应该是周期性结构的，实验组领导指着教科书说他胡扯，然后把他赶走了。但这里有一个问题：衍射图像是明摆着的，难道他的同事们连十都不会数吗？

事实上，同事们对他的这个衍射图像有一个解释：孪晶。人们早就知道孪晶可以出现类似正五边形旋转对称的衍射图像，但并不是一种新晶体。谢赫特曼进一步观察，他找不到孪晶，坚持说这是新晶体。现在的局面是同事们相信这种衍射图像有一个解释，谢赫特曼不接受这个解释。但不利的是，他也不能提供别的解释。

科学要求解释。你不能说"我看到这个现象，而你们解释得不对，所以它一定是个新东西"。全世界的实验室中可能每天都会产生一些看上去不太对的实验结果，它们中的大多数是……不对的。一个有个人荣誉感的科学家不会看到什么都发文章，你得给出一个理论。1983年，布勒希（Ilan Blech）帮谢赫特曼搞出了一个数学模型，两人这才决定发表论文，结果被 *APL* 编辑拒稿。接下来谢赫特曼回到国家标准局，在卡恩（John Cahn）的帮助下进一步完善了数据，然后找到一位真正的晶体学家丹尼斯（Denis Gratias）入伙，最后文章被 *PRL*（《物理评论快报》，为美国物理学会主办的高水平学术期刊）发表。

到这一步，"准晶体"这个发现才算被正式提了出来。谢赫特曼在论文中详细说明了这个特殊合金的制备过程，使得很多实验组重复验证了他的发现。然而一直到这一步，仍然只有少数科学家接受这是一种新晶体。

关键在于，谢赫特曼实验使用的是电子显微镜，而晶体学界的标准实验工具是更为精确的 X 射线，他们不太信任电子显微镜的结果。不能用 X 射线的原因是生长出来的晶体太小。一直到 1987 年终于有人生长出足够大的准晶体，用 X 射线拍摄了更好的图像，科学家中的"主流"才接受了准晶体的发现。这才是真正的转折点。等到人们在实验室中又发现各种别的准晶体，乃至于在自然界发现了天然准晶体，准晶体就已经是绝对的主流科学，谢赫特曼也开始什么奖都能拿了。

回顾整个过程，我们并没有看到所谓"学术权威"在其中能起到什么打压的作用。的确有个两届诺贝尔奖得主至死都反对准晶体，但并没有听说他有什么徒子徒孙唯其马首是瞻。搞科研不是两个门派打群架。科学家之所以从一开始就质疑，恰恰是因为证据还没有达到"超乎寻常"的地步。而当 X 射线图像一出来，不管那个诺奖大牛怎么说，主流立即就接受了。

主流科学"打压"，一般不会上升到人身攻击的地步，除非你的理论侮辱了"主流科学家"。比如说要求他们洗手。

洗手的故事

19 世纪 40 年代欧洲医院受到产褥热的困扰[①]。1841 年到 1846 年，维也纳最好的一家医院里，产妇死亡率居然达到十分之一，到 1847 年甚至是六分之一。青年医生塞梅尔魏斯（Ignatz Semmelweis）决心找到解决办法。他判断，当前这帮所谓的"主流医生"根本不知道是什么导致产褥热。有些医生声称他们知道，而且还头头是道地列举原理，但他们就是解决不了问题。

塞梅尔魏斯的办法是索性抛开主流医学，干脆直接上数据分析。通过大

---

① 洗手的故事来自《超爆魔鬼经济学》一书。

量统计，他发现一个最不可思议的事实：如果产妇在家里生产，她的死亡概率比去医院至少低 60 倍！哪怕最穷的女人，在街上生了孩子再被送到医院的，也没有得产褥热。这使塞梅尔魏斯怀疑导致产褥热的不是别的，正是医院。

塞梅尔魏斯所在的医院有两个分开的病房，其中一个主要由医生负责，另一个则是助产士负责，产妇则被几乎随机地分配到这两个病房。塞梅尔魏斯暗中统计，发现医生负责的病房，产妇死亡率是助产士负责病房的两倍。难道是医生让产妇得病的吗？他对这个问题百思不得其解。直到一个教授在指导学生解剖尸体的时候被学生的手术刀划到，然后患病死了，症状与产褥热相似，塞梅尔魏斯才获得灵感。他推测，是医生们离开解剖室直接进病房把致病的"尸体颗粒"（cadaverous particles）带给了产妇。

而当时医院无比热衷于解剖，病人死了之后立即送解剖室，这可能就是为什么之前的时代没有这么流行产褥热。

于是塞梅尔魏斯要求医生解剖后必须洗手，结果产妇死亡率马上降到了百分之一。

如果现在哪个医生能有这样的成就，说他是华佗再世也不为过，但塞梅尔魏斯的结局是直接被主流医生"逼"疯了。塞梅尔魏斯不能解释"尸体颗粒"是什么东西，当时的医学并没有微生物传播疾病这个概念。塞梅尔魏斯摆平了自己的医院，但其他医院的医生根本不买账，尤其反感他把病因归罪于医生。在塞梅尔魏斯看来这些医生是在迫害自己，他甚至自诩弥赛亚，最后居然得了精神病，死得很惨。

一直到 20 年以后，医学界才接受"微生物能传播疾病"这个理论。而塞梅尔魏斯？没人拿他当科学家，科学史只记载了发现微生物的人。顺便指出，一直到现在，医生仍然不怎么爱洗手[①]，至少不如护士洗得多。

一个道理

在以上三个故事中，主流科学到底做错了什么？我的答案是什么都没做

---

① Freakonomics 博客有一系列谴责（主要是美国）医生不爱洗手的文章，见 http://freakonomics.com/tag/hand-washing/。

错。谁说对的理论一出来别人就得马上承认？

如果"主流科学"是一个人，他既不是仙风道骨的中国世外高人，也不是充满圣洁光辉的西方牧师，更不是温柔妩媚的小姑娘。他是一个淳朴实在的中年汉子。他认为任何事情背后都必须有明确的答案，明确到他可以把这答案原原本本地写在纸上让你看懂。他从来不让你"顿悟"，他从来不让你"信则灵"，他从来不让你"猜"。他有什么说什么，不跟你打机锋，不跟你玩隐喻，不跟你玩暗示。他不敢肯定自己的答案一定正确，但他敢用最明白的语言跟你辩论，一直说到你服为止。

或者你把他说服。科学研究是一个充满争论的过程。科学家要是不争论，科学就死了。比如几年前有实验号称发现了超光速中微子，就引起了科学家的巨大争论，有人甚至提出各种理论解释，最后被证明不过是实验错误。统计出来的东西尤其不能作为成熟理论，而只能作为科学研究的缘起。科学研究就是这么一个把新思想逐渐变成主流的过程。从这个意义上讲也许真正活跃的科学根本就没主流，或者说主流科学都是死的科学，更严格地说是凝固了的科学。

怎样才算主流科学？你必须能用现有的理论去解释你的新理论。如果主流科学是一棵大树，你的新理论不能独立于这棵树之外。你必须告诉别人这棵树的这几个位置可以长出这么几个树枝来，而这些树枝可以连接到我的新理论上去——这样你的理论就成了这树的一部分。有时候你甚至可以宣布某个树干的真实形态其实不是人们之前想的那样，但你不可能宣布这棵树整个长错了。

凯文·凯利（Kevin Kelly）在《科技要什么》（*What Technology Wants*）这本书里提到，早在哥伦布去美洲之前，美洲大陆就已经有人了，可是为什么我们说是哥伦布"发现"了美洲呢？因为是哥伦布把美洲大陆这个知识和人类科学的"主流知识"联系在了一起。"孤岛式知识"是不行的。

只此一家，别无分店。什么新东西都得从我这儿长出去，这就是科学的态度。这种态度干掉的错误想法比正确想法多得多，比如"水变油"、永动机、黑洞发电之类。只有这样的态度才能建立一个高效而严谨的学术体系。也只有这个体系才能确保一个实验结果可以经得起在任何时间任何地点的重复，一个技术可以随便复制使用，既不要求使用者道德高尚、人格完美，也不要求他掌握什么不可言传的心法。

如果经络和"气"能用实验证明，诊脉能机械化，阴阳运行能用数学方程描写，一直到《伤寒论》能出一个基于现代医学的解释版，那么中医就可以成为主流科学。将来谁能做到这些，谁就"发现"了中医。也只有这样，中医才能抛开掌握绝学的少数老师父，变成像青霉素那样任何一个医院都能随便使用的有效技术。

如果主流科学真是小姑娘的话，向她求婚并得到许可并不容易。有时候可能你是对的，但她就是不理解，你悲愤也没用——可是你也不能因此就说她不是女人啊。

科研的格调

《生活大爆炸》是个很有意思的美剧，它说的是四个年轻物理学家的故事——或者说是他们的泡妞故事，如果你乐意的话。现在物理学家似乎正在变成令人感兴趣的人群，套用剧中伦纳德（Leonard）的话，简直是"我们是新的阿尔法雄性（we are the new alpha males）"在四位男主角中，最有意思的是谢尔顿·库珀（Sheldon Cooper），我猜别人也会这么想。

谢尔顿非常聪明，而且他处处要告诉别人他非常聪明。物理学家聪明很正常，但谢尔顿还非常博学甚至无所不知，他号称对世界上所有重要的事情都有可应用级别的知识（working knowledge）。这种人存在吗？《新京报》曾经就这个问题采访过该剧的物理负责人[①]，答案是有些物理学家就是这么博学。

比如说因为夸克理论获得诺贝尔物理学奖的盖尔曼（Murray GellMann）就是这样的人。我认为盖尔曼是谢尔顿的原型。第一，盖尔曼曾长期待在加州理工学院，只不过他的职位是教授而谢尔顿是博士后。第二，盖尔曼非常聪明，而且处处要告诉别人他很聪明。比如他喜欢用外国当地的标准发音来读一个外国人名或地名（好吧，我承认这一点似乎更像剧中的霍华德）。这

[①] 《独家专访：〈生活大爆炸〉幕后科学家现身》，《新京报·新知周刊》，http：//blog.sina.com.cn/s/blog_4b2b7de20100gd8s.html。

个逼着别人承认不如自己聪明的毛病使得盖尔曼和谢尔顿一样不受周围人的欢迎。第三，盖尔曼非常博学。比如说，所有物理学家都知道彩虹是怎么回事，很多物理学家知道是笛卡尔第一个科学地解释了彩虹，但如果你想知道古人怎么看彩虹，你得问盖尔曼，盖尔曼会告诉你各个古文明对彩虹的解释。

我甚至觉得谢尔顿的长相也有点盖尔曼的"意思"。我还真找到一张盖尔曼年轻时的照片。①

（左边是盖尔曼，右边是谢尔顿）

但本文真正要说的是盖尔曼和谢尔顿的第四个共同点：两人都看不上，甚至可以说看不起，理论物理之外的任何科学。

谢尔顿的姐姐有一次说，她很自豪谢尔顿是个"rocket scientist"。注意这里面有个典故，英文中"rocket science"（火箭科学）是个成语，指任何特别复杂的东西。比如你想说什么东西很简单，就说这个东西不是 rocket science.

但谢尔顿认为被当成"rocket scientist"是一种侮辱。他说你还不如说我

---

① 参见 http://www.achievement.org/autodoc/page/gel0int-3。

是金门大桥上的收费员。在谢尔顿看来，理论物理学家比火箭科学家要高级得多。

盖尔曼也是这么想的。在盖尔曼看来，纯粹的理论物理，也就是说专门研究基本粒子相互作用、超弦理论这种理论的物理，是最高级的科学。因为这种科学研究的是世界的最基本定律，而其他所有学科只不过是应用这些定律而已。

《费曼的彩虹》这本书生动地形容道，盖尔曼这种纯理论物理学家看其他学科，就如同站在曼哈顿往西看整个美国。新泽西地区相当于其他的理论物理工作，中部相当于实验，而再往西一直到加州，则到处都是中国城之类完全没格调的东西，相当于各种应用科学，比如说半导体之类。

物理学的格调比化学高，就如同福赛尔的《格调》说网球的格调比足球高一样。盖尔曼就是这种人。《费曼的彩虹》的作者当初也在加州理工学院当教员，本来是想做超弦的，办公室就在盖尔曼隔壁。结果他后来改做量子光学，盖尔曼立即打发他去别的楼层办公，把办公室腾出来给自己的研究生用。此书作者还曾经尝试写剧本，立即被自己的研究生导师鄙视，因为他认为好莱坞都是垃圾，剧本的格调还不如小说。

我想看到这里，很多读者要愤怒了。（免责声明：我是做物理的，但我并不是做理论物理的，所以我也不在曼哈顿——如果这可以让你好受一点的话。）

其实这种格调也许并不存在。盖尔曼在加州理工学院的死对头费曼就不赞成这个态度。费曼对所有物理领域都感兴趣，他从来不认为量子光学是比量子色动力学低一等的科学。

其实盖尔曼和费曼对其他学科态度的不同，一个原因是他们的科学理念不同。盖尔曼这一派的物理学家追求逻辑和数学的完美，在他们眼中所有学科是以理论物理为核心的金字塔形。而费曼则有一点实用主义，他最关心的是怎么解释自然现象，而不怎么追求数学上的完美。费曼说，为什么非得追求一个统一理论？也许自然就是给四种力四个理论。我想费曼眼中的科学世界不是金字塔，而是一个各连接点互相平等的网络结构。

但费曼的确认为物理学比小说要难。因为小说的想象不需要负责，而物理的想象需要一个实验来判决。不管你多么喜欢你的理论，跟实验不符就是不行。

实际上，费曼鄙视很多东西。费曼极度鄙视哲学，连他的秘书都知道千万别跟费曼谈哲学。费曼还一度强烈鄙视超弦（但在最后时刻还是跟盖尔曼学了一点超弦）。另外，我们已知的还有费曼鄙视心理学，认为心理学全是扯淡。

我的问题是，既然所有学科中都有"道"，盖尔曼的格调论和费曼的鄙视，是合理的吗？

我认为它们是不客观的，但是有道理的。因为一个人如果对所有东西都感兴趣，他将无所适从。也许要想干好一行，就必须爱这一行。而爱这一行，就意味着"不爱"其他行。所以一个科学家应该学会从心理上"鄙视"自己专业以外的其他学科。

科学本身是客观的，但科学家都是主观的。最好的科学家甚至可能是极度主观的。有爱恨，才是真正的科学家。敢说不，才是真正的科学家。

最后欢迎化学家们给自己找一个充分的理由来鄙视物理学。

喝一口的心理学与喝一瓶的心理学

我有时候特别羡慕"实验心理学家"和"行为经济学家"。他们常常能以非常直观的逻辑,在大学里找一帮学生受试者做一些特别方便的"实验",写成一篇简明易懂的论文,证明的不过是一个显而易见的结论,然后还能经常发表在《科学》之类的顶级刊物上,并且被媒体和博客大肆报道。相比之下,物理学家们就算投入几百万美元做实验,加上外行根本看不懂的理论推导,且得出了并非显而易见的结论,也未必能确保一篇 PRL 和 15 分钟的名望。

比如 2007 年《科学》上有一篇被报道了无数多次的论文,Are Women Really More Talkative Than Men?(女人比男人更健谈吗)[①] 研究的问题是人们都说女人话比男人多,多吗?[②] 这篇文章的研究方法是在 8 年的时间跨度内选取了 6 个大学,每个实验进行 4～10 天,总共考察了男女共 396 名大学生,让他们只要是清醒的时候就佩戴一个录音机记录所说的话。这样直接统计的结果是女生平均每天说 16215 个词,男生每天说 15669 个词,相差 7%,因此女生似乎并不明显比男生唠叨。我对这个研究的评论是如果一个物理学家这样搞科研的话早没工作了。就算给他们 8 年时间,他们都不知道重点考察

[①] 参见 Are Women Really More Talkative Than Men? *Science* 6 July 2007:Vol. 317 no. 5834 pp. 82。

[②] 关于这个研究的详细介绍,参见西西河论坛爱莲的文章《女人话不多》,http://www.ccthere.com/alist/1130125。

中年以上妇女①。

但是人们就是喜欢心理学。本文并不是为了抒发怨念，其实我也喜欢心理学——我从来不在博客上谈论自己写的论文，却经常谈论心理学实验。本文要说的是这些心理学实验的一个重大弊端。

最近中文媒体上流传非常广泛的一个心理学实验是德国人做的，说护身符的确能给人带来好运②，因为这是一种积极的心理暗示。这个研究的方法是：

在德国科学家进行的一场实验中，数十人被叫来进行一场高尔夫比赛，其中一半人被告知使用的是在多场比赛中给选手带来好运的幸运球，而另一半人则被告知使用的只是普通球。比赛结束后，科学家发现使用幸运球的选手的击球入洞率要比使用普通球的选手高出近40%。

首先这是心理学实验庸俗化的一个典型例子，因为关于积极心理暗示效应的实验早就数不胜数，比如在《怪诞行为学》这本书里就介绍了好几个。其中一个说传统上人们都认为亚洲学生数学好，而女生的数学不好，那么亚洲女生呢？在实验中找一帮亚洲女生分成两组做数学测验。测验前对其中一组的心理暗示是强调她们是亚洲人，另一组则强调她们是女生。结果果然，第一组的成绩好于第二组。

另一个更有意思的实验则在考试之前向学生卖 SoBe 饮料（这是一种比较贵的饮料，我喝过，味道倒在其次，瓶子做得挺好），只说这个饮料可能会有效果，但不一定是对脑力有好处（其实没好处）。结果那些拒绝买和花全价买了 SoBe 的学生在测验中成绩相同，都是 15 道题平均答对 9 道，而那些被允许以一个折扣价买了这饮料喝的学生则平均只答对了 6.5 道。

据此，我们是否应该佩戴护身符，应该在参加数学考试之前提醒自己是个亚洲人，并且千万别喝减价饮料呢？很可能不是这样的。

---

① 因为心理学实验过多地采用大学生作为受试者，有人调侃说现代心理学应该叫"大学生心理学"。
② 《成都商报》：《护身符能给人带来好运》，网易，2010-05-08。

这些实验的弊端在于只做一次，而且还是在实验室里。如果让那些受试者每天都来参加这种考试，每天都用幸运球比赛，积极心理暗示还有用吗？

蒂姆·哈福德在《谁赚走了你的薪水》（*The Logic of Life*）这本书中介绍了一个在我看来重要得多的实验。在实验室里，受试者们分别扮演雇主和雇员，实验发现如果雇主给雇员比标准工资高一些的工资的话，雇员也会自觉地干比标准要求多一点的活儿。实验结论显然是，意外的涨工资会带来员工更努力工作的善意回报。但这一次经济学家并没有满足于此！

他们决定把实验在生活中再做一次。他们在报纸上刊登广告招来一批工人，然后随机地给其中一些工人比广告上说的更高的工资。一开始似乎验证了实验室的结论，那些获得意外高工资的人的确干得更加卖力——然而这种卖力只持续了不到半天。半天之后，所有的工人都只干他们"该干"的活了。

这个实验使我想起百事可乐与可口可乐之争。这两种可乐的味道非常接近，但如果你仔细品的话，会发现百事可乐更甜一点，而可口可乐略带一点酸味。可口可乐公司曾经做过实验，在不公布品牌的情况下把这两种可乐倒在小杯里，找一帮受试者品尝。结果是大多数人认为百事可乐更好喝。

在实验结果的刺激下可口可乐决定改良配方，使得味道更像百事可乐，结果是惨遭失败！消费者抗议新配方。怀旧因素之外，一个重要原因在于在实验室里喝一口和拿回家去喝一瓶，感觉是两码事。如果只喝一口的话，可能很多人认为汽水比茶好喝。

目前大多数的心理学实验，是"喝一口的心理学"，而不是"喝一瓶的心理学"。佩戴护身符的第一天也许会充满正面的情绪，第二天可能就不好使了，时间长了反而成为累赘，一天不戴可能还会恐慌。所谓"积极心理暗示"，其关键也许就在于让受试者感到新鲜。

那么，如果一个人每天都能想象到一个不同的"积极心理暗示"，总能变着法地鼓励自己，他是否会在长期尺度上比别人做得更好呢？我猜每个人都会有自己的看法，为了把这些个人看法变成无可争议的结论，我们需要的还是，设计得非常合理的心理学实验。从这个角度说实验心理学毕竟还真有可能是一门科学。

医学研究能当真吗？

转基因食品无害。地震不可预测。干旱气候与三峡大坝无关。我们非常关心这些问题，科学家似乎明确地给出了答案，可是仍然有人无所适从。我们应该听科学家的吗？但科学家肯定也会经常说错。有时候他们说手机辐射可以导致脑癌，有时候又说这种效应根本没有足够的证据。有时候他们说大蒜可以降低有害胆固醇，有时候又说大蒜其实不能降低有害胆固醇。在这种情况下，你应该怎么办呢？

(a) 以最权威科学家，比如诺贝尔奖得主或者《自然》上的论文的意见为主。
(b) 以科学家中的"主流意见"（如果"主流"真的存在的话）为主。
(c) 以最新发表的意见为主。
(d) 别当真，科学新闻可以当娱乐新闻看。

如果这条新闻说的是医学研究，那么最理性的选择是……（d），别当真。那些写在晚报副刊上的各种所谓健康指南，连看都别看。而那些刊登在主流媒体上，有最新的论文支持的科学新闻，比如说英国某个团队又发现什么东西对儿童的智力有新影响，我们大概可以看，但是看完就可以直接把它忘了。

更进一步，如果这条新闻说的是营养学研究，比如吃某种维生素对身体有某种好处或坏处，那么哪怕是发表在最权威的医学期刊上的那些高引用率论文，也应该全部忽略。

说这句话的人叫埃尼迪斯（John P. A. Ioannidis），他是斯坦福大学预防医学研究中心主任。埃尼迪斯说"全部忽略"（ignore them all）[1]。他攻击的不仅仅是营养学，而是整个医学研究。2005 年，埃尼迪斯发表两篇论文，证明大部分医学研究都是错的。这两篇论文在医学界被引用了好几百次，但是没有人说他这个看似无比偏激的结论是错的。甚至没人表示惊讶。所有搞医学研究的科学家都知道这个秘密：医学研究根本不靠谱。

但是这件事一直到 2010 年年底才引起公众的关注。首先是《大西洋月刊》发表充满愤怒的长文，标题采用英国首相和马克·吐温发明的著名句式：《谎言，该死的谎言和医学研究》。《时代周刊》立即跟进，并把结论进一步精简为"90% 的医学研究都是错的"[2]！《时代周刊》这篇报道说，现在已经有人开始真正认真地重新审视整个医学科研，而且立即发现了几个与我们此前的知识完全相反的结论，比如：

- 没事儿自己检查乳房，不但不会降低乳腺癌的死亡率，没准还有坏处。
- 其实科学家并没有足够证据说注射流感疫苗对防治流感有效。

由埃尼迪斯两篇论文引发的这场医学暴动仍在进行之中。2011 年 1 月的《新闻周刊》报道，又有两个医学常识被干掉了：

- 不仅仅是大蒜，如果服药者本人没有心脏病史的话，就连那些专门的降低胆固醇的药，其实都没什么作用。
- "补钙要加 D"纯属扯淡——我们几乎每个人都已经有足够多的维生素 D，根本不需要从钙片和善存片里获得。新的报告说[3]，一般人可以从阳光

---

[1] 参见《大西洋月刊》：Lies, Damned Lies, and Medical Science, David H. Freedman Oct 4 2010。

[2] 参见《时代周刊》：A Researcher's Claim：90% of Medical Research Is Wrong By Maia Szalavitz, Oct. 20, 2010。

[3] 参见 How much vitamin D, calcium is right? By Val Willingham, *CNN Medical*, November 30, 2010。

中（白人每天日照 5 分钟，有色人种 15～20 分钟）获得维生素 D，而少数青春期女生和老人也许需要从食物中补充一点。

所以《新闻周刊》有充分的理由把这篇报道的标题定为《为什么几乎所有你听说的医学都是错的》。[①]

科学新闻常常教育我们要用现代医学的常识去反驳民间偏方，用科学家的论文去反驳普通人的常识，再用欧美科学家的论文去反驳中国科学家的论文。然而埃尼迪斯说欧美科学家的论文其实也不可靠，错误率是 90%？民间偏方没准还比这个好点。所以以上这几篇报道大概也有点标题党，我们必须看看埃尼迪斯到底说了什么。

他一篇发表在 *PLoS Medicine* 上的文章[②]说，在医学研究中被广泛使用的统计方法，其实是个非常脆弱的体系。如果你的一项研究是考察某种药物对人的健康是否有好处，而你希望能证明有好处的话，你将很容易做到这一点。首先，现在大部分医学研究的效应其实都是比较微弱的，因为不微弱的效应别人早就研究完了。其次，什么是对健康有好处？也许一个病人的病情并没有什么明显好转，但因为你希望这个药物有效，你也许会完全无意识地刻意去寻找他好转的证据，你可能会把本来没什么好转的病人当成好转的病人。这就是你的偏见。埃尼迪斯这篇论文其实全是数学，他做了一番计算，说如果这个微弱效应有 10%，而你的偏见有 30% 的话，你的实验得到正确结论的概率只有 20%。

科学家是有偏见的。他可能因为拿了医药公司的资助而希望证明一个药物的疗效，他更可能为了能发表有轰动效应的论文而追求惊人的结果。鉴于 10% 的效应率和 30% 的偏见率差不多就是一般流行病学研究的水平，我们大概可以说 80% 的流行病学研究都是错的。根据同样的计算，小规模随机实验的可信性也只有 23%。埃尼迪斯这篇文章就是用数学方法证明这种偏见

[①] 参见《新闻周刊》：Why Almost Everything You Hear About Medicine Is Wrong By Sharon Begley, 1/23/11。

[②] 参见 John P. A. Ioannidis, Why Most Published Research Findings Are False, *PLoS Medicine* 2(8): e124（2005）。

有多可怕。

光玩数学当然不行，批评现实得有真实证据。这正是埃尼迪斯另一篇论文要完成的任务，它发表在权威期刊 JAMA（美国医学会杂志）上[1]。没有人能把所有医学论文都研究一遍，所以他的做法相当具有戏剧性：他只看 1990 年到 2003 年间发表在顶级临床医学期刊上的顶级论文，入选标准是被引用超过 1000 次。符合这个标准的论文一共有 49 篇，其中 45 篇声称发现了某种有效的药物或者疗法。

我们都知道科学结果必须都是可重复的，我们不知道的是有多少科学结果真的被人重复过。这 45 篇论文虽然都被引用了千次以上，但其中只有 34 篇被重复检验过。

而后人检验的结果是其中 7 篇的结论是错误的。比如有一篇论文说维生素 E 对降低男子冠心病风险有好处，有一篇论文说维生素 E 对降低女子冠心病风险有好处，而后来的大规模随机实验则证明维生素 E 对降低冠心病风险根本没好处。另有 7 篇论文被发现夸大了有效性。也就是说 34 篇经过检验的论文中的 14 篇（41%）被发现结论有问题。这 45 篇最权威的论文中只有 20 篇接受了并扛过了时间的考验。

顶级论文尚且如此，一般论文又能怎么样呢？真有 90% 都不可靠吗？我从未发现埃尼迪斯说过 "90% 的医学研究都错了" 这句话，《时代周刊》的报道的确是标题党。

埃尼迪斯说的不是 90%，而是 431/432。没有人能彻查所有医学论文，所以埃尼迪斯的做法是选择一个热门领域，彻查这个领域内所有的论文。这个领域是研究男女患各种疾病的风险不同，是不是因为基因的影响。在 2007 年 JAMA 的一篇论文中[2]，埃尼迪斯与合作者找到这个领域的所有 77 篇论文，然后逐篇分析这些论文处理数据的方法是否足够严谨。这些论文一共

---

[1] 参见 John P. A. Ioannidis, Contradicted and Initially Stronger Effects in Highly Cited Clinical Research, *JAMA*. 2005;294（2）：218-228。

[2] 参见 Nikolaos A. Patsopoulos, Athina Tatsioni, and John P. A. Ioannidis, Claims of Sex Differences: An Empirical Assessment in Genetic Associations, *JAMA*. 2007;298（8）：880-893。

提出了 432 个论断,其中只有 60 个论断可以称得上是方法严谨。而这 60 个拿得出手的论断中,曾经被其他研究至少重复验证了两次的,只有 1 个。

如果我们对正确科学论断的要求是方法严谨、结果至少经过两次检验,那么这个领域的合格率只有 1/432。如果我们放宽要求,只要一篇论文不被证明是错的,就算它是好论文,那么发表在最权威期刊上的被引用次数最多的医学论文中,有 7/45 是坏论文。

这 7 篇坏论文中的两篇说维生素 E 可以降低冠心病风险,而事实上,后来 2000 年《新英格兰医学杂志》上就有文章[1]用超过 9000 人的严格随机实验证明维生素 E 根本不能降低冠心病风险,这一结论从此之后再也没被推翻过。那么到底有多少科学家知道这件事呢?埃尼迪斯等人曾经专门调查了[2]到底有多少论文还在使用"维生素 E 降低冠心病风险"这个错误知识,结论是一直到 2005 年,仍有 50% 的新发论文还在引用前面那两篇错误的顶级论文,并且以为它们是对的。

如果你现在随便找个中国医生问他维生素 E 是否对降低冠心病风险有好处,我敢打赌他说有好处。我在谷歌搜索"维生素 E 冠心病",第一页的结果全是说有好处,它甚至已经作为常识进入各种医学网站。

肯定有人因为看了 2000 年之前的新闻报道而大吃维生素 E 来降低冠心病风险。肯定有人还在吃大蒜降胆固醇。肯定有人还在补钙加 D。

把学术论文的结论推广为真实世界的真理,有时候是非常危险的事情。因为不理解科学研究的思维方式,导致大多数人对科学有两个重大误解:第一,认为科学研究得出的是绝对真理;第二,认为每一项科学研究都是在生产我们日常决策的答案。真实的科学研究其实是一个充满曲折,甚至有时候错进错出的过程。

更重要的是,科学的野心其实比公众设想的小。而恰恰是因为这个原因,

---

[1] 参见 The Heart Outcomes Prevention Evaluation Study Investigators, Vitamin E Supplementation and Cardiovascular Events in High-Risk Patients, *N Engl J Med* 2000; 342: 154-160。

[2] 参见 Athina Tatsioni, Nikolaos G. Bonitsis and John P. A. Ioannidis, Persistence of Contradicted Claims in the Literature, *JAMA*. 2007;298(21): 2517-2526。

科学才有这么强大的力量。很多论文不严谨，甚至很多都是错的，这并不表明科学中没有正确答案，它只是表明得到和判断正确答案并不简单。

科学报道都是用人类传统语言写成的，而科学研究使用的却不是传统的人类语言。所谓"科学方法"，其实是另一套很不一样的思维方式。今天医学研究的无奈现状并不见得就说明科学方法不行。科学方法，是一种超越了人类本能的思维方式。一个简单的问题是我们凭什么相信"维生素E不能降低冠心病风险"这个结论就是对的？因为有些科学方法比另一些科学方法更可信。看新闻不如看论文，看一篇论文不如把多篇论文综合在一起看（称为 meta-analysis），而且有时候这么看还是不行。现代社会中的智者，应该掌握这一套思维方式。

科学是成年人玩的东西。我认为抱着谦卑的情绪去"仰望科学"是个错误的态度，正确的视角应该像下棋一样，是俯视。

***

其他医学研究者并没有对埃尼迪斯揭示的现状无动于衷。有一个成立于1993年的叫作考科蓝协作（Cochrane Collaboration）[①] 的国际组织，就正在专门严格审视各种医学研究，并且推出了很多报告，而且他们也采纳了埃尼迪斯提出的审查方法。这个组织特别强调经费只来自政府、大学和私人捐款，而不拿医药公司的钱。

[①] 他们的网址是 http：//www.cochrane.org/。

真空农场中的球形鸡

美剧《生活大爆炸》曾经讲过一个好多观众没听懂的笑话。说有一个农民发现自己养的鸡都不下蛋了，于是他找了一个物理学家帮忙。物理学家做了一番计算之后宣布我已经找到了一个解！但是这个解只对真空农场中的球形鸡有效。这个笑话的意思是物理学家使用了一个过分简化的模型去模拟真实世界。

更有效的模型大概需要考虑在空气中传播的病毒对存在空气的农场中的有下蛋器官的鸡的影响。但不管你使用什么模型，你必须得使用一个模型。任何科学研究中的任何计算都是针对科学家选择的模型的，而不是针对"真实世界"本身。

有时候简化的模型已经足够好，比如我们要计算天体运行的轨道，把任何恒星和行星都简化为没有体积的质点就可以了。有时候是不得不简化，比如说如果要模拟全球气候，大概要考虑洋流运动和南北极冰川的影响，那么要不要考虑云的变化？要不要考虑太阳黑子的影响？要不要考虑植物分布的影响？要不要考虑冰岛火山爆发、喜马拉雅山脉、贝加尔湖、三峡大坝和中国春运的影响？在有限计算能力下不可能都考虑。但世界的复杂性并不是我们必须使用模型的本质原因。

我们必须使用模型的本质原因是，我们对世界的观察是主观的。霍金和蒙洛迪诺在《大设计》这本书里讲了一个金鱼的故事，说意大利蒙扎市禁止在弯曲的碗状鱼缸里养金鱼，因为从弯曲的鱼缸往外看会看到一个扭曲了的现实，这对金鱼"太残酷了"。对此霍金提出了一个庄子式的问题：我们又怎么知道我们看到的现实不是扭曲的？金鱼仍然可以对鱼缸外部的世界总结一套物理定律。也许因为坐标系弯曲，金鱼总结的物理定律会比我们总结的要复杂一点，但追求简单只是个人品位，金鱼的物理学同样正确。

从这个角度说，所有物理定律，乃至所有科学理论，都只不过是主观模型。托勒密的理论说地球静止，太阳绕着地球转；而哥白尼的理论说太阳静止，地球绕着太阳转——这两个模型其实都可以用，只不过其中一个比另一个更好用一点。

物理学革命其实就是用一个模型取代另一个模型。我们可以把力解释成一种波动的场，或者空间的弯曲，或者一堆粒子的来回传递，或者又把各种粒子解释成弦的震动。当物理学家发明这些模型的时候，他们心里想的并不是"真实的力到底是什么东西呢？超弦理论符合我的世界观吗？"这种哲学问题，他们想的是什么模型有效就用什么模型！

也许与模型无关的"现实概念"根本就不存在，霍金把这个思想叫作"依赖模型的现实主义"（model-dependent realism）。这听上去有点像中国人说的"道可道非常道"，又有点像《论语》里面每次有不同的人问孔子"仁"是什么，孔子都给一个"依赖提问者的仁的定义"。但实际上这里面说的是科学这门业务的工作方式，是从来不直接追求那个"最后的、真正的现实"，而只是不停地用不同的模型去模拟现实。

也许有些科学家的确相信绝对真理的存在，但科学研究从来不涉及绝对真理。哲学才研究绝对真理。科学研究的是"有效的真理"，是"有限的真理"。两个古代哲学家坐在那里谈论"天道"，说来说去只能是空对空。科学方法的第一个智慧就是我不直接用心去跟"天道"对话，我做几个实验，总结几条规律，形成一个不求"天道"但求有效的"模型"。

所以当一个科学家说一个真实世界中的什么东西会发生什么情况的时候，他说的实际意思是在他使用的那个模型里，这个东西对应的变量发生了什么状况。他说的是真空农场中的球形鸡[1]。

在所有科学模型中理论物理是最成功的,而且成功到了不可思议的地步。量子电动力学并不是物理学家关于世界的最新模型,它把各种基本粒子都简单地当作球,完全不考虑原子核内部的相互作用,没有引力,但它却是一个相当完美的模型。它只用非常简单的几个方程,就能够描写原子核和引力之外的几乎所有现象,而且这个模型无比精确。费曼曾经在一本通俗读物[2]里自豪地写道,量子电动力学计算的电子自旋磁矩是1.00115965246个玻尔磁子,而实验测量的值是1.00115965221,这个误差相当于横跨美国东西海岸,计算从波士顿到帕萨迪纳的距离,结果只差一根头发丝那么细。

我们可以无比准确地预言每一次日食,可以拦截导弹,甚至可以用遥控方法把探测器精确地放置在火星表面指定的地点。这些并不完美的物理模型是如此的足够完美,有些人错误地以为科学就应该提供精确的答案。但事实是很多重要问题的模型根本做不到这一点。2008年金融危机给人的印象就是所有正规经济学家都没有预见到。格林斯潘说[3]:"我们都错误判断了这个风险。所有人都没想到——学术界、联储、监管者。"一时之间批评经济学成了时尚,很多人认为经济学根本不能算科学。

我不知道经济学模型算不算科学,但的确有正规经济学家,在不使用阴谋论的情况下,预警过这场金融危机[4]。去年,2500名经济学家投票选出了对这次危机的最好预测[5]:史蒂夫·金(Steve Keen)早在1995年就搞了

---

[1] 那么实验呢?如果有人做实验证明比如说两个铁球同时落地,他难道不就是在揭示一个与模型无关的现实吗?没错,但他揭示的现实只是我们眼中的这次实验中的这两个铁球的现象,要想把实验结果推广到所有物体以形成"现实概念",他就必须制造一个理论,也就是模型。

[2] 参见 QED: *The Strange Theory of Light and Matter*-by Richard P. Feynman。

[3] 参见 *Bloomberg*: Greenspan Takes Issue With Yellen on Fed's Role in House bubble By Rich Miller and Josh Zumbrun-March 27, 2010。

[4] 参见 Real-World Economics Review Blog: Foresight and Fait Accompli: Two Timelines for the Global Financial Collapse, http://rwer.wordpress.com。

[5] 参见 Keen, Roubini and Baker win Revere Award for Economics, 来源同上。

一套理论模型，并且从 2006 年开始使用这个模型每月发布预警报告；鲁里埃尔·鲁比尼（Nouriel Roubini）在 2005 年就指出美国房价会在 3 年内跌 30%；而迪恩·贝克（Dean Baker）则从 2002 年开始反复说房价是个泡沫。我们可以看到，这些预测是有限的，不论是金融危机的规模还是爆发时间，它们都远远谈不上准确。

无论如何，嘲笑经济学模型是从事"硬科学"的科学家，甚至是所有学者最爱干的事情之一。看完《金融时报》上一个历史学家嘲笑经济学家的文章之后，一个物理学家笑了[1]。他说我看经济学模型还算好的，气象模型还不如经济学模型。经济学家至少知道模型里面"经济人"是什么东西，而气象学家根本不知道气象模型里的云和海洋混合（ocean mixing）是怎么回事。

他说的是关于模型的重大问题：如果你根本没搞清楚所有的原理和机制，你做的简化距离真实世界非常遥远，你的模型还有意义吗？物理学家弗里曼·戴森（Freeman Dyson）认为没意义。他说[2]：

> 我没有气象学位，所以我大概没资格谈论这个话题。可是我也研究过这些气象模型，我知道它们能干什么。这些模型对大气和海洋的流体力学方程可以解得很好，但是它们对云、尘埃、地表和森林中生化过程的描写很差。它们根本谈不上描写我们生活的这个真实世界……这就是为什么搞气象模型的这帮人只不过是自己相信自己的模型而已。

那么 IPCC（国际气候变化委员会）怎么评价气象模型呢？在 2007 年报告的一个 FAQ（常见问题解答）[3]中，IPCC 表示它对这些模型非常自信。但是在我看来，这份文字写得有点不够意思。IPCC 说这些模型的基本原理是建立在动量能量守恒之类的基本物理定律上的，而且还有大量观测事实作为支持。它没说的是模型的"非基本原理"，比如戴森说的那些东西，是怎么处理的，更没说这些非基本原理能起到多大作用。IPCC 还说这些模型能够

---

[1] 参见《金融时报》：Limitations of climate model projections, Gerald Marsh, September 9, 2010。

[2] 参见 http：//www.populartechnology.net/2010/07/eminent-physicists-skeptical-of-agw.html。

[3] 参见 http：//www.ipcc.ch/publications_and_data/ar4/wg1/en/faq-8-1.html。

成功地模拟当前气候，而且还成功再现了过去 100 年的气候变化。没错，但 IPCC 没说的是这正是那些"大量观测事实"支持的结果，是用这些观测事实调参数凑答案的结果[①]（叫作"parameterization"），这些模型在很大程度上是基于经验的。

其实，调参数没有什么不对。根据"依赖模型的现实主义"这个精神，你怎么就能说基本物理定律不是基于经验的呢？气象学家可能的确不怎么理解云，但难道物理学家就敢说自己真的理解电子吗？所以我认为戴森的批评等于说黑猫肯定不如白猫，并不重要。重要的是气象模型预测未来的能力怎么样。

有一个关于天气预报的笑话是这么讲的。有人打电话到电台问你们每天预报的降雨概率到底是怎么算出来的，主持人回答说我们一共有 10 个预报员，每天投票预报，如果有 3 个人认为会下雨，我们就说降雨概率是 30%。IPCC 预测未来的办法跟这个有点类似。一个最常用的办法，是把各个不同气象模型的结果综合起来取平均值。比如[②]把 12 个国家的 17 个研究组使用的 24 个模型的结果取平均值。

下面这张图来自 IPCC 网站的那个 FAQ，其用现有模型去模拟过去 100 年的温度变化，看看是否符合观测结果。图中杂乱的线是使用 14 个不同气象模型进行的 58 次模拟的结果，而单条灰色线则是这些结果的平均值，它与实际观测值（黑线）相当接近。

我们可以仔细想想这个事情。IPCC 的这个做法相当于投票选举真理。如果我们对气候的认识是完美的，如果科学家明确知道自己在做什么，那么世界上应该只有一个气象模型。现在这种让大家都算一算然后取个平均值的做法，等于说我们不知道到底哪个是对的，其根本原因在于模型中的物理机制和参数有很多不能确定的地方。而这张图则说明这个做法的效果还不错！

[①] 参见 http://www.realclimate.org/index.php/archives/2009/01/faq-on-climate-models-part-ii/。
[②] 论文是 Gerald A. Meehl et al., THE WCRP CMIP3 Multimodel Dataset: A New Era in Climate Change Research, *Bull. Amer. Meteor. Soc.*, 88, 1383-1394（2007）。

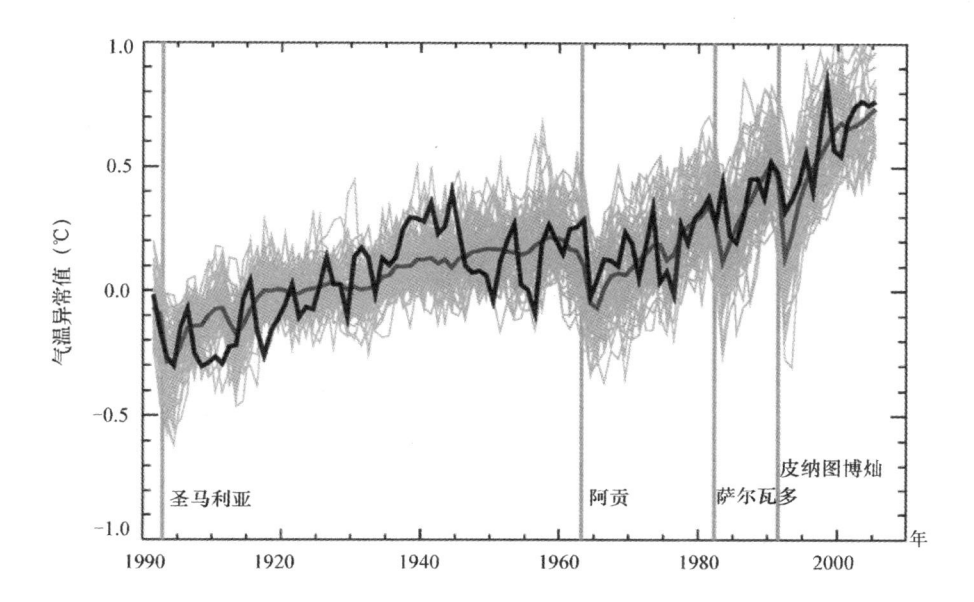

但既然你的模型中有很多参数都是用历史数据拟合出来的，这些模型能够再现历史就不奇怪，最关键的测试还是你能不能预测未来。2007年《科学》上的一篇论文[1] 比较了 IPCC 在 1990 年对未来气候的预测与从 1990 年到 2006 年期间的实际观测。图中虚线是 IPCC 的预测，实线则是观测值。

这是一个非常有意思的结果。尽管我们一再被告知二氧化碳浓度上升主要是人为的，但 IPCC 对二氧化碳浓度的上升却预测得非常准确（文中解释，这是一个巧合）。它预测得不太准确的是温度上升，它预测得更不准确的则是海平面的上升。但最惊人的是 IPCC 不是高估了温度和海平面上升，而是低估了。实际情形比 IPCC 警告我们的更坏。

---

[1] 参见 Stefan Rahmstorf et al., Recent Climate Observations Compared to Projections, *Science* 4 May 2007：Vol. 316 no. 5825 p. 709。

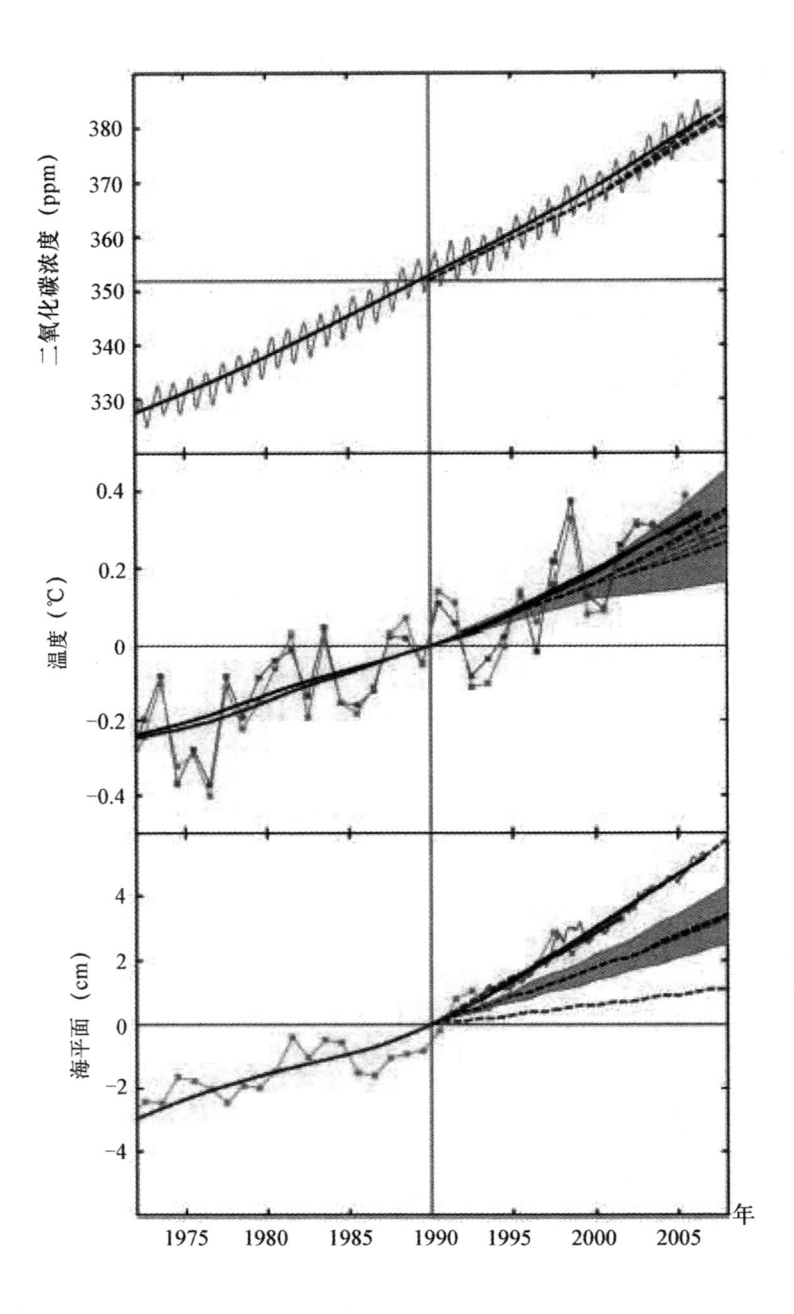

上面这张图至少说明在签署《京都议定书》期间，IPCC 的模型不是故意夸大危险来忽悠世人。此图用的都是1990年的旧模型，那么新模型们是

否表现得更好呢？一份非正式的研究①，把 IPCC 2007 年的新报告与从 2007 到现在的实际观测比较，则发现 IPCC 高估了温度的上升。

所以用模型预测未来是非常困难的事情，越复杂的模型就越困难，而且越细致的未来就越不好预测。我们看到预测海平面上升已经比预测温度上升困难，那么如果有人想进一步预测全球变暖带来的恶劣气候导致出现多少"气候难民"，我们就可以想见那是不可能准确的。联合国环境规划署曾经在 2005 年预测到 2010 年沿海地区将会有 50 万气候难民②，结果到今年人们发现这些地区的人口不减反增③。那么联合国网站怎么办？第一，删除原有预测（有人还是保留了一份证据④）；第二，不解释；第三，50 万难民的预测时间现在被改成 2020 年了。

不要特别相信那些复杂的模型能对未来做出的复杂预测。问题是新闻记者总是比科学家更相信模型。2011 年年初一份气候预测报告说未来 10 年温度将上升 2.4℃并导致全球粮食短缺⑤，科学家很快发现报告存在严重错误并且立即撤回了报告，可是这时候这个新闻已经被无数媒体广泛报道过了。

2009 年，英国女王伊丽莎白质问经济学家，说你们就怎么都没预测到这次金融危机呢？经济学家们回信⑥说，经济学这个工作都是各自为战研究具体领域内的小问题的，我们并没有坐在一起对世界经济这个整体发挥"集体想象力"（collective imagination）。换句话说，他们玩的都是小模型，没玩过这么大的。

---

① 参见 Clive Best, IPCC Predictions (2007 report) compared to data, http://clivebest.com/blog/?p=2277。
② 参见 Solidot 新闻:《联合国删除气候难民预测》，2011 年 04 月 18 日，http://science.solidot.org/article.pl?sid=11/04/18/0152207。
③ 参见 *The Daily Caller*: The UN 'disappears' 50 million climate refugees, then botches the cover-up, by Anthony Watts 04/16/2011。
④ 参见 http://probeinternational.org/library/wp-content/uploads/2011/04/Fifty-million-climate-refugees-by-2010-Maps-and-Graphics-at-UNEP.pdf。
⑤ 参见 Solidot 新闻:《气候变化研究因存在严重错误被撤回》，2011 年 01 月 21 日，http://science.solidot.org/article.pl?sid=11/01/21/0221239。
⑥ 参见《卫报》: This is how we let the credit crunch happen, Ma'am ..., by Heather Stewart, 25 July 2009。

科学家也是这样,一般情况下不想玩大的。科学家玩模型最大的目的其实是解决小问题,是想通过模型来发现和证实一些小机制。所有玩模型的科学家都知道自己模型的局限性。可是公众和政客非逼着你预测。如果非得预测大的不可,最好还是用 IPCC 这种多个模型取平均值的办法,也叫"发挥集体想象力"。

怎么理解特别大和特别小的数？

我最近听说这么一个笑话：

从前有个老太太，领着自己的小孙子在海边玩，突然一个巨浪把小孙子卷入了海里。老太太不会游泳非常无助，她大喊："上帝啊！救救我的孙子！"也许是上帝听见了她的祈祷，又一个浪过来把小孙子毫发无伤地送回了老太太身边。老太太抱着孙子，非常感动，她接着对上帝说："我孙子还有一顶帽子呢！"

这个笑话的精神是"重要和不重要"。如果你孙子好不容易捡回一条命，就别在乎帽子了。我们考虑重要事情的时候，得善于忽略不重要的东西。最起码的判断标准，就是数字大小。这个道理似乎特别简单，但是"判断大小"其实没那么容易。

10 亿到底有多大？ 0.0001% 到底有多小？理解这些数字，需要下点功夫[1]。

1. 大数有多大？

我们在日常生活中经常接触的数字都比较小，比如几十、几百，我们头

---

[1] 本文主要思想来自两本书，这两本书都是数学家写的。第一本是经典著作，叫《数盲：数学无知者眼中的迷惘世界》(*Innumeracy: Mathematical Illiteracy and It's Consequences*)，作者是约翰·艾伦·保罗士 (John Allen Paulos)；第二本是新书，中文版出版社给起的书名叫《魔鬼数学：大数据时代，数学思维的力量》(*How Not to Be Wrong: The Power of Mathematical Thinking*)，作者是乔丹·艾伦伯格 (Jordan Ellenberg)。

脑中能非常形象地知道它是什么意思。但是对特别大的数就很难有直观的印象了。《数盲》的作者保罗士建议我们在头脑中训练自己对大数的印象。

谈论大数，我们得有"数量级"的观念——也就是 10 的多少次方，一个数量级的差距就是差 10 倍。对大数来说，几倍的差异你甚至都可以当它们是相等的（物理学的说法是它们在"同一个数量级"），数量级的差异才值得考虑。

我们最好能对不同的数量级有个形象的理解。1000，相当于一所中学的学生总数。1 万，相当于一座体育场里的观众人数。10 万，相当于一本书的字数。100 万是什么概念？如果你每秒数一个数，数到 100 万需要 11 天半。以此类推，10 亿相当于中国的人口。

再大的数字就不好想象了。10 亿元和 1000 亿元相差了 100 倍，可是我们头脑中的形象，这两个都是"很大一笔钱"。很大一笔，到底是多少钱呢？

2014 年我看《彭博商业周刊》上有篇文章，呼吁大家不要在开车的时候给手机充电。文章说车上的电都是燃烧汽油而来的，这种发电模式太浪费了——有多浪费呢？每年因为美国人在车上给手机充电，总共多消耗了价值 2 亿美元的石油！

这大概是我所看过最愚蠢的正经文章之一。2 亿美元？这个数字很大吗？美国开车的人差不多都有 2 亿，相当于每人每年多花 1 美元！而这 1 美元可以让人在车上给手机充电——不知道省去多少麻烦，你因为一次忘记在家充电所带来的损失就可能超过 1 美元——这可能是你所花过的最值的 1 美元。

所以理解大数的一个好办法是除以全国人口。

不过上亿元的事一般都不叫事，叫新闻。跟我们日常生活关系更大的不是这些大数，而是小数。

2. 我们应该害怕什么？

风险都是小数。描写风险的科学办法是给一个概率，可是我们很难形象理解特别小的概率。比如说，你担心因为被蜜蜂蛰而死吗？你担心吃东西噎死吗？最好先看看概率再担心。

《经济学人》杂志曾发表过一张很长的图，图中列举了每年美国人死于各种事件的概率——

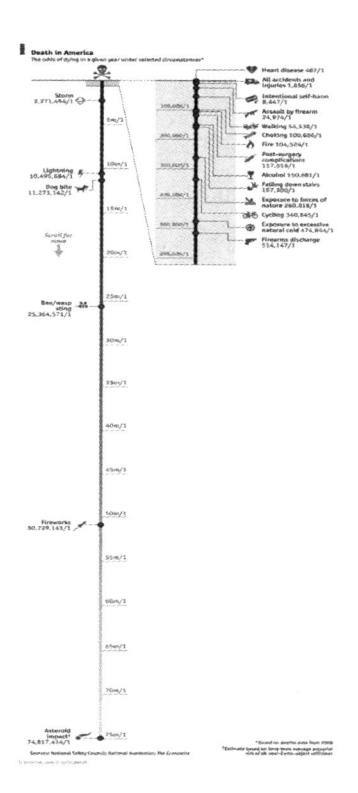

（图片来自《经济学人》网站，2013年2月）

每年人们吃东西噎死的概率是 1/100000，被蜜蜂或者黄蜂蜇而死的概率是 1/25000000……但是你都不应该担心。最值得担心的其实是心脏病，1/467；各种意外事故加在一起的死亡率也才 1/1656；排在第三位的是自杀，1/8000。剩下的危险事件致死率都有数量级上的差异，与前三项相比根本不足为虑。

我看《经济学人》这张图的一个优点就在于它把特别小概率的事件——比如死于流星撞击，概率是 1/75000000——都给画出来了，而且还是按比例画的，能让我们特别直观地感受到需要有多么多的人，才能找到一个这种死法的。为了提供这个直观感受，《经济学人》不得不把图画得特别长。

可是一般的"风险知识"就没这么厚道了。比如说，吃某某食物能把得某某疾病的风险增大一倍——这应该怎么理解呢？

《魔鬼数学》中就有一个例子。英国有一种口服避孕药，效果很好很受欢迎，但是政府研究发现，这种避孕药会使得妇女得血栓的风险增加一倍，就向全国医生发布了一份报告，说开这个药的时候要谨慎一点。结果报告上了报纸，很多女性听说以后就干脆什么避孕药也不吃了，导致英国一年内多了好几万妇女怀孕，还增加了13000起人工流产。

根本问题在于，人得血栓的风险到底有多大呢？事实上，一个育龄妇女得血栓的概率只有1/7000，这本来就是一个极小的数字——你把一个小数乘以2，变成2/7000，还是一个小数！而且血栓不是绝症，得了也不一定死。有人专门做了计算，如果英国妇女正常吃这种避孕药，那么全英国每年会有多少人因此得血栓而死呢？差不多是，一个。

那你可能说，生命无价，多死一个也不行！有道理，可是因为不吃这个药，多死的1万多婴儿又怎么算呢？

《魔鬼数学》书里还有个例子。美国的托儿所有两种：一种是在老师自己家办的，一个老师带四五个孩子，学费比较便宜；另一种是正规托儿所，人手多，设施齐全。好，现在数据显示，家庭托儿所中小孩因为事故死亡的概率是正规托儿所的7倍——那请问，如果你特别注重安全，是不是应该把孩子送到正规托儿所去呢？

像这种问题千万不要只看倍数，一定要看看概率的绝对值。事实是全美国每年死于家庭托儿所的孩子只有十几个——而与此同时，同样年龄的孩子死于交通事故的数量是每年79个。那么如果正规托儿所离家比较远，家庭托儿所离家比较近的话，哪怕距离只相差20%，你如果只考虑安全，就应该把孩子送到家庭托儿所去。

所以哪怕只考虑安全，也不能一听说有风险就变色，得把各种风险放在一起比较才行。

不过在我看来更好的思维方式是接受这个世界是有风险的。交通有风险，我们也不能不上街。与其担心各种极小概率的危险，还不如把心思用在别的事情上——那些更重要的事情。

3. 重要和不重要

美国给退休人员发放的社保基金有个漏洞。有的人已经去世了，但是可能家属故意不报，也可能系统有问题，他的银行账号还能收到社保基金。根据社会保险局估计，每年因为这个漏洞，美国财政损失达3100万美元。那么面对这么大一笔钱，是不是应该赶紧想办法修补漏洞呢？

有人做了这么一个计算——这3100万美元，相当于美国每年发放社保基金总数的0.004%。也就是说，社保基金发放的准确度高达99.996%，这简直是非常完美的系统！到了这个程度如果还想再做得更加完美一点，你往往需要付出很高的代价，花费巨大的行政成本——这个代价可能远远高于3100万美元。

不看数量级，3100万美元是一笔巨款；一看数量级，这点损失不算什么。

什么东西都有弊端，但不是所有弊端都必须纠正。做任何事情都有利有弊，很多情况下如果你做个计算，利弊还是很容易看出来的，其中经常是数量级的差异。

一件不值钱、不知道什么时候会用到的旧东西，值不值得保留在价值千万的房子里以备不时之需？为了把孩子考上重点大学的概率增大一点——这样他将来也许能获得更高的工资，住更大一点的房子，但一切都还是概率——值不值得全家人在一个窄小的学区房里挤上十几年？

我们日常做判断，都是用丹尼尔·卡尼曼在《思考，快与慢》一书中说的"系统1"，主要是模式识别——东西有毒，第一反应就是不吃；事情有危险，第一反应就是不做。可是什么叫有毒？多大的危险？ 0.01%和0.0001%的差别巨大，但是给我们的心理冲击是一样的。

生活中捡芝麻丢西瓜的事情在太多了。有的人买生活必需品的时候非常节省，买奢侈品的时候特别大方。有的人能为几十块钱货比三家，面对人生重大选择却异常草率。

忽略小事不是因为大胆，不是"个性"，而是理性。重视小事就等于忽略大事。你必须判断轻重缓急，把精力和资源放在最重要的事情上。

所以能够不顾心理冲击，坚决使用这种"数量级思维"，是一种"大人物思维"。别人看3000万美元很多，他看3000万美元很少。别人认为这个事儿实在受不了，他对这个事儿根本不在乎。这种"大人有大量"，不是装出来的，也不是"养吾浩然正气"养出来的，是算出来的。

见识过、计算过、能做出理性决定，这才叫有胆有识。

最后咱们再说个笑话，来自《数盲》这本书，大概需要有点大小尺度的观念才能体会到笑点。

有一对90多岁的老夫妇闹离婚，请律师办手续。律师问他们，在一起都生活一辈子了，怎么这时候离婚？老夫妇说，早就决定离婚了，怕给孩子们造成伤害……所以等到孩子都去世以后再离。

安慰剂效应与对世界的认识

这篇文章要说的话题可能会改变你的世界观。就算你早就听说过这个效应，今天说的最新进展也很可能会刷新你的认知。

1. 效应

咱们先想象一个场景。假设你最近总觉得头痛。也可能因为没休息好，也可能因为工作紧张压力大，总之就是疼，很难受。于是你就去看了本市最好的医院，托人找到治疗头痛最好的医生。这个医生特别不好约，你预约之后等了一个星期才见到他。

你一见到这位医生就感觉放心了。医生的形象、说话的语气、做事的风格都特别专业，而且态度和蔼可亲，一看就是一位素质过硬的好医生。他详细询问了你的病情，然后安排你做了全面的检查，什么 CT 之类的项目都上了。你折腾了半天，拿着检查结果回到医生的办公室，医生仔细研究了所有的片子和数据。

医生郑重地对你说，你这个病比较严重，但是现在国际上刚刚有人研究出来一种疗法，我恰好知道这个疗法，我能给你治好。你需要服用一种很贵的进口药，价格是 1000 块钱一片，每天两片，一个月见效。幸运的是这个药已经被列入国家医保药物目录，你自己并不用花很多钱。医生给你开了药，告诉你回去一定要按时吃，而且吃药必须使用温开水，要在饭前吃。特别要求，吃药期间绝对不能抽烟喝酒，生活起居都要有规律，以免影响药效。

你千恩万谢地告别医生，到药房拿到了一瓶珍贵的进口药。你一看瓶子上的单词都不怎么认识，药丸的形状也很不同寻常，感觉特别高级。

你按照医生的吩咐吃了一个月的药。效果非常好，你现在感觉几乎就不疼了。

到医院复查的时候，医生告诉你，他给你服用的那个药里的成分，其实就是普通的糖。你是吃了一个月糖豆，把病治好了。

这就是"安慰剂效应"（placebo effect）。你吃的不是药,你吃的是"安慰"。你在整个求医过程中获得了一种极大的心理暗示，你特别相信这个药有效，结果这个药就真的有效！

安慰剂效应到底是怎么回事儿，现在医学界仍然在研究之中，没有一个定论。但是所有医生都知道，安慰剂效应的确存在，而且效果强大。

当然，真实行医过程中医生大概不会故意给病人开安慰剂——这么做就算特别有效，也是不道德的，你不能让病人花进口新药的钱吃糖豆。医学界更多的是使用安慰剂测量真实药物的有效性。

比如你发明一种号称能治疗抑郁症的药，那么在这个药被政府部门正式批准上市之前，就要做一个有效性实验。有时候实验就是把病人随机分成两组，其中一组吃你这个药，另一组吃的则是外观和味道完全一样，但成分是糖豆的安慰剂。实验一般要求"双盲"——也就是病人不知道自己被分到了哪个组，连发药的医生护士也不知道哪个病人在哪个组，就让所有人在一样的环境中治疗，那么唯一的区别就是真实的药效。

而实验往往就会发现安慰剂组的病人的病情也缓解了。那么吃你这个药的组的病人病情的好转情况，如果不显著好于安慰剂组，就说明你这个药并没有真实的有效成分。

这些道理非常简单，是每个现代人都应该知道的医学常识。

但我下面要说的，可就不是常识了。

2. 如果手术也是安慰剂……

吃药治头痛是安慰剂效应这个我们容易理解，毕竟头痛是个常见的小病，很多头痛本来就是心理作用。那要是关节炎、后背痛、哮喘这些实实在在的病呢？那要不是吃药，而是手术呢？

现在有一系列大规模研究证明[1]，很多手术——包括一些特别常见的手术——效果并不比安慰剂更好。

所谓手术类安慰剂就不是吃药了，而是"假手术"，英文有个专有名词叫"sham surgery"。

有很多人长期感到膝盖疼，有一个专门治疗这种病的手术叫"关节镜膝盖手术"，美国每年要做大约 70 万例（2010 年全年做了 692000 例）。这个手术的原理是说人之所以膝盖疼，是因为他的半月板有退行性的磨损，手术要打开膝盖，对半月板进行修复。这个原理直截了当，而且手术后病人的确感到不疼了，所以应该没问题吧？这就是为什么长期以来医生们都是这么做的。

但新的研究说，你做个假手术，也能取得同样的效果。这个研究是这样的：招募一些病人，事先告诉他们会被随机分成两组，一组做真手术，一组做假手术，而病人并不知道自己被分到哪个组。假手术和真手术的过程几乎是一样的：手术前几天病人要节食，手术时好几位医生和护士联合行动，手术部位要被消毒，病人被全身麻醉，如果病人在手术过程中意外醒过来，他还能看到电视屏幕上显示自己的膝盖已经被打开了，正在做手术——只不过那是录像而已。真实情况是，假手术中医生也会切开病人的皮肤，留下一个伤口，然后也按照手术流程包扎好——但是并没有做什么关节镜膝盖手术！

结果是，做了真手术和假手术的病人都表示手术很有效果。后来医生告诉安慰剂组的病人你其实做了一个假手术，病人的反应往往是目瞪口呆。

2014 年一个综合研究比较了 53 项实验研究，涉及的手术包括哮喘、肥

---

[1] 参见 Christie Aschwanden, Surgery is one hell of a placebo, FiveThirtyEight.com, July 19, 2017。

胖症、帕金森症、胃酸反流、后背痛等不同类型的手术，结果是对于其中一半的手术，假手术和真手术的疗效完全相同。而对占总数 74% 的手术，假手术表现出了一定的效果。

别的研究则显示，像治疗膝盖痛的关节镜膝盖手术、治疗椎间盘突出的椎体成形术（也叫椎间盘电热疗法）这些常见的矫形外科手术，效果都不比假手术更好。

所以现在有医学家说，手术的安慰剂效应不但不比吃药的安慰剂效应弱，反而更强。假手术做得越是郑重其事、手术开刀对身体的损伤越深，安慰剂效应就越强。

到底为什么会有这样的效果呢？

可能人的精神会影响身体。病人看到手术做得这么严肃，医生如此地尽心竭力，就相信这个手术一定有效，然后身体就真的有积极正面的反应。

另一种解释是统计学上的"回归均值"。本来病人感到的疼痛就是个主观的感觉。经历一次大手术，皮肤毕竟被切开了，手术后因为这个手术而带来的疼痛，可能比原本的长期疼痛重得多。那么等到手术疼痛过去以后，病人一比较，就觉得原来的那个疼痛也不怎么疼了。

还有一种解释，则是疼痛的来源本来就很奇怪。就拿治疗膝盖疼的手术为例，本来，医生的想法是你膝盖疼肯定是因为你的膝盖里哪个地方有毛病。核磁共振一扫描，发现半月板有磨损——看来问题就出在这里！于是手术修复半月板。可是问题是，你如果扫描一下正常人的膝盖，会发现他们的半月板也有各种磨损！其实每个人的膝盖里都可能有各种毛病，但是别人为什么就不疼呢？

事实是疼痛和损伤之间并没有必然的联系。既然这个疼痛来得就很奇怪，那折腾一番不疼了似乎就不怎么奇怪了。

那既然这些手术的效果并不比安慰剂好，为什么医生们还在做这些手术呢？这可能是因为医生也不知道。真正大规模的严肃研究开展得并不多，医生们一代一代传下来的方法都是这么做，而且这么做的确有效，那就都这做呗？①

3. 什么叫有效

使用"随机实验"这个科学方法判断一种疗法的真正疗效，是把现代医学从传统医学里区分出来的重要一步。这是非常简单的道理，但是我们看到，即便在现代的主流医院里，仍然有很多主流疗法通不过这个检验。这就是为什么现在有人呼吁搞"循证医学"，也就是要对每一种疗法都做这样的严格检验。但是目前局面离这一步还差得很远。

不过我们今天真正得到的并不是对医院的抱怨，而是这个思维方式：到底什么叫"这个东西有效"？

给老人花很多钱买了电视广告大量宣传的补品，老人吃了之后表示有效，那你能说这个补品真的有效吗？很可能就是一种安慰剂效应。你得找对照组，吃同样精美包装、同样味道的"假补品"，看看有没有类似的效果。

一瓶 20 块钱的矿泉水，有人喝了认为比 2 块钱的好喝——那到底是水真好喝，还是因为价格带来的安慰剂效应？至少对红酒来说，我听说过好几次随机实验，只要品酒的"专家"不知道他们喝的酒多少钱一瓶，就无法把 200 美元的红酒和 20 美元的红酒区分开来。

更大的道理是，想要在复杂世界里获得一种确定的因果关系，有时候非常困难。一个成功人士分享自己的人生经验，说他是因为有这样那样良好的生活习惯、做了这些那些别人做不到的事情，才取得了今天的成就。他"亲测有效"，那你能说他做的那些事情真有效吗？有些可能就是安慰剂效应，就算不做、只要"心诚"，也有效。也许他们成功最重要的因素是运气好。

了解安慰剂效应，善于使用科学方法，是我们"防忽悠"的最佳办法。下次有人再鼓吹什么东西有效，请你问他一句——

敢不敢做个随机实验？！

---

① 有人专门写了一本书来论述手术安慰剂现象，叫《手术，终极安慰剂》(*Surgery, the Ultimate Placebo*)，作者是外科医生 Ian Harris。

反安慰剂效应和养生之道

前面说了安慰剂效应，现在我们再说一个科学观念上的新进展，这个进展可能直接对你的身心健康有好处。

咱们先讲两个故事。老王进入 40 岁以后，明显地感觉自己的身体不如以前了。他白天稍微工作一会儿就会感到很劳累，四肢乏力，常常犯困。老王知道这是因为自己的睡眠质量不好，晚上躺在床上总爱想事情，有点焦虑。情况好像越来越严重，老王甚至觉得已经有点抑郁了，他赶紧去看了医生。

医生的诊断结果的确是长期失眠导致的身体不适。医生给老王开了一些有助于睡眠的药，可是老王仍然抱怨睡不好。最后医生让老王佩戴一个智能手环，他要实时记录老王的睡眠，看看问题到底出在哪里。

几周之后，医生看着老王的睡眠数据，感到非常不理解。老王的睡眠质量相当好。他每天都能连续睡八九个小时，不管按什么标准，这都已经足够了啊。

老王以为自己没睡好，他的身体表现就好像真的没睡好一样。

小张今年 20 多岁，她正在减肥。小张知道，要想保持身材，就必须尽量吃低糖低热量的"健康食品"。有时候小张的午餐就是一点水果和蔬菜。但是小张也深深地体会到，"健康食品"真的都不怎么好吃……而且最大的问题是根本吃不饱。小张经常处于饥饿状态，她只允许自己每周吃两顿正常的、好吃的、能吃饱的饭。

有一次参加公司活动，小张看现场提供的蛋糕很不错，做得很漂亮，感觉应该好吃。小张决定破戒一次，她走上前去拿起一块蛋糕。这时候旁边有个工作人员热情地告诉她，这个是低热量的健康蛋糕，你多吃点没关系。小张就连吃了两块。确实很好吃……可是确实没吃饱。

小张不知道的是，那个工作人员说谎了。这个吃蛋糕的活动其实是一个实验。现场有一半的人被告知这是健康蛋糕，而另一半人则以为这就是正常的、高热量高糖高脂肪的蛋糕。人体内有一种"饥饿激素"（ghrelin），能促进脂肪吸收，降低新陈代谢速度，并且让你感到很饿。吃一顿正常的食物之后，饥饿激素的水平应该下降。这也是那些相信自己吃的是正常的蛋糕的人的表现，他们不饿了。

但是小张和她所在的这一组的人，他们的饥饿激素水平显著高于另一组。他们以为自己吃的是健康蛋糕，他们以为自己没吃饱，他们的身体就真的像没吃饱一样，拼命吸收和储存脂肪。

这两个故事不是我胡乱编的。它们取材于最新一期《新科学家》杂志报道[①]的几项研究。老王和小张的情况，叫作"反安慰剂效应"（nocebo effect）。

你已经听说过"安慰剂效应"（placebo effect）。一个人觉得自己身上这儿疼那儿疼，到医院医生给开了个药，他吃下去感觉真的好多了——殊不知，那个所谓的药的成分就是淀粉，根本没有对症的作用，是个安慰剂。病人所谓的"感觉好多了"，其实完全是心理作用。然而有意思的是，对很多病症，在最科学、最客观的检测之下，研究者发现服用了安慰剂的病人不仅仅是"感觉好多了"，而且他身体的硬指标，比如血压之类，也真的变好了。

人的思想，可以切实地，影响人的身体状况。

而所谓的反安慰剂效应，则是这个人本来没事儿，因为自己以为自己有问题，结果就真的有了问题。老王睡眠没毛病，小张吃的其实是个正常的蛋糕，可是他们的身体反应就跟失眠和吃了健康蛋糕一样。

反安慰剂效应的极端例子是自己能把自己吓死。20世纪70年代，美国的一个病人被医生诊断是肝癌晚期，过了几个月他就死了——可是解剖显示，

---

① 参见 David Robson, Mind over matter: You really can think yourself healthier and happier, *New Scientist*, 27 August 2018。

当时的医生是误诊,他根本就没有肝癌。他不是死于癌症,他是死于以为自己有癌症。

安慰剂效应和反安慰剂效应到底是怎么回事儿,思想到底是怎么影响身体的,现在科学家还没有完全搞清楚。但我想说的是这里面并没有一个什么神秘莫测的、统一的机制——科学家已经找到了作用原理不同的几种机制,而且大多跟大脑让身体分泌某种激素有关,比如刚才说的饥饿激素。

我的专栏以前多次讲过压力对人身体的影响,包括斑马为什么不得胃溃疡、压力怎么影响细胞端粒的长短。心理压力的作用在于影响皮质醇这个激素的分泌。长期的高皮质醇水平会导致身体内部发炎。

如果你不是科学家的话,你最想知道的可能不是机制,而是这有什么用。

这可能有大用。《新科学家》这篇报道说,斯坦福大学心理与身体实验室(Mind & Body lab)的科学家艾莉雅·克拉姆(Alia Crum)现在专门研究怎么用一个好的心态获得健康。

我们以前说过,你如果把压力当作挑战,而不是威胁,压力对你的健康就不会有危害。这就是心态(mindset)的作用。你需要改善心态。老王之所以有失眠的各种症状不是因为他真的睡眠不好,而是他以为自己睡眠不好。研究表明,"抱怨的睡眠好的人",各种症状远远多于那些"睡眠不好但是不抱怨自己睡眠不好的人"。如果你认为自己睡眠足够,哪怕你明明睡得很少,你在很大程度上就不会有什么睡眠不足的症状。

所以小张应该以享受美食的心态去吃每一顿饭,哪怕她吃的是健康食品。她应该说服自己,这顿吃得很好、很多、很饱,让身体减少饥饿激素分泌。

这听起来似乎有点不靠谱,但是克拉姆等人做的研究还是比较过硬的。克拉姆找到84个在酒店里工作的清洁工,她们的身体状况一般,普遍有点血压高。克拉姆告诉其中一半的人,说你们做的这些打扫卫生的工作,每小时要消耗200卡路里的热量,这其实已经满足了美国医学界给的锻炼标准——你们干活儿,其实就是在锻炼身体啊!对另一半人什么都没说。

结果短短一个月以后,那些被告知干活儿就是锻炼身体的清洁工,平均体重下降了一公斤，血压也下降到了正常水平。而另一半人没有这些效应。

这个结果有两种解释。一种解释是清洁工的心态直接地、自动地影响了健康；还有一种解释则是那些被告知干活儿就是锻炼的清洁工，她们干活儿的时候特意更卖力气了。

如果是后一种解释，那这个效应就不怎么神奇——但结果似乎更符合第一种解释！有人做了一个长期跟踪研究，考察了6万人的"健身心态"和他们20多年来的实际健身状况。结果是心态比实际的锻炼更重要。哪怕两个人的实际锻炼时间长度和锻炼水平一样，那个自以为练得好的人，他的死亡率会比那个悲观的人低很多。

所以克拉姆的建议是你要积极承认自己在锻炼。你不必骗自己，但是千万别总说自己的锻炼水平不如别人。别忘了打扫卫生也是一种锻炼。

心态对"抗衰老"的影响就更大了。以前我听说过一个研究，让一群七八十岁的人在一起假装自己年轻了20岁——哪怕只有5天，他们的关节炎症状也减轻了，站得也更直了，大脑反应也更快了，连智商都提高了。

《新科学家》说，如果你心态年轻，你能比别人平均多活7.5年。如果你整天说自己不行了，真是老了，你甚至可能会提前38年得上老年病。

……所以，心态真的很重要。为了让你进一步相信安慰剂效应的作用，我们最后再说一个你可能想不到的安慰剂效应。

生活中有些人早上要是不喝几杯咖啡就无法工作，说咖啡能让他们头脑清醒——但是，有研究表明[①]，喝咖啡的作用，可能仅仅是个安慰剂效应。事实上，哪怕你给人喝的是清水，只要你告诉他这水里有咖啡因，他喝下之后也能感到精神倍增！

关于安慰剂效应还有一个重要的知识：哪怕你知道这是安慰剂，它还是会对你有用！这是一个重大好消息，这意味着安慰剂效应不是一个害怕被拆穿的戏法。你大可以放心了解相关的研究，做一个理性的、清醒的明白人，

---

① 参见 http://www.apa.org/monitor/2008/04/caffeine.aspx；https://journals.plos.org/plosone/article?id=10.1371/journal.pone.0167121。

同时你还能享受安慰剂的好处。

我了解了这些研究，感觉简直是人生何处不是安慰剂。下次看到有人说他如何如何的时候，我们的第一反应应该是在心里问问，这到底是他被迫如此，还是他的主观心理把自己变成了那个样子？我们是生活在一个非常主观的世界之中的。

那么了解了心态有这么重要的作用，我们就应该时刻考察和反思自己的内心——你得学会"三省吾身"。《论语》里说的"三省吾身"，"为人谋而不忠乎？与朋友交而不信乎？传不习乎？"都是对道德品质的要求，普通人没有那么大的动力。老年人朋友圈经常说的什么"不生气"之类的鸡汤，则根本上不了台面。

从今天讲的这些科学知识的角度来看，对我们最有用的"三省吾身"，应该是下面这样——

装什么病？

卖什么老？

你干活儿就是锻炼身体知道吗？

# *P*<0.05：科学家的隐藏动机

这篇文章的副标题有点耸人听闻，但我本来想用一个更耸人听闻的副标题，叫"科学家的自欺欺人"……其实我想说的是有关科学研究的一个"技术性"的内幕。这个内幕不是阴谋也不是秘密，这不是爆料。现在经常有些科学家造假的新闻，但我们今天说的可不是造假。我只是想讲一点真正的科学研究的操作方法。

在你听说的所有心理学、医学和社会调查研究中，凡是涉及统计方法的研究，从理论上来讲，哪怕科学家都是兢兢业业老老实实地工作，大约每20篇论文中，就有1篇的结果，其实是无效的。而因为科研界很多灰色的做法，实际情况比 1/20 要坏很多。

这个误差，是科学方法本身所决定的。

如果你了解一点香农的信息论，就会知道有一句话叫"信息就是意外"。那么当你遇到一个统计结果，你在多大程度上应该对这个结果感到意外呢？

这个问题有点大。但我并不认为这个问题有多么难以解释，我想给你解释解释。

1. 统计结论是怎么来的？

比如现在有人发明了一种新药，你怎么证明这个药是有疗效的呢？

有个病人吃了这个药，然后他的病就好了，你能说这个药有疗效吗？不能。因为有些病不吃药也能好。

科学的做法，当然是做个随机实验。我找 100 个病人，随机分成两组，每组 50 人。我们给第一组病人吃新药，给第二组病人吃跟新药看上去一模一样的……糖豆，也就是安慰剂。病人自己并不知道被分到了哪一组，我们甚至还可以让负责发药的医护人员也不知道每次发的是新药还是安慰剂，这样所有病人除了吃的药不一样，其他方面都是一样的，这就做成了一个"双盲"实验。

如果在一个疗程之后，第一组病人全都治好了，第二组病人全都死了，那我们就有充分的理由相信这个新药是有疗效的。

但真实世界没有这么好的事。即便是在市场上很火的药，效率也没有那么高，经常都只是比不吃药稍好一点而已。你的实验结果更可能是第一组有 22 个人的病好了，4 个人死了，第二组只有 15 个人病好了，但是只死了 3 个。

这就让人很无奈。你说这个药无效吧，第一组的治愈率确实比第二组要高。你说这个药有效吧，疗效似乎不怎么明显，死亡率还上升了。那如果你是科学家，这个论文应该怎么写呢？

这就得用到统计方法了。这个思想的关键，就是我们要判断，现在这个结果，到底是药物疗效导致的呢，还是纯粹是个偶然事件。

咱们干脆考虑一个最简单的例子，只看死活：假设第一组的所有病人都活着，而第二组死了 5 个病人[①]。也许正是新药的疗效，才让第一组没死人，但也许这只是一个巧合。

科学家的做法，是先来一个"无效假设"：

假设药物无效，并且这个疾病的死亡率就是第二组所揭示的 10%。

科学家的问题是，如果这个无效假设是对的，那么请问，出现第一组不死人这个结果的可能性，有多大？

这个问题的本质，就是问，你第一组这么好的结果，到底是不是纯属偶然。纯属偶然是完全可能的。哪怕药物完全无效，以至于这个病还是有 10% 的死亡率，那也不见得第一组就也应该死 5 个病人——你要知道，哪怕是抛

---

① 这个例子来自 Jordan Ellenberg, *How Not to Be Wrong: The Power of Mathematical Thinking*, 2014。

硬币，也存在连抛 50 次都正面朝上的可能性。

那我们就来算算这个可能性。每个病人不死的概率是 0.9，50 个人都不死的可能性就是 0.9 的 50 次方，等于 0.00515。

科学家把无效假设成立的可能性，称为 "P 值"。那么在这个例子中，P = 0.00515。

那也就是说，无效假设不成立、第一组实验结果并非偶然的可能性，是 $1-P$ = 0.99485。

那么科学家就会这么写论文："实验证明，这种药是有效的，P= 0.00515。"

读者读到这句话，就可以这么理解，实验结果应该不是巧合，这种药有效的可能性高达 99.485%。

这才是理解论文的正确思路。P 值告诉我们巧合的可能性。回到咱们最开头的实验，在一定的 P 值的指导之下，我们也许可以说：药物疗效大概是真的，第一组的治愈率高很可能不是巧合，而第一组多死了一个人这件事，很可能只是巧合。

但是对不起，你注意到没有，我们前面说错了一句话。"这种药有效的可能性高达 99.485%"，这句话是错的。

2. 怎样理解 P 值？

关于 P 值有很多错误理解。我们前面那句 "这种药有效的可能性高达 99.485%" 其实是错的，但是很多科学家跟记者也这么说。

P 值的真正意思是说，在 "死亡率是 10%" 这个无效假设之下，实验结果纯属巧合的可能性是 0.00515。那我为啥非得用死亡率是 10% 这个无效假设，我为什么不用别的无效假设呢？这纯粹是科学家的主观选择。

还有一点特别重要，P 值只能让我们更好地评估这个药 "有没有" 疗效，但是它可没说这个药的疗效有多大。

比如 2013 年《自然》杂志上有个影响很广的论文[1]，说：

---

[1] 参见 Regina Nuzzo, Online daters do better in the marriage stakes, *Nature*, 03 June 2013。

"针对 19000 人的研究表明，如果夫妻双方是通过婚恋网站介绍认识的，他们离婚的可能性比在线下认识的夫妻低 ($P < 0.002$)，他们收获较高婚姻满意度的可能性比线下认识的夫妻要高 ($P < 0.001$)。"

这两个 P 值很低，说明结果绝非偶然。那我们能从这段话里得到什么结论呢？是不是说在生活中找对象这种做法太落后了，我们应该把命运交给婚恋网站的匹配算法呢？

不至于。你要仔细看这篇论文[1]的结果，婚恋网站只不过把离婚率从 7.67% 降到了 5.96%，把婚姻满意度从 5.48 分（满分 7 分）提高到了 5.64 分而已！这点效应根本不值得你太认真。

现在学术界的一个几乎是"黄金标准"的标准，是 P 值要小于 0.05。如果 $P > 0.05$，别人会认为你这个结果很可能纯属巧合，根本不值得认真对待，你都不好意思写论文发表。如果 $P < 0.05$，人们就说这个结果是"显著的"（significant）。

但是请注意，这个"显著"的意思，可不是说疗效很厉害——P 值关注的仅仅是"有没有"疗效，不是疗效的大小！

还有个关键问题。为啥非得是 0.05 呢？

3. 0.05 啊 0.05

我看有些统计学教材都把 0.05 当成了一个硬性标准，$P < 0.05$ 就显著，否则就不显著。但事实上这个标准根本没有科学依据，纯粹是科学家的约定俗成而已。

这一整套看 P 值的检验方法是英国的统计学家罗纳德·费希尔（Ronald Fisher）提出的，这个理论才只有几十年的历史。

费希尔先生是个体面人。他当时选择了 0.05 这个数值，可不是说 $P < 0.05$ 就可以发表论文——他的意思是 $P < 0.05$ 的结果才"值得看"。那满足什么标准才算可以接受的结论呢？费希尔当时想的可是 $P < 0.001$[2]。

---

[1] 参见 Regina Nuzzo, Scientific method: Statistical errors, *Nature*, 12 February 2014。

[2] 此事见于 Leonard Mlodinow, *The Drunkard's Walk: How Randomness Rules Our Lives*, 2009。

但问题在于，做实验想要得到 P 值小于 0.001 的结果，需要找太多受试者，成本实在太高。大家退而求其次，都默认了 0.05。其实即便是这个标准都是很难达到的，不知道有多少科学青年的青春，就消耗在了这个 0.05 上！

其实就算做到了 $P < 0.05$，也不能说实验结果就是真的——根据我们前面的分析，$P = 0.05$ 意味着有 1/20 的可能性，在你这个特定的无效假设之下，这篇论文的结果纯属巧合。事实情况比这个严重得多，根据有人的研究[①]，如果你考虑到无效假设的任意性之类的统计方法上的因素，一篇 $P = 0.01$ 的论文，属于巧合的可能性，在某些情况下，高达 11%！

而这还不算完。

4. 动机性推理

说到这里我想说一个概念，叫"动机性推理"（motivated reasoning）。所谓动机性推理，就是如果你事先有一个达到什么结论的强烈动机，你的推理过程就会刻意地满足这个结论。

如果科学家非常希望自己的结论是对的，他想让 P 值小于 0.05，他就有可能采取一些主观的做法，达到这个标准。

你可以选择一个不一样的无效假设。你可以看 P 值太高就再多招几个受试者做实验。再比如说，实验组多死了一个人，你可以说这个病人是个特殊病人，他有别的病，他的死亡是因为别的病的并发症，这样的数据不算数！——你就把这个不利的数据给剔除了。这个做法叫"数据采摘"，英文叫 cherry-picking——你就好像挑选樱桃一样，只要你想要的数据。

Cherry-picking 不算造假，但是也不能算诚实的科研态度。

那你可能问，你说科学家刻意美化了数据，这有根据吗？我们的确不能拿着一篇论文就说人家的 P 值是经过美化的，我们不了解人家的实验是怎么做的。但是如果你把很多论文都放在一起，看看 P 值在这些论文中的分布情况，你就会发现一个很有意思的现象。

$P < 0.05$ 纯粹是人为的约定，没有任何自然意义，所以各个研究中 P 值的分布应该是一条光滑的曲线，0.05 这个数值在曲线上不应该有任何突兀之

处，对吧？当然，有些 $P > 0.05$ 的结果也许没有发表，那么曲线应该在 0.05 这个地方有个截断，但是 0.05 不应该比 0.045 重要，对吧？

可过去这几年，就不断有研究发现，在经济学、心理学和生物学论文中，P 值的分布，在 0.05 处有个明显的凸起[①]——

唯一的解释，就是有很多论文故意把 P 值"做"到了"恰好"在 0.05 以内。

总结一下——

1. P 值代表"在一定的无效假设之下"，实验结果纯属巧合的可能性——有相当比例的实验结果其实就是巧合。

2. P 值只能预示"有没有"疗效，而与疗效的大小无关。

3. P 值小于 0.05，是个不怎么体面的人为约定。

4. 即便如此，还是有很多科学家使用数据采摘之类的手段，美化了自己研究的 P 值。

每个人都有隐藏的动机，连科学家也不例外。那别的行业是什么样，也就可想而知了。

那科研结果还能信吗？能信，科学方法是获取知识"最不坏"的方法。而且近年来，科学家们自己也正在积极反思 P 值代表的问题。

真实世界就是这样——没有我们最初想象得那么美好，但是总值得我们活下去，而且有一点你不能不承认：它比我们想象得更有意思。

---

① 图中三个研究的出处可以在这里找到：http://datacolada.org/41。